BASTEI
LÜBBE

John V. Luce promovierte 1942 über ein Thema aus der antiken Literatur und war zwei Jahre lang Dozent für Altgriechisch an der Universität Glasgow, bevor er 1948 als Professor für klassische Philologie an das Trinity College in Dublin berufen wurde. Ausgedehnte Reisen führten ihn unter anderem nach Thera (dem heutigen Santorin) und Kreta, wo er neben Vorarbeiten für dieses Buch aufsehenerregende Forschungen zum Atlantis-Mythos durchführte.

John V. Luce

ARCHÄOLOGIE AUF DEN SPUREN HOMERS

Übertragen aus dem Englischen von
Joachim Rehork

Übersetzung der Aktualisierungen von
Achim Bourmer

BASTEI LÜBBE

BASTEI-LÜBBE-TASCHENBUCH
Band 64134

Titel der englischen Originalausgabe:
HOMER AND THE HEROIC AGE

Printed in Germany, April 1995
Einbandgestaltung: Adolf Bachmann, Reischach
Titelfoto: Silvestris Fotoservice, Foto: Fritz Breig
Satz, Druck und Bindung: Ebner Ulm
ISBN 3-404-64134-5

INHALTSVERZEICHNIS

Vorwort zur ersten Auflage 7
Vorwort zur zweiten Auflage 9
Einführung 11
1. Homer und die Archäologen 18
2. Von Mykene bis Homer 34
3. Schichten homerischer Dichtung 63
Die Welt der Paläste 63
Die Welt der Seefahrer 68
Bronze- und Eisenzeit in Wirklichkeit und bei Homer 75
Homers eigene Welt: Die Phöniker 87
Menelaion bei Sparta (1994) 92
4. Bild und Darstellung – einige Probleme der Homerdeutung 97
Homers Bild der achäischen Gesellschaft 97
Homer und die Linear-B-Täfelchen 109
Die Aufzählung der Achäer und Trojaner 124
Bestattungsbräuche 137
5. Waffen und Kriegstechnik 147
Körperpanzer aus Metall 154
Pfeil und Bogen bei Homer 158
Der Streitwagen 164
6. Troja und der Trojanische Krieg 179
Die neuen Ausgrabungen in der Besik-Bucht und das Problem des Liegeplatzes der Archäerschiffe (1994) 202
Die neuen Ausgrabungen in Troja (1994) 215
7. Ithaka 220
8. An der Peripherie der Welt Homers 239

Nachwort: Die homerische Überlieferung 261

Anmerkungen 278
Abbildungsverzeichnis 307
Register 309

VORWORT
ZUR ERSTEN AUFLAGE

Mein Hauptbeweggrund, dieses Buch zu schreiben, war Interesse an dem, was Byron einst als »Echtheit der Troja-Erzählung« bezeichnet hat. Ich hoffe, die hier zusammengetragenen archäologischen Angaben werden allen nützen, die Homer lesen, seien es Gelehrte oder mehr vom Zufall an seine »goldenen Gestade« Verschlagene. Auch Spezialisten finden vielleicht das eine oder andere Interessante, besonders wenn es um ganz neues Material geht – beispielsweise Messenien, Dendra und Epeiros. Die Abkürzungsliste nennt die Standardwerke, auf die ich mich stütze, Vollständigkeit wird nicht beansprucht. Beispielsweise habe ich es mir versagt, mich zu Homers Angaben über Kleidung, Schmuck und Schiffahrt zu äußern. Vollständige und neueste Informationen über diese und alle anderen Teilbereiche der Homer-Archäologie findet man (oder wird man demnächst finden) in dem seit 1967 in Göttingen fortsetzungsweise erscheinenden Sammelwerk *Archaeologia Homerica*. Mir geht es mehr darum, fundierte Argumente für das Alter und die Zuverlässigkeit der epischen Traditionen vorzulegen. Wie ich meine, enthält Homers Bild des »Heroischen Zeitalters« eine beachtliche Menge zuverlässiger Informationen über Ereignisse und Verhältnisse in der mykenischen Welt vor 1100 v. Chr. Obwohl ich das bronzezeitliche Erbe in der *Ilias* und der *Odyssee* besonders hervorhebe – möchte ich dennoch nicht unterlassen, auch auf die Komplexität der bardischen Tradition hinzuweisen, die ja bis zu Homers Zeit nicht aufhörte, immer neue Kulturelemente aufzunehmen.

Im übrigen genoß ich den Vorzug, von der Homer-Kenntnis meines Kollegen W. W. Stanford zu profitieren. Es waren seine Vorlesungen über die *Odyssee*, die während meines Studiums erstmals mein Interesse an Homers Denken und Schaffen weckten. Professor Stanford hatte die Güte, mein Manuskript durchzusehen, eine Reihe von Irrtümern zu korrigieren und zahlreiche Verbesserungen vorzuschlagen. Auch ein anderer Kollege – Paul Cartledge – las freundlicherweise die Rohfassung dieses Buches. Ihm habe ich ebenfalls für so manche hilfreiche Bemerkung zu danken. Mein Dank gilt schließlich auch Professor G. L. Huxley, Dr. J. N. Coldstream und ebenso Dr. J. Chadwick, die mir bei der Lösung einer ganzen Reihe von Problemen mit Auskünften und Ratschlägen zur Seite standen.

Trinity College, Dublin
Mai 1974

VORWORT ZUR ZWEITEN DEUTSCHEN AUFLAGE

Beim vorliegenden Buch handelt es sich um eine erweiterte Fassung der ersten deutschen Ausgabe *Archäologie auf den Spuren Homers* (1978) (Homer and the Heroic Age, London 1975). Ich habe die Gelegenheit genutzt, um inhaltliche und orthographische Fehler zu korrigieren und einige Anmerkungen zu erweitern bzw. auf den neuesten Forschungsstand zu bringen, wobei speziell die Anmerkungen 10a (S. 283) und 16a (S. 298) von Bedeutung sind. Der Text bleibt im Kern in der ursprünglichen Form erhalten. Doch die Kapitel 3 und 6 wurden durch Nachträge zum spartanischen Menelaion und über die neuen Ausgrabungen in und bei Troja ergänzt. Wichtige neue Funde an diesen Orten sind von fundamentalem Interesse für das Hauptthema meines Buches.

In der ersten Ausgabe vertrat ich die Ansicht, daß »die größeren Ausgrabungen der letzten 40 Jahre Erzählungen über die mykenische Welt eher bestätigt als widerlegt« haben. (S. 264f.) Zwanzig Jahre später hat sich dieser Trend nach meinem Verständnis bestätigt, und ich hoffe, auch den Leser von dieser Tatsache zu überzeugen.

Trinity College Dublin
September 1994

v. Chr.	ÄGYPTEN	GRIECHENLAND UND ÄGÄISCHER RAUM		v. Chr.
1600				1600
	XVIII. DYNASTIE	SCHACHT-GRÄBER — SPÄTHELLADIKUM		
			I	
1500				1500
			M IIA	
		Thera-Ausbruch	Y IIB	
		Griech. Dynastie in Knossos		
1400		Zerstörung des Knossos-Palastes	K IIIA$_1$	1400
	AMARNA-ZEIT Echnaton	Mykener in Zakynthos und Kephallenia	E IIIA$_2$	
		Mykener in Ithaka		
1300	NEUES REICH	Troja VI durch Erdbeben zerstört	N	1300
	Ramses II. XIX. D.			
	Schlacht von Qadeš		I	
		Schatzhaus des Atreus erbaut	IIIB	
		Endgültige Zerstörung von Theben		
	Merenptah	Plünderung von Troja VII A	S	
	Libyerinvasion	Verwüstung in Mykene und Tiryns		
1200	Ramses III. XX. D.	Pylos zerstört	C	1200
	Seevölkersturm			
		Mykene gefallen	IIIC	
		Doriereinfall	H	
		Beginn der Äolischen Wanderung		
		SUBMYKENISCHE PERIODE		
1100			ZEITALTER DER GROSSEN WANDERUNGEN	1100
	XXI. D. TANITENZEIT			
		PROTOGEOMETRISCHE PERIODE		
		Übergang zur Eisenzeit		
		Kolonisation Ioniens beginnt		
1000				1000
	XXII. D. BUBASTIDEN	Ionische Städte etablieren sich		
900		GEOMETRISCHE PERIODE		900
		Dorische Besiedlung der Dodekanes		
	XXIII. D.			
800				800
		Cumae von Euboia kolonisiert		
		Alphabet aus dem Osten eingeführt		
		Homer verfaßt Ilias und Odyssee		
700				700

EINFÜHRUNG

Hauptthema unseres Buches ist: Was trugen archäologische Entdeckungen zum besseren Homer-Verständnis bei? Im weitesten Sinne ist dieses Buch eine Arbeit über den meist als ›Homer-Archäologie‹ bezeichneten Themenbereich. Doch ›Homer-Archäologie‹ läßt sich leichter aussprechen als erklären. Was, so könnte man fragen, haben Scherben mit Dichtung zu tun? Archäologie verfügt über spezifische Techniken der Vermessung und Klassifikation. Auf Literatur sind diese schlechterdings nicht anwendbar. Eines freilich spricht gegen solches Argumentieren: Bei einer derart puristischen Auffassung hätte Schliemann nie seine Entdeckungen gemacht. Er verließ sich auf Homers Angaben, als wären sie ein Führer zu Grabungsstätten. Und dann benutzte er, was er fand, um in einer Art Rückkoppelung Licht auf Homers Worte zurückzuwerfen.

Erst dann werden archäologische Befunde sinnvoll, wenn sie helfen, Lebensweise und Zeitumstände vergangener Völker zu erhellen. Schliemann fand bei seinen Grabungen eine verlorene Welt wieder: die Welt des mykenischen Griechenlands. Ganz war, heute wissen wir es, diese Welt nie verloren. Griechische Mythen hatten ihr Abbild bewahrt. Homers Gedichte sind die älteste Quelle hierfür, und im Zentrum der Welt Homers stehen von der Sagentradition überlieferte Personennamen. Im Grunde ist Homers Welt die Welt Agamemnons und Odysseus' – eine Welt umherschweifender, kriegführender Heroen archaischer Prägung. Freilich kann eine so summarische Behauptung der Mannigfaltigkeit all der Phänomene und Bräuche, wie sie sich im fantasievollen Gewebe der Dichtung abzeichnen, kaum gerecht werden.

Ist Homers Welt in dem Sinne ›einfach‹, daß sie nur eine einzige Epoche reflektiert? Oder handelt es sich um ein Kunstgebilde aus Elementen mehrerer Epochen? Ist dies der Fall – lassen sich dann die miteinander verfilzten Einzelelemente entwirren und den jeweils ›zuständigen‹ Geschichtsepochen zuordnen? Allgemein: Ist es legitim, Homer als Geschichtsquelle anzusehen? Dies sind Fragen der Homer-Archäologie, und diese kann, dächte ich, die Antwort finden helfen. ›Homer‹ ist Dichtung, nicht Geschichtsschreibung – gewiß. Doch Gegenstand dieser Dichtung ist ein Ereignis der Vergangenheit. Man ist daher durchaus berechtigt, nachzuprüfen, wie weit diese Dichtung tatsächliche Begebenheiten wiedergibt.

Sicherlich ist andererseits die Archäologie keine Geschichtswissenschaft. Doch sie erbringt Befunde von geschichtswissenschaftlicher Bedeutung. Sie untermauern die Chronologie, werfen Licht auf Handel, Lebensgewohnheiten, Kulturaustausch sowie Aufstieg und Niedergang von Siedlungen, Änderungen der Bewaffnung und der Grabbräuche. Archäologie liefert wichtige Hintergrunds-Informationen für das Verständnis der homerischen Dichtungen, soweit man diese als Spiegelung einer oder mehrerer Entwicklungsstufen griechischer Kultur ansieht.

Doch der Fragenkomplex ›Homer und Geschichte‹ kennt keine leichten, keine unumstrittenen Antworten. Wir bewundern vielleicht Heinrich Schliemanns naiven Glauben, der in einer goldenen Totenmaske Agamemnons Antlitz »wiederzuerkennen« meinte und einen Hort wertvoller Schmuckstücke zum »Schatz des Priamos« avancieren ließ. Aber heute wissen wir: Schliemann irrte. Wenn es Agamemnon je gab, müßte er im 13. Jahrhundert v. Chr. gelebt haben. Die Goldmaske indessen ist drei Jahrhunderte älter. Hätte Priamos je gelebt, wäre er Agamemnons Zeitgenosse gewesen. Allein – der ihm zugewiesene Schatz aus Troja stammt aus dem 3. Jahrtausend v. Chr. Schliemanns Zeitansätze waren falsch. Doch im Grunde tut dies der Bedeutung seines Ansatzes keinerlei Abbruch. Irgendwo hat man sicherlich die Grabbeigaben in den Schachtgräbern zur griechischen Tradition vom »goldreichen« Mykene in Beziehung zu bringen. Und irgendwie muß sich auch Trojas lange Geschichte mit der der Mykener berührt haben. Archäologische Befunde zeigen dies, und Homer hat es besungen.

Sir John Myres äußerte einst in seinem Werk *Homer and his Critics* (›Homer und seine Kritiker‹), es sei »nicht leicht, irgend etwas Neues über Homer zu sagen«. Mehr noch: Es ist ein Wagnis, überhaupt zum Thema ›Homer‹ Stellung zu nehmen. »Keine Feststellung in Sachen Homer ist unwiderlegbar« – nein: Stets gibt es das Schreckgespenst der »entfernt vorstellbaren Alternative«[1]. Wenn man über Homer zu schreiben beginnt, kommt man ohne Mutmaßungen nicht aus, und ich sollte meine Ausgangsposition gleich zu Beginn darlegen.

Ich gehe davon aus: *Ilias* und *Odyssee* wurden vom selben Dichter, einem Mann namens *Homeros* verfaßt.[2] Homeros war, so meine ich, ein Sänger von Heldenliedern (*aoidos*, ein Barde), der Erbe einer langen, reichen Heldendichtungs-Tradition. Und als er seine beiden großen Epen verfaßte, verfügte er, so scheint mir, über Techniken und inhaltliches Rohmaterial, das Generationen von Sängern vor ihm gespeichert hatten. Und ich gehe davon aus, daß seine Werke im wesentlichen so auf uns gekommen sind, wie sie entstanden. Zwar räume ich ein: Rezitatoren, Editoren und Kopisten haben schon im Altertum hier und da den Text leicht verändert. Doch ich bin überzeugt: Änderungen und Einschübe sind meist nachweisbar und bedeuten gegenüber dem Ganzen dieser Dichtungen wenig. Ich möchte nachhaltig betonen: Bedeutendere Einschübe gab es wohl gar nicht. Doch falls jemand darauf besteht, Buch 10 der *Ilias* oder die Verse 565–627 im Buch 11 der *Odyssee* als nachhomerisch abzutun, würde ich dieser Ansicht nicht allzu energisch widersprechen.

Meiner Auffassung nach kam Homer ohne Kenntnis des Schreibens aus. Doch die Rezitation seiner Gedichte machte ihn wohl berühmt, und um diese Gedichte nicht wieder zu vergessen, schrieb er wohl schließlich eine bestimmte Fassung davon nieder oder diktierte sie einem Schreiber. Das setzt natürlich voraus, daß man in Homers Milieu die Schreibkunst beherrschte, und demzufolge kann Homer nicht vor 750 v. Chr. gelebt haben. Meiner Ansicht nach fällt sein Wirken in die 2. Hälfte des 8. Jahrhunderts v. Chr., und seine Heimat war Ionien.

Die Orte, die wohl am ehesten beanspruchen dürfen, seine Geburtsstätte zu sein, waren Chios und Smyrna, doch fraglos kam Homer viel in der Ägäis herum. Ich halte es für wahrscheinlich, daß er sowohl die Troas als auch Ithaka kannte, und blind war er wohl nicht. Mehrere Bände wären nötig, all diese Ansichten zu begründen. Hier nur soviel: Alles beruht auf sorgfältigem Abwägen und verdient schon deshalb Beachtung, weil zahlreiche Gelehrte, zumindest einige, wenn nicht gar die meisten diese Ansichten teilen. Wenige freilich stimmen *allen* zu, andere weisen gar alle zurück – dies ist stets das Risiko bei der Homerischen Frage. Ein guter Grund, sie alle aufzulisten ist: Sie verdeutlichen zumindest, was ich meine, wenn ich etwa behaupte: »Homer pflegte eine aristokratische Lebensform« oder »Homers Dichtungen bewahren die Erinnerung an eine vergangene Welt«. Mir geht es nicht so sehr um die Frage, ob ein oder mehrere Autoren, nicht um den Zeitansatz Homers, nicht um die Textüberlieferung. Meist unterscheide ich nicht einmal zwischen »Homer« und »homerischen Dichtungen« (*Ilias* und *Odyssee*). Bisweilen freilich halte ich es für angebracht, mir darüber Gedanken zu machen, wie Homer zu dem Material stand, mit dem er umging, und dann werden Zeitansatz und Einordnung einfach unvermeidlich. Dann kommt meine Auffassung ins Spiel: Homer war ein Ionier des späten 8. Jahrhunderts v. Chr. Ansonsten ist er für mich eher Sprachrohr einer Tradition – weit mehr als nur ein einzelner Barde innerhalb individueller Zeit- und Raumgrenzen.

Mein Ziel ist es: den überlieferten »Homer« im Lichte der seit 100 Jahren gemachten archäologischen Entdeckungen darzulegen und zu analysieren. Schwerpunkt sind in diesem Zusammenhang Entdeckungen auf dem griechischen Festland, den Inseln und an der türkischen Westküste. Doch auch Funde aus einem weiteren Bereich werden mit einbezogen, sofern sie Beziehungen zum griechischen Epos oder zu Homers Gedichten haben.

Das Resultat: Wir haben heute klarere Vorstellungen, wie die Griechen sich zwischen 1600 und 700 v. Chr. entwickelten und was sich damals – in der Spätbronze- und Früheisenzeit – tat. Doch läßt sich die Geschichte dieser 900 Jahre nicht an einzelnen Daten oder Namen aufhängen. Es ist eher die Geschichte des Aufstiegs und Niedergangs von Machtzentren, Kunstschulen, Architektur- und Keramikstilen, die Geschichte von Grabbräuchen und Technologie, von Dingen, die veralteten, von Kenntnissen, die verlorengingen und wiederentdeckt wurden. Vor allem ist es die Geschichte der griechisch-sprechenden Stämme, die sich umtaten, expandierten, eroberten, handelten, Erfolge hatten, Rückschläge erlebten, wanderten und Kolonien gründeten. Ihr rastloser Tatendrang brachte sie einst aus den Ebenen Osteuropas oder Südrußlands zur Ägäis-Küste. Dort kamen sie mit den älteren, entwickelteren Kulturen Kretas, Ägyptens und des Nahen Ostens in Berührung. Als Antwort auf den Impuls aus dem Osten schufen sie (wie ihre Nachfahren 1000 Jahre später) eine neue Schriftform, neue Bautypen, und sie waren äußerst tüchtige Waffenschmiede und Töpfer. Sie eroberten die See und dehnten ihre Sphäre von Sizilien bis nach Syrien aus. Ihre anhaltende Kampfeslust sicherte ihnen mehrere Jahrhunderte Wohlstand, beschwor jedoch am Ende der Bronzezeit auch die Katastrophe herauf. Doch Zähigkeit und Kraft ließen sie überleben und ermöglichten eine Neugruppierung. So entstand auf den Trümmern der alten langsam eine neue Welt.

Trotz aller Wechselfälle dieser Jahrhunderte hielten die Griechen an ihrer Sprache und an ihren Kulten fest, und offensichtlich hörten sie nie auf, ihre Helden zu besingen. Die tiefverwurzelte Kontinuität der griechischen Kultur garantierte die Weitergabe des Erbes bronzezeitlicher Legenden von einer Generation auf die andere. Legenden unterscheiden sich einerseits von Mythen, andererseits aber auch von Volksmärchen. Mythen sind eine Art Vorform von Wissenschaft. Sie versuchen, Ursprung und Ordnung der Welt zu erklären. Volksmärchen entsprechen in etwa Theaterstücken oder Filmen: Sie wollen erheitern, witzig und fantastisch – kurz: unterhaltsam sein. Legenden sind erzählte und geglaubte Vergangenheit. Oft enthalten sie erhebliche Beimengungen von Mythischem und Märchenhaftem, doch ihr Kristallisationskern sind Heldentaten und wunderbare Abenteuer historischer Persönlichkeiten. In Prosa überliefert, werden Sagas daraus, in Versform dagegen Balladen oder dergleichen.

Die ältesten erhaltenen griechischen Legenden überliefert die Dichtung Homers. Der griechische Ausdruck für Dichten à la Homer lautete: »Die ruhmreichen Taten der Männer singen (vgl. etwa *Ilias* 9,189). Die »Männer« waren Könige und Krieger, von denen man meinte, sie hätten in einem »heroischen Zeitalter« gegen Ende der Bronzezeit gelebt. Und ihre »Taten« konzentrierten sich auf zwei Feldzüge: einen gegen Theben und einen gegen Troja.

Unser Buch behandelt den Inhalt der homerischen Dichtungen als Legende im Sinn unserer Definition. Wir gehen davon aus: Dichtungen sind, was sie zu sein behaupten – Überlieferungen über Helden vergangener Kriege. Und wir versuchen festzustellen, wieviel Wahrheit dahintersteckt.

1. HOMER UND DIE ARCHÄOLOGEN

Wie zuverlässig ist die Tradition, die Homers Dichtungen verkörpern? Grundsätzlich galt ihre Geschichtlichkeit im Altertum weitgehend als gesichert. Berufung auf Homer konnte Gebietsansprüche begründen, so z. B. die der Athener, als diese kurz nach 600 v. Chr. Sigeion in der Troas annektierten (*Herodot* 5,94). Selbst der Homer sonst so kritisch gegenüberstehende Thukydides und auch Plato benutzten Homer als Gewährsmann für griechische Frühgeschichte. Überzeugt, von Achill abzustammen, opferte Alexander der Große im Athene-Tempel zu Ilion, bevor er dem uralten Kampf zwischen Europa und Asien eine neue Wende gab.

Erst seit dem 1. Jahrhundert n. Chr. versuchte man, Homers Glaubwürdigkeit systematisch zu untergraben.[1] So wollte Dion Chrysostomos in seinem Dialog *Troikos* beweisen, die Griechen hätten den Trojanischen Krieg verloren. Unbekannte Autoren veröffentlichten zwei Chroniken. Sie beriefen sich auf die angeblich wahre Geschichte dieses Krieges, die einst von einem gewissen Diktys von Kreta sowie einem ebenso fiktiven Dares aus Phrygien aufgezeichnet worden sei. Man braucht es kaum zu betonen: Diese drittklassigen Machwerke waren unterschoben. Doch sie entsprachen dem Zeitgeist und standen das ganze Mittelalter hindurch im Ruf, wahr zu sein. Erst Anfang des 18. Jahrhunderts kamen sie in Mißkredit.

Diktys und Dares fielen der Vergessenheit anheim, doch Homer »mit umschatteter Braue« blieb – eine Inspiration für Dichter, aber ein Ärgernis aller Kritiker.

Im 19. Jahrhundert waren Homers Einheit und Glaubwürdigkeit schweren Zweifeln ausgesetzt. In seiner *Geschichte Griechenlands* drückte Georg Grote eine sehr typische Auffassung aus: Er zog eine scharfe Trennungslinie zwischen dem Griechenland der »Sage« und dem der »Geschichte«. Griechische »Geschichte« begann für ihn mit der ersten Olympiade 776 v. Chr. Personen und Ereignisse, wie Homer sie beschreibt, gehören für ihn nicht in den eigentlich historischen Raum. Zwar gab er zu, als Bilder des Lebens und der Lebensumstände seien Dichtungen voll historisch verwertbarer Informationen, doch Leben und Bräuche seien die der Zeit des Dichters.

Dies war eine sachliche, wenn auch negative Stellungnahme zum Problem der Historizität Homers. Einige schärfere Kritiker hielten sich weniger zurück. Um die Mitte des 19. Jahrhunderts war es Mode geworden, Mythen als symbolträchtige Schilderungen von Naturphänomenen aufzufassen. »Mythos« verstand man nun allgemein als Summe alles dessen, was über Vergangenheit, Gegenwart und Zukunft der Welt fabuliert wurde. Zwischen »historischer« Sage und »religiösem« Mythos machte man keinen Unterschied. So deutete man nun die Hauptfiguren der griechischen Legendenwelt als Symbole für Himmelskörper, und im Trojanischen Krieg sah man einen »Solarmythos«. Achill beispielsweise sollte angeblich die Sonne verkörpern, sein Streit mit Agamemnon eine Sonnenfinsternis, Hektor und die Trojaner aber waren Wolken, die die Sonne mit ihren Strahlen zerteilte.

Derartige Abgeschmacktheiten waren typisch für die Homer-Kritik zwischen 1850 und 1870. Zwar hielt William Gladstone in seinen *Studies in Homer* (1858) grundsätzlich an der Geschichtlichkeit der homerischen

Berichte vom Trojanischen Krieg fest, doch fehlte ihm für seine These jedes äußere Beweismittel, und die altertumskundliche Fachwelt zog über ihn her.[2]

Da erschien Heinrich Schliemann auf der Bildfläche.[3] Sein Charakter war eine seltsame Mischung aus Romantik und praktischer Zielstrebigkeit. Als er sieben Jahre alt war, erhielt er von seinem Vater Dr. Georg Ludwig Jerrers ›Weltgeschichte für Kinder‹ als Weihnachtsgeschenk. Das Buch enthielt ein Bild Trojas, das ihn fesselte. Er starrte auf Aineias, der aus dem Flammeninferno floh, und beschloß: Eines Tages würde er Trojas Trümmer suchen und freilegen.

Doch bis dahin war es ein weiter Weg. Sein Vater konnte ihm nicht länger den Schulbesuch ermöglichen, und er mußte daher bei einem Krämer in die Lehre gehen. Und dort ereignete sich ein Vorfall, den Schliemann mehrmals beschrieben hat: Ein Schüler war wegen schlechter Führung vom Neuruppiner Gymnasium verwiesen worden. Er wurde Müllerbursche, kam eines Tages betrunken in den Laden und rezitierte Homer. Schliemann schreibt: »Obgleich ich kein Wort verstand, machte doch die melodische Sprache den tiefsten Eindruck auf mich, und heiße Tränen entlockte sie mir über mein unglückliches Geschick. Dreimal mußte er mir die göttlichen Verse wiederholen, und ich bezahlte ihn dafür mit drei Gläsern Branntwein, für die ich die wenigen Pfennige, die gerade mein ganzes Vermögen ausmachten, gern hingab. Von jenem Augenblick an hörte ich nicht auf, Gott zu bitten, daß er in seiner Gnade mir das Glück gewähren möge, einmal Griechisch lernen zu dürfen.« Schliemann sollte kein Krämerlehrling bleiben. Seiner Gesundheit wegen – er litt an Lungenblutungen – heuerte er als Kajütenjunge nach Südamerika an, erlitt vor der holländischen Küste Schiffbruch und landete als kaufmännischer Angestellter in Amsterdam. Hier hatte er Erfolg, lernte Englisch, Französisch und Russisch, und 1846 war er Rußlandagent der Firma Schröder & Co. Dann machte er sich 1850 in die USA auf und verdiente 100000 Taler am kalifornischen Goldrausch. 1852 nach Rußland zurückgekehrt, heiratete er Katharina Lyschin, eine junge Russin aus guter Familie, die ihm drei Kinder gebar.

In den nächsten 15 Jahren vergrößerte Schliemann sein Vermögen, so daß er an die Erfüllung seiner Kindheitsträume denken konnte. Doch dies zerrüttete seine Ehe. Katharina teilte weder seine Reiselust noch seine Griechenlandbegeisterung. Schließlich kam es zur Scheidung, und Schliemann widmete all seine Energie der Erforschung der homerischen Haupt-Schauplätze. Nach erstem Suchen auf Ithaka, der Peloponnes und in der Troas (1868) sehnte er sich nach Inspiration durch eine Griechin. Er schrieb seinem Freund, dem griechischen Erzbischof Vimpos in Athen und bat ihn, eine griechische Braut ausfindig zu machen. Sie solle intelligent, unverbildet, rein griechischer Abkunft und Helena von Troja ähnlich sein. Der Erzbischof schickte Bildvorschläge, und nach ihrer Durchsicht schrieb Schliemann seinem Vater, er werde nach Athen reisen und Sophia heiraten. Sophia war Sophia Engastromenos, damals erst 17 Jahre alt und noch Schülerin am Arsakeion in Athen. Nachdem er sie in der Schule gesehen und gehört hatte, wie sie »ganz unaffektiert und ohne gekünstelte Gesten« Helenas Klage um Hektor rezitierte, war Schliemann überzeugt, er habe eine gute Wahl getroffen. Auch die Familie meinte dies. Nur Sophia hatte Vorbehalte gegen diesen flotten, angegrauten Geschäftsmann von siebenundvierzig, der ihr so gezielte Aufmerksamkeit widmete. Doch nach kurzer, etwas stürmischer Brautzeit heirateten sie, und Anfang 1870 machten sie sich auf den Weg in die Troas.

Dort erfreute sich Schliemann der Hilfe und des Rates eines Engländers, Frank Calvert. Calvert amtierte als amerikanischer Vizekonsul im Dardanellengebiet. Er kannte die Troas gut, ja ein Teil des Hügels von Hissarlik gehörte ihm. Man wußte: Hier war eine alte Ruinenstätte, doch glaubte man nicht, daß hier Troja lag. Die meisten Gelehrten waren eher für Bali Dag, einen viel eindrucksvolleren Hügel am Skamandros-Ufer, wo der Fluß in die Troas-Ebene tritt. Schliemann hatte hier 1868 sondiert, doch so wenig gefunden, daß er Troja lieber anderswo suchte. Calvert sprach sich für Hissarlik aus, und Schliemann griff diesen Vorschlag mit gewohnter Begeisterung auf. Noch immer ohne offizielle Erlaubnis seitens der türkischen Behörden, rückte er am 9. April 1870 mit vier türkischen Arbeitern an und ließ oben auf dem Hügel einen Graben ausheben. Am Abend schrieb er dann in sein Tagebuch, er habe förmlich den schmucken Paris und die reizende Helena nach ihrer Flucht aus Sparta hier landen sehen. Trotz morgendlichen Sonnenaufgangs war es für ihn Nacht, und wie in Jerrers Buch, das er als Siebenjähriger las, sah er Flammen gen Himmel schlagen. Heftige Sehnsucht erfüllte ihn, seine Grabungen zu beginnen und aller Welt zu zeigen: Hier war Priamos' Stadt, Schauplatz der Kämpfe Homers.

Dies war das Vorspiel zu den großen Grabungskampagnen von 1871 und 1872, die zahllose Funde und eine Stadtschicht unter der anderen ans Licht brachten. 1873 entdeckten Schliemann und Sophia bei der Ausgrabung eines Steinplattenpflasters an einer uralten Burgmauer persönlich jenen Schatz, der ihren Grabungen öffentliches Aufsehen sicherte.[3a] Sobald er auf den Hort gestoßen war, gab Schliemann den Arbeitern frei, angeblich um seinen Geburtstag zu feiern. Dann grub er mit Sophia zusammen die Kostbarkeiten aus, darunter Goldgefäße, Goldschmuck und Silbervasen. Sie schleppten alles in ihr Expeditionshaus und brachten es von dort heimlich nach Griechenland. So zog sich Schliemann den Zorn der türkischen Behörden zu, die ihn wegen Fundunterschlagung verfolgten. Ein griechisches Gericht sprach ihm den Schatz gegen eine Buße von 10000 Goldfranken an die Türken zu.[4] Er zahlte die Summe und spendete obendrein 40000 Franken für das Kaiserliche Museum in Istanbul. So konnte er April 1876 mit offizieller Genehmigung seine Grabungen in Hissarlik fortsetzen.

Bis zu seinem Tode (Dezember 1890) führte Schliemann sieben Saisongrabungen durch. Seine Resultate veröffentlichte er in drei größeren Bänden: *Trojanische Alterthümer* (1874), *Ilios* (1881) und *Troja* (1884). Er unterschied übereinander sieben »Städte« bis zu einer Tiefe von etwa 15 m. Bis zu seinem Lebensende blieb er dabei, die zweitunterste Schichte (wo er den Schatz gefunden hatte) sei das Troja Priamos'. Hierin irrte er sich, wie sein Mitarbeiter Wilhelm Dörpfeld nachwies, der 1893 und 1894 die Grabungen fortsetzte und die massiven Mauern sowie die mächtigen Häuser der 6. Schicht freilegte. Importkeramik aus dieser Schicht zeigte: Die jüngeren Phasen von Troja VI waren gleich alt wie die großen Festungen Mykene und Tiryns in Griechenland.

Doch dieser Irrtum schmälert Schliemanns Leistung kaum. Er hatte seinen Kindheitstraum verwirklicht, Troja zu finden. Gegen alle Skepsis der »Zünftigen« hatte er gezeigt: Das Troja der Überlieferung ließ sich glaubhaft mit der Hügel-Fundstätte von Hissarlik identifizieren. Homers Troja war eine alte Festung, geschützt durch einen Ring von Mauern und Türmen, der Sitz einer Herrscherdynastie Nordwest-Kleinasiens. Genau so eine Zitadelle fand Schliemann, strategisch günstig an einem wichtigen Landweg durch die Troas und unweit der Mündung des Hellespont gelegen. Der Platz paßt gut zu den allgemeinen topographischen Angaben Homers (s. Kapitel 6). Einige Einzelheiten, so besonders die heißen und kalten Quellen, die Homer an der Mauer entspringen ließ, waren nicht mehr nachzuweisen, doch solche Unstimmigkeiten sollten Schliemanns Verdienst nicht umdunkeln, den Brennpunkt des Trojanischen Krieges gefunden zu haben. Professor Blegen schrieb: »Eine Alternative gibt es nicht. Wenn Troja je existierte (und wer könnte daran zweifeln?), muß es auf dem Hügel bei Hissarlik gestanden haben.«[5]

Blegen und Professor W.T. Semple leiteten eine minuziöse Neuuntersuchung der Stätte in sieben Kampagnen von 1932 bis 1938. Man barg sehr viel neues Material und leistete wertvolle Beiträge zur Klärung der Schichtenverhältnisse, zur Datierung und Erhellung der kulturellen Entwicklung. Die Resultate – veröffentlicht in dem vierbändigen Werk *Troy* (1950–58) liefern ein endgültiges Bild dieser Stätte, dem kaum etwas hinzufügen sein dürfte.[5a]

Kenner der Homer-Überlieferung betrachten Schicht VIIa als die entscheidende Phase. Troja VI und seine mächtigen Festungsmauern erlitten durch ein Erdbeben etwa um 1300 v. Chr. schwere Schäden. Man setzte sie instand, und das Leben ging ohne Kulturbruch in die Phase VIIa über, doch gab es bedeutende Veränderungen im Hausbau. Bescheidene, hastig errichtete Bauten lehnen sich nun an die Mauern und bedecken einst freie Plätze innerhalb der Zitadelle. In die Böden vieler dieser

Häuser sind große Vorratskrüge für Öl und Getreide eingefügt. Man hat den Eindruck, die Bewohner von Troja VIIa fühlten sich weit unsicherer als ihre Vorgänger von Troja VI und drängten sich daher schutzsuchend in der Zitadelle zusammen.

Traf dies zu, waren ihre Ängste wohl begründet, denn schließlich ging ihre Stadt ja auch in einem gewaltigen Brand zugrunde. In den Straßen fand man eine Pfeilspitze festlandgriechischen Typs sowie einige Fragmente menschlicher Schädel – deutliche Hinweise auf eine Plünderung durch fremde Eroberer. Dieser archäologische Befund paßt ganz zu den griechischen Traditionen über den Trojanischen Krieg, und heute nimmt man weitgehend an: Priamos' Troja war Schicht VIIa in Hissarlik.[6] Doch außerdem erschloß Schliemann durch seine Pioniertaten in Griechenland ein ganz neues Feld der Frühgeschichtsforschung. Ja sogar der Ausdruck »mykenische Kultur« geht auf seine sensationellen Entdeckungen in Mykene (1876) zurück. Anders als bei Troja, war Mykenes Lage nie umstritten. Seine »Kyklopenmauern« und das Löwentor waren stets sichtbar. Doch Schliemann verblüffte die Fachwelt mit der Entdeckung und Ausgrabung einer Gruppe reicher Königsgräber innerhalb des Mauerrings. Wie gewöhnlich glaubte er an die Tradition, diesmal an Pausanias, wonach Gräber – angeblich die des Agamemnon und seiner Gefährten – innerhalb der Mauern lagen. Als Schliemann in den heute als Gräberrund A bekannten Abschnitt eindrang, fand er sechs Schachtgräber mit wertvollen Grabgaben, unter anderem aus Gold, darunter goldene Gesichtsmasken. In seiner Entdeckerfreude gab er das berühmte Telegramm auf: »AN SEINE MAJESTÄT KÖNIG GEORG DER HELLENEN, ATHEN. Mit außerordentlicher Freude melde ich Euer Majestät, daß ich die Gräber[...] des Agamemnon, der Kassandra, des Eurymedon und aller ihrer Gefährten gefunden habe.«

Er folgerte einfach: So glänzende Funde müßten von jener Heldengeneration stammen, die in Troja gekämpft hatte. Doch hier stimmte der Zeitansatz ebensowenig wie in Troja. Tatsächlich stammen die Gräber aus dem 16. Jahrhundert v. Chr. und sie bezeugen, wie reich Mykene mindestens drei Jahrhunderte *vor* dem Trojanischen Kriege war.

1884 wandte sich Schliemann dann Tiryns zu und legte bald den Grundriß eines Palastkomplexes innerhalb der massiven Festungsmauern frei. Reste einer Säulenvorhalle mit skulpierten Steinsockel sowie Hallen mit figürlichen Freskomalereien zeigten: Es war ein reiches, edles Bauwerk. Hier war ein bronzezeitlicher Bau, der trefflich den Palastschilderungen in den homerischen Epen entsprach. Doch der Keramik nach, die in diesem Palast gefunden wurde, schien er jünger zu sein als die von Schliemann in Mykene und Troja entdeckten Bauten. Zögernd bequemte sich Schliemann schließlich zu dem Eingeständnis, seine frühere Identifikation des »Agamemnon-Grabes« sei vielleicht fragwürdig. 1890 ging er noch einmal nach Troja, und hier hätten ihn Grabungsfortschritte wohl bald zu einer Revision seiner Ansichten veranlaßt, doch noch vor Jahresende ereilte ihn der Tod.

Nun stand man vor der Aufgabe, Schliemanns Pioniertaten auszuwerten und seine Funde einzuordnen. Dies besorgten würdige Nachfolger wie Dörpfeld (Schliemanns Mitarbeiter in Tiryns und Troja), Tsountas (der den Palast von Mykene lokalisierte) sowie in unserem Jahrhundert Wace, Blegen und Mylonas. Sie gingen den Beziehungen zwischen Troja und Mykene

Rekonstruktion der Zitadelle von Tiryns. Mächtige Mauern umgeben den Palast.

nach und zeigten: Mykene war Brennpunkt einer bedeutenden spätbronzezeitlichen Kultur Griechenlands. Die Erforschung dieser Kultur und ihrer Beziehungen zu *Ilias* und *Odyssee* hat der Homerkritik neue Horizonte erschlossen. Auf Gedeih und Verderb zeigen sich nunmehr Homer und Geschichte miteinander verknüpft. Viele Fäden, die epische Tradition mit dem Griechenland der Bronzezeit verbinden, wurden erst durch weitere Grabungen im Raum der Ägäis sichtbar.

Schliemann warf mit seiner Behauptung, es gab das »mauerumgürtete Ilion« und das »goldreiche Mykene« wirklich, neues Licht auf uralte Legenden. Seine Nachfolger erweiterten das Wissen um die mykenische Welt, so daß 1932 Martin Nilsson demonstrieren konnte: Ihre bedeutendsten Punkte waren genau jene Orte, an die sich die reichsten Legenden-Traditionen knüpften.[7] Damit war eine Art »Faktenhintergrund« geschaffen, nicht nur für die Troja-Erzählung, sondern auch für die anderen Heroen-Legendenzyklen einschließlich der Sagen von den Argonauten und den Sieben gegen Theben.

Unter den Helden, die vor Troja kämpften, spielte nach der Überlieferung König Nestor von Pylos eine ganz besondere Rolle. Sein Palast ist Rahmen einer bedeutenden Episode der *Odyssee*. Um seinen Ortsansatz gab es einst manchen Streit, doch heute darf man das Problem mit gutem Grund als gelöst betrachten. Blegens Ausgrabungen in Ano Englianos, 1939 begonnen und von 1952–1963 fortgesetzt, bilden einen weiteren Hauptabschnitt in der Geschichte der Homer-Archäologie. Veröffentlicht wurden Blegens Funde in dem mehrbändigen Prachtwerk *The Palace of Nestor at Pylos in Western Messenia* (bisher 1966, 1969 und 1973). Der Titel bekundet Blegens Überzeugung, wirklich das homerische Pylos gefunden zu haben, und vieles spricht dafür, daß es so ist. Ohne Zweifel erhob sich dort an der Grabungsstätte einst ein Palast. An Größe und Glanz stand er den Palästen in Mykene und Tiryns nicht nach, und die zentralen Häuserblöcke stimmen in allen drei Fällen überein. Bei seiner ersten Kampagne stieß Blegen auf das Archiv und barg mehr als 600 Tontäfelchen mit der schon aus Knossos bekannten Linear-B-Schrift. Die Veröffentlichung ihrer vorläufigen Transkription durch Bennett (1951) führte dann zur Entzifferung der

Sprache – einer Form des Griechischen – durch Michael Ventris (1952).[8]

Dies war ein weiterer großer Schritt der ›bronzezeitlichen‹ Archäologie. Die Knossos-Täfelchen stammten aus der Zeit um 1400 v. Chr.[9], daher muß gegen Ende des 15. Jahrhunderts v. Chr. eine griechische Dynastie in Knossos geherrscht haben. Diese griechische Okkupation des minoischen Knossos war nur Teil einer Ausweitung mykenischer Macht, und die Taten der Mykener waren Taten eines Volkes, das Griechisch sprach. Mithin gibt es eine sprachliche Kontinuität zwischen mykenischem und klassischem Griechisch. Man hatte dies schon häufig, wenn auch nicht allgemein, angenommen, aber erst Ventris' Entzifferung räumte jeden begründeten Zweifel aus.

Die Tafeln von Englianos stammten aus der Zeit um 1200 v. Chr. und zeigen: Der Palast war Verwaltungszentrum eines volkreichen, ausgedehnten Königreichs. Am häufigsten tragen sie den Ortsnamen *pu-ro,* d. h.: ›Pylos‹. Er kommt mehr als fünfzigmal vor und trägt wesentlich zur Gleichsetzung mit dem Nestorpalast bei. Im Vergleich dazu ist die Stätte bei Kakovatos, die Dörpfeld am meisten als homerisches Pylos favorisierte, nicht mehr als ein Distriktzentrum. Auf der südwestlichen Peloponnes von McDonald und Hope Simson durchgeführte Feldforschungen ergaben: Mykenische Siedlungen häuften sich am stärksten im Norden und Osten der Bucht von Navarino, und bei Englianos war ihr Brennpunkt.[10] Außerdem zeigten Untersuchungen: Dieses ganze Gebiet war im 13. Jahrhundert v. Chr. einer der dichtbesiedeltsten Teile der mykenischen Welt. Im Lichte dieser Erkenntnisse gewinnt Homers Angabe neue Bedeutung, daß das Truppenkontingent aus Pylos das zweitgrößte vor Troja war und zahlenmäßig nur geringfügig hinter Agamemnons Streitkräften aus Mykene zurückstand.

Sämtlichen bedeutenderen Gestalten Homers hat der Fortschritt archäologischer Forschung eine Art von mykenischem Faktenhintergrund gegeben. Nicht alle lassen sich so eindrucksvollen Palästen zuordnen wie Agamemnon in Mykene und Nestor in Pylos. Spärlich ist vielmehr die materielle Hinterlassenschaft auf den Gebieten zweier der größten Helden: Aiax auf Salamis und Achilleus im Spercheiostal. Aber Thukydides hat uns gewarnt. Wir können die einstige Macht antiker Stadtstaaten nicht am Maßstab ihrer Bauten ablesen. Zumindest fanden sich mykenische Scherben entsprechenden Datums auf allen Gebieten, die Truppenkontingente gen Troja entsandt haben sollen. Und konnten auch nicht alle mit großen Palästen prunken – es gab doch Städte und Dörfer, und unter damaligen Verhältnissen spielte wohl auch die persönliche Tapferkeit der Heerführer eine wichtige Rolle.

Ganz besonders galt dies wohl für Odysseus. Wenn man der Überlieferung glauben darf, trugen sein Wagemut und sein Einfallsreichtum entscheidend zum Gelingen des Krieges bei. Doch er kam von einem entlegenen Königreich und brachte nur zwölf Schiffe mit – eines der kleinsten Kontingente der Flottenschau zu Aulis. Zwischen 1931 und 1939 untersuchte eine britische Expedition Ithaka mit aller Sorgfalt, und ihre Resultate stimmten höchst zufriedenstellend mit dem homerischen Befund überein.[11] In der letzten Phase der Spätbronzezeit gab es tatsächlich eine mykenische Besiedlung des Insel-Nordabschnitts. Man identifizierte ein Grottenheiligtum sowie ein ansehnliches Wohnhaus und barg an einer ganzen Reihe von Fundstellen im noch heute fruchtbarsten, wasserreichsten

Teil der Insel eine beachtliche Menge mykenischer Keramik.

In den Jahren seit Schliemanns ersten Sondierungen in Hissarlik gab es zahl- und ertragreiche archäologische Vorhaben auf griechischem Boden und an der ägäischen Küste der Türkei. Nur die Höhepunkte wurden oben erwähnt. Bedeutendes Ergebnis all dieser Aktivitäten war vielleicht die Herstellung einer festen Tatsachengrundlage für die Heldensagen der Griechen. Wir wissen heute: Es gab ein Griechentum vor dem Griechentum der Klassik, das sich in verschiedener Form hervortat – durch vorzügliches Trockenmauerwerk, durch Herstellung feiner, bemalter Keramik, durch Überseehandel, Koloniengründung und durch kriegerische Überlegenheit. Seither kann man keine klare Trennungslinie zwischen griechischer Geschichte und Vorgeschichte mehr ziehen und erst recht nicht mehr alles als ›mythisch‹ abtun, was sich vor dem 8. Jahrhundert v. Chr. abspielte.

Die mykenische Kultur verfiel nach 1200 v. Chr. Um 1100 war sie praktisch erloschen. Viele Orte waren zerstört, verlassen, und es gab eine katastrophale Entvölkerung. Die Schreibkunst verschwand mit den Palästen, wo man sie gefördert hatte. Nur ein paar Überlebende gab es noch an den alten Plätzen. Aber noch viel mehr Auswanderer zogen ostwärts über die Ägäis, um hier neue Gemeinden zu gründen.

Für Griechenland begann abermals ein dunkles Zeitalter, eine Zeit der Armut, der Isolation. Dennoch blieb die Einheit von Kulten und Sprache. Die Erinnerung an Vergangenes bewahrte die Legende. Die Zeit um 800 bedeutete für Griechenland neuen Wohlstand, neue Expansion, und das folgende Jahrhundert brachte das Alphabet, brachte Wiederbelebung der Dichtkunst. Nun erreichte epische Dichtung ihren Höhepunkt. *Ilias* und *Odyssee* erhielten im wesentlichen die Form, in der sie heute noch vorliegen. Es sind Gedichte über den Trojanischen Krieg sowie über die Irrfahrten und Prüfungen eines bedeutenden »Frontheimkehrers« aus diesem Krieg. Im Licht archäologischer Fortschritte läßt sich kaum mehr bezweifeln: Hier liegt ein gewisses Maß Geschichtlichkeit zugrunde. Doch gleichzeitig gewahren wir auch die Zeitlücke sehr viel deutlicher, die Homer von der Zerstörung des Troja Priamos' trennt. Gehen wir davon aus, daß Priamos' Troja Troja VIIa ist, dann hat man dessen Fall in die Zeit zwischen ca. 1260 und 1180 v. Chr. zu weisen. Einige Experten sind mehr für ein Datum nahe der oberen Zeitgrenze, doch es handelt sich hier insgesamt nur um eine kleine Abweichung von etwa 80 Jahren. Andererseits sprechen sich viele Gelehrte heute für eine Entstehung der *Ilias* und der *Odyssee* im 8. Jahrhundert v. Chr. aus. Demnach bestand eine Lücke von 400–500 Jahren zwischen Homer und dem zentralen Ereignis seiner Dichtungen. Im Lichte heutigen Wissens läßt sich keine längere Dauer der Bronzezeit annehmen, und auch Homer kann man nicht mehr »höher hinaufdatieren«, um die Zeitlücke zu verkürzen. Homer ist ein sehr später Künder der mykenischen Welt, und die Jahrhunderte zwischen beiden brachten Griechenland und dem ägäischen Raum manchen durchgreifenden Wandel. Auch auf dem überlieferten bardischen Traditionsgut hinterließen sie ihren Stempel. So verkörpern Homers Gedichte eine komplexe Tradition: Einige Elemente gehen bis auf den Trojanischen Krieg zurück oder sind noch älter, andere entstammen dem sogenannten »dunklen Zeitalter« zwischen 1100 und 800 v. Chr., und einige wiederum spiegeln schlicht das Leben der Zeit Homers.

Bevor wir versuchen, diese unterschiedlichen Elemente zu analysieren, schlage ich vor, etwas detaillierter die Zeitspanne zwischen dem Höhepunkt mykenischer Kultur vor 1200 und der Renaissance des Griechentums im 8. Jahrhundert v. Chr. zu beleuchten.

2. VON MYKENE BIS HOMER

In der Spätbronzezeit lag das Kernland der mykenischen Kultur auf der Peloponnes mit der Argolis als Brennpunkt.[1] Bedeutende Zentren gab es nördlich des Isthmos von Korinth vor allem in Attika und Boiotien. Kunst, Architektur und Keramik beweisen die kulturelle Einheit all dieser Gebiete. Sie bildeten die mykenische Welt, deren Lebenskraft sich in allmählicher Machtausweitung über die Grenzen des griechischen Festlands hinaus dokumentierte. Eine zusammenhängende politische und ökonomische Geschichte der mykenischen Expansion zu geben, ist unmöglich, doch die Hauptphasen zeichnen sich umrißhaft recht deutlich ab. Vor 1500 bestimmte die minoische Kultur, nach allgemeiner Auffassung von Seemacht getragen, das Bild der Ägäis, doch im 15. Jahrhundert v. Chr. neigte sich die Waagschale stark zugunsten der Festlandsgriechen, und vielleicht schon um 1450 v. Chr. etablierte sich eine griechische Dynastie in Knossos. Schon bald nach 1400 wurde der Palast von Knossos durch Feuer zerstört, und gleichzeitig breiteten sich griechische Macht und griechischer Einfluß über die Ägäis aus – bis über die Kykladen, Rhodos und hin zur kleinasiatischen Westküste, wo Milet einen Brückenkopf bildete. Westwärts drängten die Träger der mykenischen Kultur bis nach Zakynthos, Kephallenia und Ithaka, doch bedeutender und einträglicher war der ›Drang nach Osten‹. Möglicherweise nahmen die Mykener den Minoern den Levantehandel aus der Hand, auch Zypern mit seinen wertvollen Kupfervorkommen geriet nun in mykenische

Reichweite, ja nach Ausweis zahlloser mykenischer Scherben in Tell el-Amarna, Echnatons kurzlebiger Hauptstadt in Mittelägypten, gab es sogar Ägyptenkontakte. Diese Funde des IIIA 2-Typs sind ein wichtiges Datierungshilfsmittel, zumal Amarna nur etwa 15 Jahre (ca. 1365–1349 v. Chr.) bewohnt war. Auch ca. 90 andere Fundstätten im Nahen und Mittleren Osten, von Syrien bis zur Negev-Wüste sowie im Niltal bis hinauf nach Nubien, beweisen durch mykenische Keramik die Unternehmungslust mykenischer Händler. Neuere Analysen der chemischen Zusammensetzung mykenischer Keramik deuten darauf hin, daß die Hauptmasse auf der Peloponnes hergestellt wurde, doch gab es auch örtliche andere Produktionszentren wie Euboia, Kreta und Rhodos.[2] Die kleineren Zentren kopierten die Standardtypen und -muster äußerst getreu. Künstlerisch standen sie, so scheint es, unter dem Einfluß der Argolis, insbesondere Mykenes. Dies weist sehr stark darauf hin, daß die Argolis Zentrum des Handelsnetzes war, vermutlich gestützt auf ihre Militär- und Seemacht.

Im 13. Jahrhundert ist die kulturelle Uniformität im mykenischen Bereich so ausgeprägt, daß manche Gelehrte schon von einem »Reich« mit Zentrum Mykene gesprochen haben. Sie wiesen auf Reste eines Netzes guter Straßen hin, die radienähnlich von Mykene ausgingen. Dies deute auf eine Art zentraler Kontrolle hin wie etwa später im Römerreich.[3] Doch eine solche Vorstellung führt wohl in die Irre und paßt nicht zur damaligen Zeit. Eine bessere Parallele bildet das Griechenland des 5. Jahrhunderts v. Chr., als Athen dank seiner Seemacht die Ägäis beherrschte und dank seines Handels allen anderen Griechen voraus war, ohne wirklich eine Landmacht darzustellen. So lassen Größe und Reichtum des Palastes von Pylos vermuten, daß er das

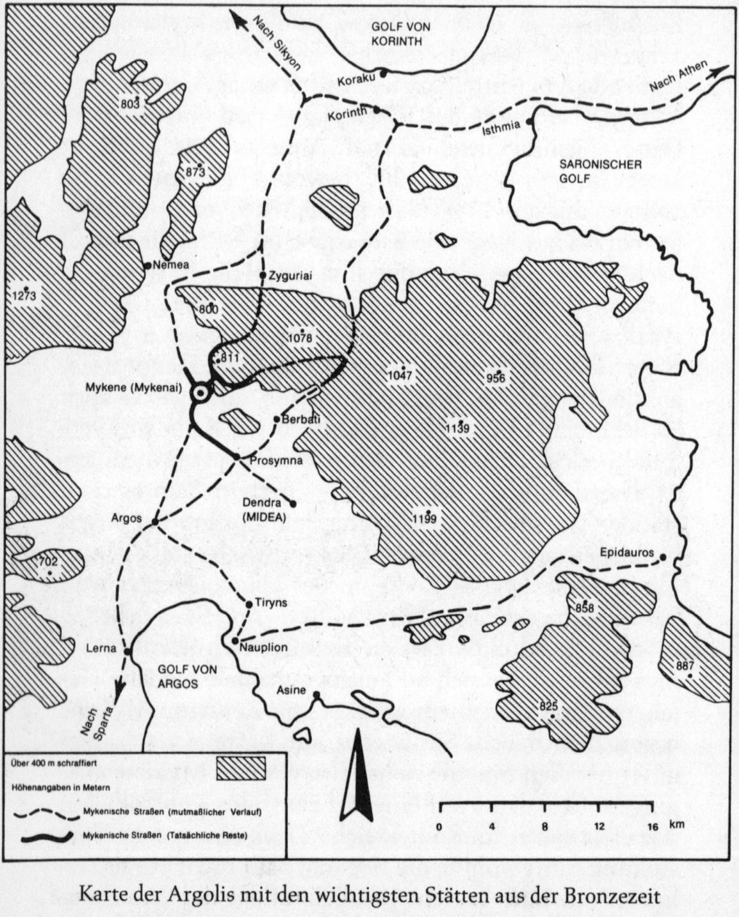

Karte der Argolis mit den wichtigsten Stätten aus der Bronzezeit

Zentrum eines unabhängigen Reiches darstellte, und auch für Attika und für Boiotien darf wohl bis zur endgültigen Zerstörung des Palastes in Theben Unabhängigkeit vorausgesetzt werden. Tatsächlich ist es eine

Piet de Jongs zeichnerische Rekonstruktion des Gräberrundes A in Mykene, wie dieses im 13. Jh. v. Chr. ausgesehen haben könnte. Die Stadtmauer umfaßt, vom Löwentor ausgehend, das Grabrund mit einer Krümmung.

reine Vermutung, wenn die Neuauflage der *Cambridge Ancient History* behauptet, in mykenischer Zeit hätten die anderen griechischen Fürsten »einen einzigen Oberherrn anerkannt«. Gleichviel – 1250 v. Chr. war Mykene wohl das stärkste Königreich, teils aufgrund erfolgreicher Angriffskriege, teils durch dynastische

Heirat mit anderen Königshäusern (nach Art der Einheirat Menelaos' in das Königshaus von Sparta).

Was lag hinter diesem Aufstieg zur Vormachtstellung? Schon im 16. Jahrhundert war Mykene ein Zentrum beachtlichen Wohlstands.[4] Den Beweis dafür lieferten zwei Ringe von Schachtgräbern, Grabrund A, 1876 von Schliemann, und Grabrund B, 1951–1954 von Papadimitriou und Mylonas ausgegraben. Die Gräber waren in den Felsboden eingetieft, in einigen Fällen bis 4 m tief, und die Schächte waren knapp über dem Boden mit Holzbalken abgedeckt, damit die Erdfüllung nicht unmittelbar auf die Bestatteten fiel. Dies ist eine Weiterentwicklung der simplen Kistengräber mittelhelladischer Zeit. Für den Königsgrabcharakter zeugen reiche Grabschätze und Mehrfachbestattungen. Eine Ringmauer, die ihre Erddecke stützte, und Grabzeichen, reliefierte Platten, hoben diese Gräber vom gewöhnlichen Friedhof ab. N. G. L. Hammond betrachtet sie als Weiterentwicklung der Tumulusgräber in Epeiros und Illyrien.[5] Trifft dies zu, dann kann man sie als Anhaltspunkt dafür betrachten, daß sich hier in Mykene Häuptlinge mit Verbindung zum Norden niedergelassen hatten, die durch kriegerische Kühnheit und händlerischen Wagemut zu bedeutendem Wohlstand kamen. Mykene verfügt über keine besonderen Hilfsquellen, aber es liegt dort, wo die Straße vom Korinther Isthmos herab aus den Bergen in die fruchtbare Ebene der Argolis mit der vorgelagerten weiten Meeresbucht einmündet. In der Bronzezeit war dies ein strategisch wichtiger Punkt. Einwanderern aus dem Balkan tat sich hier der natürliche Weg über die Ägäis hin zu den alten Kulturen Kretas und Ägyptens auf. Nach G. Mylonas' Ansicht scheinen die Beherrscher Mykenes damals mit den ausgeklügelten und großartigen Bestattungssitten der Pharaonen und ihrer Höflinge bekannt geworden zu sein, und im Gefühl ihres neuen Reichtums versuchten sie wohl, es ihnen gleichzutun. Damals fand mykenische Keramik ihren Weg nach Ägypten, und umgekehrt weisen wohl die goldenen Totenmasken und ein Dolch mit Einlegearbeit, worauf man jagende Katzen an einem Flußufer in Papyrusdickichten sieht, auf ägyptischen Einfluß hin. Möglicherweise war eine der Leichen im Grab V sogar einbalsamiert. Die griechischen Legenden bewahren die Erinnerung an diesen ägyptischen Einfluß in der Geschichte von der Trauer der Söhne des Aigyptos über Danaos' Töchter.

Eine spätere Stufe der Geschichte Mykenes repräsentieren die Kuppelgräber, die die Schachtgräber als Königsgrabstätten ablösten. Bisher wurden neun dieser Gräber hier am Ort gefunden. Sie alle wiesen eine charakteristische runde Kammer mit Kraggewölbe bis hin zu einem Schlußstein ganz oben auf. Der Zugang (*dromos*) schnitt in die Hügelflanke, und auch den Raum für die unteren Grababschnitte hatte man aus Naturfels herausgehauen. Die Gräberserie erstreckt sich über eine beträchtliche Zeitspanne, doch Zeitansätze sind schwierig, denn kein Grab entging der Plünderung. Das Mauerwerk der Gewölbe und Gänge weist immer bessere Qualität auf, und man verfiel auf Raffinessen wie dreieckige Aussparungen über den Stürzen der mächtigen Torgänge. Wace weist sie in die beiden Jahrhunderte zwischen 1500 und 1300, doch Mylonas möchte die Zeituntergrenze bis um etwa 1220 herabsetzen. Alle betrachten das sogenannte ›Schatzhaus des Atreus‹, eines der eindrucksvollsten Baudenkmäler des Altertums, als Gipfelpunkt dieser Entwicklung. Höchstwahrscheinlich stammt dieses massive, kunstreiche Grab aus der Zeit um 1250 – nicht mehr als zwei Generationen vor der ersten Zerstörung der Zitadelle. Größe und Majestät künden: Mykenes Macht war zumindest nahe ihrem Gipfel, als ein König dieses Grab bauen ließ. In der *Ilias* (2, 105–108) zählt Homer drei Vorgänger Agamemnons auf: Pelops, Atreus und Thyestes, der Agamemnon das Zepter übergeben habe, um es zu tragen und »Herrscher zu sein über viele Inseln und ganz Argos«. Wenn diese Überlieferung über die Dynastie, die Mykene auf dem Höhepunkt seines Glanzes beherrschte, zutrifft, so ist man wohl in der Tat von der Wahrheit nicht weit entfernt, wenn man dieses mächtige Kuppelgrab der Generation des *Atreus* zuschreibt.

Homer verbindet mit Mykene keine andere Dynastie, doch nach späteren griechischen Überlieferungen sollen die Pelopiden von den Perseïden die Macht übernommen haben, die von Perseus, dem Gründer Mykenes, abstammten. Die Überlieferung umfaßt nicht genug Namen, um damit den gesamten Zeitraum der Größe Mykenes ab 1600 zu decken. Die Chronologie scheint teleskopartig auseinandergezogen zu sein – nicht selten in der mythischen Geschichtswiedergabe des bronzezeitlichen Griechenlands. Doch möglicherweise hat der Bericht von einem Dynastienwechsel etwas mit der Ablösung der Schachtgräber durch Kuppelgräber zu tun. Ein weiteres Zeugnis der Pelopidenmacht ist das Löwentor. Mylonas hat wohl überzeugend dargetan: Es stammt aus der Zeit um 1250 v. Chr. Mit dem Zug der Kyklopenmauer rings um Gräberrund A bildet es den Gipfelpunkt der Festungs- und Monumentalbauweise in Mykene. Einige seiner großen Blöcke sind sorgfältig gequadert, mehr noch sind einfache Geröllsteine, un- oder kaum behauen, doch alle strahlen eine Atmosphäre unanfechtbarer Autorität aus. Es muß viele Jahre gedauert haben, Festungen dieses großartigen Maßstabs zu errichten, und ihr Bau erforderte eine große Arbeiterschar unter Leitung einer starken Zentralgewalt. Die einzige Schwäche der Festung war das Fehlen einer sicheren Wasserversorgung. Dagegen half man sich durch die Anlage einer geräumigen Zisterne tief unter der Nordostecke der Einfriedung, wo man Wasser speicherte, das man aus Röhren vom Berghang außerhalb der Mauern hierherleitete. Es war die letzte Großtat der Festungsbaumeister von Mykene. Keine volle Generation später, um 1200, fiel die Zitadelle einer Katastrophe zum Opfer. Die Bauten – auch der Palast – brannten nieder und stürzten ein.

Mykenes Verwüstung fügt sich in das Bild einer umfassenderen Katastrophe.[6] Im Lauf des 13. Jahrhunderts hatten alle mykenischen Hauptzentren begonnen, ihre Festungsmauern zu verstärken. Starke Festungen entstanden in Gla in Boiotien sowie in Teichos Dymaion in Achaia. Auch die Befestigung der Akropolis von Athen wurde ausgebessert, und hier schuf man ebenso wie in Mykene und Tiryns kunstreiche Anlagen, um die Wasserversorgung der Zitadelle zu sichern. Vor allem aber baute man quer über die Landenge von Korinth eine Mauer mit vorspringenden Türmen – offensichtlich um die Peloponnes gegen eine Invasion aus dem Norden zu schützen. Die mykenische Welt war um ihre Sicherheit besorgt, und Tontäfelchen aus Pylos führen Truppenkontingente unter der Rubrik auf: »So schützen die Wächter die Küstengebiete.«

Die Schutzmaßnahmen waren umsonst. Um 1200 fielen die wichtigsten Machtzentren der Zerstörung anheim, so die Festungen Gla und Teichos Dymaion, die nie wieder aufgebaut wurden. Geplündert und niedergebrannt wurde der Palast von Pylos, nicht einmal

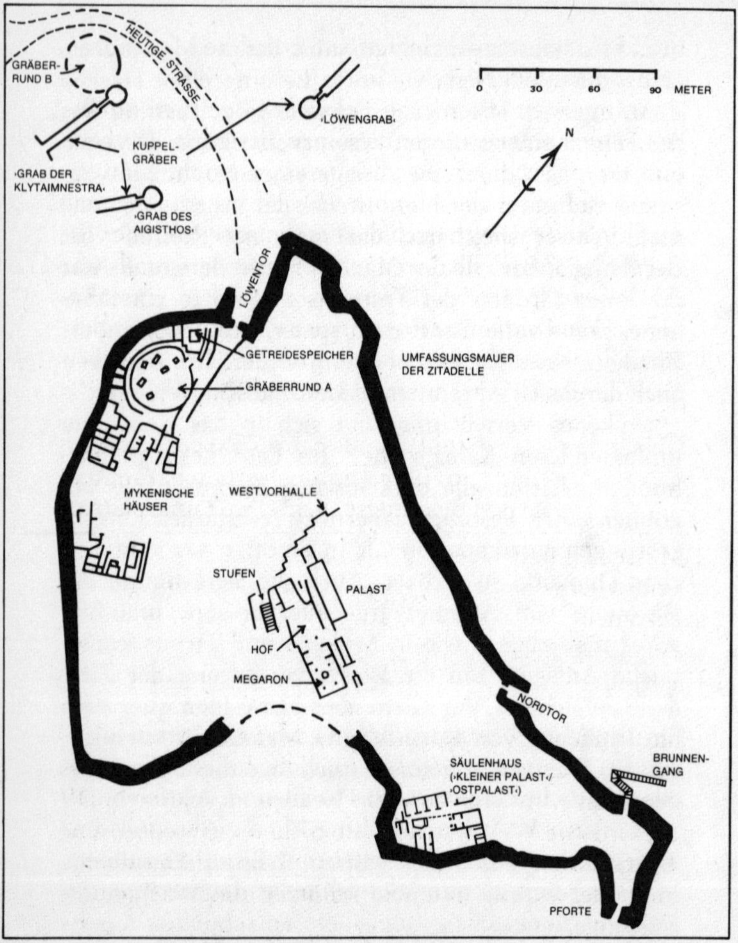

Skizze der Zitadelle von Mykene (Mykenai)

die gewaltigen Mauern von Mykene und Tiryns schützten die dortigen Paläste vor Verwüstung und

Brand. Athen war die einzige bedeutendere Mykenerfestung, die intakt blieb.

Am meisten scheint die Peloponnes gelitten zu haben. Pylos wurde nicht mehr neu besiedelt. Mykene und Tiryns schafften es, über die Katastrophe hinwegzukommen, und blieben noch bis weit ins 12. Jahrhundert hinein bewohnt, doch die mykenische Welt der III. C-Periode hatte sich weitgehend geändert und war geschwächt. Man hat für die im 13. und im 12. Jahrhundert bewohnten Stätten auf der Peloponnes vergleichende Statistiken aufgestellt, und die Ziffern geben einen Eindruck vom Ausmaß des Unglücks[7]:

Gebiet:	Zahl der aus dem 13. Jh. bekannten Siedlungsplätze:	Zahl der aus dem 12. Jh. bekannten Siedlungsplätze:
Messenien und Triphylien	150	14
Lakonien	30	7
Argolis und Korinth	44	14

Ein ähnliches Muster trifft man auch in Gebieten nördlich des Isthmos. In Boiotien ging die Zahl der Siedlungen von 27 auf 3 zurück, in Phokis und Lokris von 19 auf 5. Sogar in Attika, wo immerhin die Akropolis unversehrt blieb, wurde die Anzahl von 24 auf 12 halbiert. Man wird diese Ziffern überprüfen, wenn man in entlegeneren Landesteilen intensivere Forschungen durchgeführt hat, doch insgesamt wird es wohl bei einem traurigen Bild dieses Desasters bleiben. Im Durchschnitt blieb von 5 Siedlungen mykenischen Typs vor 1200 nur eine einzige übrig. Insbesondere die peloponnesischen Siedlungen vor 1200 vermitteln den Eindruck einer hoch organisierten, hochentwickelten Kultur, deren Zentren die Königsburgen in Mykene, Tiryns, Pylos und vermutlich in oder bei Sparta waren, obwohl in Lakonien bisher noch kein Palast gefunden wurde. Etwas von dem Ausmaß, in dem die gesamte Wirtschaft auf die Paläste zentriert war, zeigen die Pylos-Täfelchen. Samen und Kupfer bezog man aus den Palastmagazinen, und Dörfer wie Städte ringsum wurden besteuert. Vermutlich kontrollierten Palastbeamte auch den Überseehandel, der für Schmiede und Elfenbeinschnitzer lebenswichtig war. Von der Schirmherrschaft der Paläste waren wohl auch Künste wie die Freskenmalerei abhängig. Desborough schrieb: »Alles deutet darauf hin: Die Bevölkerung war zahlreich und recht wohlhabend, eine Gesellschaft, die ihre Ordnung hatte und von Königen mit alles erfassender Beamtenschaft regiert wurde.«

Als die Paläste verfielen, war auch die Ordnung dahin. Man kann sich vorstellen, wie diese zentralistische Wirtschaft zu Boden ging, als die Kontrolle durch die Beamtenschaft wegfiel. Man schlachtete Herden und ließ Felder unbestellt. Keine Getreideschiffe kamen mehr, um die königlichen Vorratskammern zu füllen. Leicht kann man sich denken, daß Hunger und Seuchen im Land grassierten. Nur ein größerer Zusammenbruch von Gesellschaft und Wirtschaft kann für diese Verwüstung verantwortlich sein, wie sie sich auf der Peloponnes so deutlich abzeichnet. Anscheinend hatten sich die Mykener in ihrer Lebensweise zu sehr von königlichen Dynastien abhängig gemacht, und wenn deren Halt fehlte, brach das gesamte empfindliche und kopflastige Gebäude zusammen.

Unbekannt ist die Ursache der Katastrophe.[8] Vor allem drei Möglichkeiten kommen in Betracht: blutige

Kämpfe und Bürgerkrieg innerhalb der mykenischen Welt, Barbareneinfälle von außerhalb sowie längere Dürreperioden in der Argolis, die zu Hungersnöten und Aufständen führten. Rhys Carpenter hat mit genialem Scharfsinn klimatische Faktoren als Hauptursache des Desasters ins Feld geführt, doch seine Theorie dürfte den Resultaten der Pollenanalyse aus Messenien widersprechen und erfuhr auch sonst keine Bestätigung durch gesicherte naturwissenschaftliche Beweise.[9] Die Hypothese eines Barbareneinfalls stützt sich weitgehend auf das behauptete Eindringen neuer Waffentypen sowie der ›Violinbogenfibel‹ aus Zentral- oder Osteuropa zu Beginn der III-C-Phase. Doch Snodgrass hebt hervor: Einiges von diesem Material gab es in Griechenland schon während der III-B-Phase, und eine Invasion ist keineswegs die rundherum beste Erklärung für seine Verbreitung. Weiterhin würde man beim siegreichen Eindringen fremder Völker erwarten, daß einige der zerstörten und wiederbesiedelten Orte neue kulturelle Elemente aufwiesen, aber dem ist nicht so. Man half sich mit der bequemen, doch nebulösen Behauptung eines plötzlichen, verheerenden Überfalls, nach dem sich die Invasoren so rasch wieder zurückgezogen hätten, wie sie gekommen waren.[10] Insgesamt ist es wohl wahrscheinlicher, daß Zwietracht innerhalb der mykenischen Welt die Katastrophe hervorrief. Spätere griechische Überlieferungen deuten an: Sogar schon vor dem Trojanischen Krieg gab es Spannungen und Streit. Nicht nur, daß Argos und Theben verfeindet waren, es gab auch Legenden von Fehden zwischen Perseïden und Pelopiden, zwischen Herakles und Nestor, zwischen Eurystheus und den Herakliden. Herakles' Sohn Hyllos, so hieß es, versuchte in die Peloponnes einzudringen, doch Echemos von Tegea bezwang ihn im Zweikampf (*Herodot* 9,26). Der lange und teure Kriegszug gegen Troja vergrößerte wohl die Spannungen. Thukydides (1,12) spricht von »weitverbreitetem Bürgerkrieg« während der Periode unmittelbar nach Trojas Fall. Laut Überlieferung war Mykene berüchtigt für Zwist innerhalb seines Herrscherhauses. Seine dynastischen Kämpfe schwächten es vielleicht so, daß der Raubüberfall eines mehr peripheralen achäischen Kleinreiches es zu Fall bringen konnte. Und es mag durchaus eine enorm bedeutende Trennungslinie zwischen dem reicheren Süden und einem kriegerischen Norden gegeben haben, und Krieg zwischen diesen beiden Hälften der mykenischen Welt beschleunigte vielleicht den politischen und ökonomischen Zusammenbruch gegen Ende der Periode III B.

Was immer die Ursache war – am deutlichsten zeigten sich die Auswirkungen in den Gebieten mit höchstem Entwicklungsstandard: den Provinzen der Peloponnes und Zentralgriechenlands nördlich vom Isthmos. Entlegeneren Gebieten floß ein Flüchtlingsstrom zu, und in einzelnen Gegenden, so in Achaia, war noch 1200 sogar eine Zunahme mykenischer Siedlungen zu verzeichnen. Es gab eine westwärts gerichtete Wanderung nach Kephallenia, doch die meisten Flüchtlinge suchten ihr Heil ostwärts in Übersee: auf Kreta, auf Chios (wo in Emporion eine neue Siedlung entstand) und auf Zypern. Einigen Ostgebieten Attikas und Euboia brachte die Vertreibung neues Leben, und an den Küsten sowie auf den Inseln der Ägäis gibt es Anzeichen schwunghaften Handels. An mehreren Zentren produzierte man Keramik von einer gewissen Lebhaftigkeit und großer Originalität, so etwa in Perati und Lefkandi oder auf den Kykladen. Mykenische Keramik des 12. Jahrhunderts zeigt eine Vielfalt, die in ausgeprägtem Gegensatz zur früheren Einförmigkeit steht und den Verlust des politischen Zusammenhalts nach der großen Katastrophe um 1200 spiegelt. Ja es gibt sogar Hinweise auf eine gewisse Erholung der Argolis. Mykene und Tiryns hatten wieder Bewohner und stellten eine Zeitlang gekonnte, sogar lebhafte Keramik her. Man spürt: Unter friedlichen Bedingungen hätte die mykenische Kultur bald zu ihrem alten Niveau künstlerischer und architektonischer Leistungen zurückgefunden. Doch dies sollte nicht sein. Zuviel Unsicherheit gab es zu Lande und zur See. Es war eine Zeit der Wanderungen und der Piraterie, und neue Verwüstungen drückten den Lebensstandard immer mehr.[10a] Um 1150 brannte der Palast von Iolkos nieder, der der ersten Katastrophenwelle entgangen war. Gegen Ende des Jahrhunderts war die Ansiedlung bei Emporion vom Erdboden verschwunden, und auch mit der langjährigen Siedlung in Milet war es vorbei. Um 1120 wurde Mykene abermals verwüstet (nach Mylonas von Doriern), und hier wie in Tiryns ging die Bewohnerzahl sozusagen auf Null zurück. Um 1100 war die mykenische Kultur praktisch von der Bildfläche verschwunden. Griechenland befand sich in einer tiefen Talsohle von Armut und Isolation. Restaurierte Siedlungen ebenso wie Neugründungen waren verschwunden, zugrunde gegangen, und nach 1100 blieb den Griechen vom Reichtum der mykenischen Königtümer nichts als eine lichte Erinnerung in einer dunklen Zeit.

›Dunkel‹ ist Griechenlands ›dunkles Zeitalter‹, verglichen mit dem Glanz der mykenischen Welt bis etwa 1200, ›dunkel‹ aber auch im Vergleich zu den wirtschaftlichen und politischen Fortschritten des 8. und 7. Jahrhunderts. ›Dunkel‹ bedeutet auch: Die Griechen wußten nicht viel über ihre Geschichte. Keine Spur blieb in den Legenden, schriftliche Aufzeichnungen gab es nicht. Wir sind daher hauptsächlich auf vergleichsweise spärliche archäologische Befunde angewiesen, wenn wir den Schatten zu durchdringen versuchen. Wie dunkel war dieses Zeitalter wirklich? War es auch für seine Zeitgenossen dunkel? Dank glänzender neuester Forschungen von Desborough und Snodgrass können wir versuchen, derartige Fragen objektiv zu beantworten, ohne die Härten und Entbehrungen jener Zeit über- oder unterzubewerten.

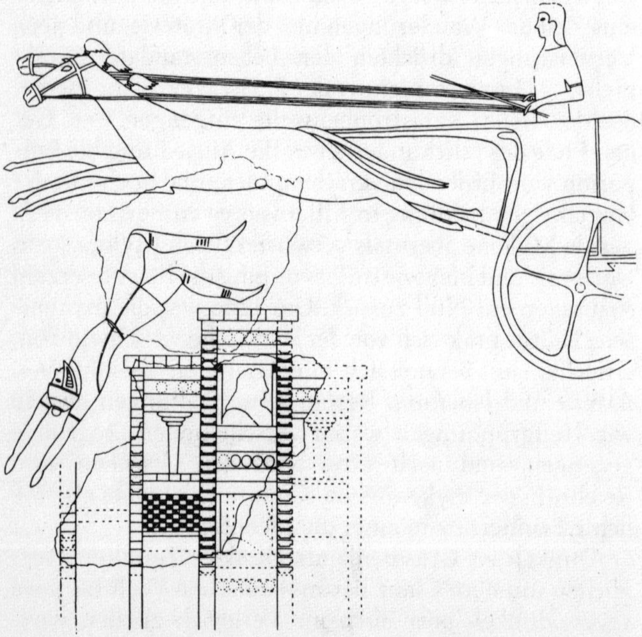

Nachzeichnung eines Freskenfragments aus dem Megaron des Palastes von Mykene. Womöglich handelt es sich um den Ausschnitt einer Belagerungsszene mit einem außerhalb der Stadtmauer gefallenen Angreifers mit Beinschienen.

Vergleicht man die erste Hälfte des 11. Jahrhunderts mit der Periode vor 1200, zeigt sich klar die Minderung der Lebensqualität in griechischen Landen. Um 1100 war die Bevölkerung auf fast ein Hundertstel gegenüber der Kopfzahl 100 Jahre früher geschrumpft.[11] Ziffern, basierend auf Hope Simsons *Gazetteer of Mycenaean Sites,* deuten darauf hin: Von 320 Siedlungsstätten des 13. Jahrhunderts waren nur etwa 40 im 12. Jahrhundert noch bewohnt. Wichtige Kenntnisse waren abhanden gekommen. So die Fähigkeit, große, wohlbehauene Mauersteine zu verwenden und das Können auf dem Gebiet der Schmuckherstellung und Goldschmiedearbeit. Künste wie Freskenmalerei, Gemmenschneiden und Elfenbeinschnitzerei waren mit den Palästen verschwunden. Offensichtlich hatten nur Palastschreiber schreiben können. Mit ihnen verschwand daher die Schreibkunst überhaupt. Die ganz undifferenzierte submykenische Keramik bildet einen kläglichen Gegensatz zur Ware des späthelladischen III-B-Typs. Es war eine Zeit der Isolation. Alle Kontakte mit dem Osten und mit Ägypten waren abgerissen. Auch die Grabbeigaben deuten auf ein klares Absinken des Lebensstandards hin. Man benutzte billigere Materialien, so Ton für Schmuckperlen und Obsidian für Messerklingen. All diesen Kriterien zufolge war die erste Hälfte des 11. Jahrhunderts in der Tat eine ›dunkle‹ Phase nach einer Periode großer Errungenschaften.

Etwa zwei Generationen lang gibt es keinen Fortschritt, doch etwa ab 1050 beginnt sich hier und da das Dunkel ein wenig zu lichten. In Athen zeichnen sich zuerst Zeichen einer Neubelebung ab. Angeregt durch neue Kontakte mit Zypern hatten die Athener den Mut und die Unternehmungslust, eine Revolution des Keramikstils in Gang zu bringen. Unter Anwendung der raschdrehenden Töpferscheibe und einer Mehrfachbürste entwickelten Athens Töpfer den protogeometrischen Stil mit neuen Formen und spar-, doch wirksamem Gebrauch abstrakter Dekormuster. Rasch breitete der neue Stil sich in die Argolis sowie nordwärts nach Thessalien hin aus, ja über die Ägäis hinüber bis nach Milet. Dies war abermals ein Wendepunkt der griechischen Geschichte, die ›Ebbe‹ war gleichsam vorüber. Etwa in die gleiche Zeit fällt auch der Beginn der Eisenzeit für Griechenland. Die erforderlichen Techniken importierte man aus dem Osten, wahrscheinlich aus Zypern. In der Argolis, in Attika und auf Euboia wurden Eisenvorkommen aufgespürt und abgebaut, und es entstand eine Eisenindustrie.

Der bedeutendste Charakterzug des ›dunklen‹ Zeitalters war die Ostwärtsbewegung der Griechen hinüber über die Ägäis und ihre Niederlassung an der kleinasiatischen Küste sowie auf den dieser vorgelagerten Inseln.[12] Ganz zu Anfang war dies eher eine Flüchtlings- als eine Kolonisationsbewegung. Not zwang die Auswanderer, sich zusammenzuschließen, Anführer zu wählen, Griechenlands ausgeplünderte Küsten zu meiden und in Übersee neue Heimstätten zu suchen. Der Drang nach Osten begann unter dem Druck weniger zivilisierter Stämme, die aus dem Norden und Westen in den Ebenen Thessaliens und Boiotiens auftauchten und schließlich in die Peloponnes einströmten: die sogenannte Dorische Wanderung. Die nördlichste Auswanderergruppe, als Aioler bekannt, zog nach Lesbos und dem Küstenstreifen zwischen Kyme und Pitane. Etwas später – und ein gutes Stück weiter südlich – eroberten die Dorier Melos und Thera, und nach und nach breiteten sie sich bis nach Rhodos und Kos sowie zum westlichen Vorsprung Kariens aus. Hier interessieren uns die

Dorier nicht, denn sie trugen nichts zur Entwicklung der epischen Dichtung bei. In den Küstenabschnitt zwischen ihnen und den Aiolern strömten die Ionier ein. Sie sollten bei der Weitergabe und Fortentwicklung des bronzezeitlichen Erbes an Gesängen und Legenden die entscheidende Rolle spielen. Nach der Überlieferung war Attika ein bedeutendes Sammlungszentrum, war Athen das Haupt-Sprungbrett für die ionische Wanderung. Dies paßt gut zu dem archäologischen Befund, wonach Athen in der 2. Hälfte des 11. Jahrhunderts einen vergleichsweise wohlsituierten und fortschrittlichen Eindruck macht. Wellen von Auswanderern zogen über die Kykladen nach Samos und Chios sowie an die Küste Kleinasiens vom Golf von Smyrna in südlicher Richtung bis an die Bucht von Latmos.

Es fällt schwer, die Daten der jeweiligen Erstbesiedlung genau festzulegen. Man neigt dazu, ältere Schätzungen eher ›hinaufzudatieren‹. An so wichtigen Punkten wie Milet und Alt-Smyrna hat man in den letzten 20 Jahren bedeutende Keramikfunde aus protogeometrischer Zeit gemacht. Mit ziemlicher Sicherheit steht daher fest: Schon im frühen 10. Jahrhundert hatten sich Aioler in Smyrna etabliert. In Milet entdeckte man in der ältesten protogeometrischen Keramik einige Elemente des submykenischen Stils, was die erste ionische Niederlassung hier bis vor 1050 zurückführt.[13]

Es lohnt sich, diese Daten mit der griechischen Überlieferung zu vergleichen, Milet sei von Neleus, einem Sohn des Athener Königs Kodros, gegründet worden. Kodros' Vater Melanthos war einer der durch die Dorierinvasion der Peloponnes aus Messenien vertriebenen Neleïden, die laut Thukydides 80 Jahre nach dem Trojanischen Krieg verjagt wurden. Setzen wir den Trojanischen Krieg um 1200 an, dann fällt Kodros' Genera-

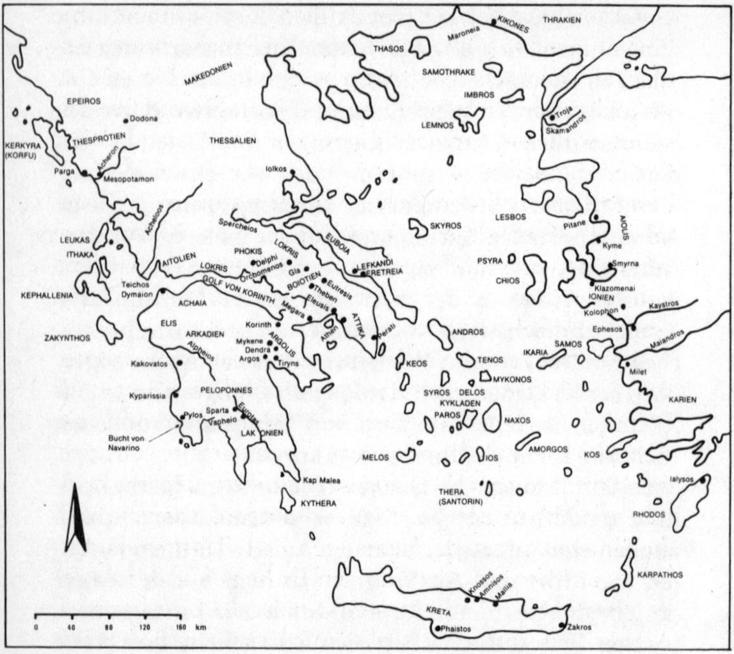

Karte Griechenlands, der Ägäis und Westkleinasiens

tion ins frühe 11. Jahrhundert, und Kodros' Sohn Neleus könnte durchaus vor 1050 eine Übersee-Expedition geleitet haben. Der archäologische Befund erweist die Überlieferung als zuverlässig. Herodot (1,146) zufolge rotteten die Ionier, in Milet angekommen, die Karer aus, erschlugen die Männer und heirateten die Frauen. Neleus befahl dann seinen Söhnen, die Kykladen zu erobern. Dabei hatte Hegetor großen Erfolg, Hippokles aber konnte nur Mykonos einnehmen.

Diese und andere Legenden zeigen ein wenig von den

Gefahren und Risiken der frühen Wanderungen. Sie gingen nicht so glatt, wie historische Abrisse uns weismachen möchten. Die Vorliebe der Ionier für gut zu verteidigende Vorgebirge zeigt: Die Einheimischen leisteten wohl oft hartnäckig und zäh Widerstand. Viele Gründungssagen sprechen von gewaltsamer Vertreibung der Karer, andere von Übereinkünften und gemischten Siedlungen. Die Gründer von Klazomenai versuchten erst am Idagebirge und dann in der Gegend von Kolophon Fuß zu fassen, bevor sie sich südlich des Golfs von Smyrna niederließen.

Bevor sie Attika verließen, waren die Auswanderer aus verschiedenen Gebieten zusammengeströmt: Aus Boiotien, aus der Argolis, aus Messenien und aus Achaia. Es war eine zusammengewürfelte Gruppe, entwurzelt durch die Todeszuckungen der mykenischen Welt. In der Sage von Tisamenos spiegeln sich die Umwälzungen der damaligen Zeit. Tisamenos, Enkel Agamemnons, war von den Doriern aus der Argolis vertrieben. Er führte sein achäisches Gefolge nach Achaia (das fortan diesen Namen trug) und vertrieb »Ionier«, die in Attika Zuflucht fanden. Zu diesen »Ioniern« müssen Mykener gehört haben, die schon z. Z. der ersten Katastrophe um 1200 aus Mykene vertrieben worden waren. Desborough meint, *sie* müssen die Erinnerung an die mykenische Welt übers Meer nach Ionien mitgenommen haben. Doch vielleicht sollten wir uns nicht auf bestimmte einzelne Transporteure der Überlieferung festlegen. Wahrscheinlich brachten alle diese Auswanderer Legenden und Volksüberlieferungen in reicher Vielfalt aus sämtlichen Zentren mykenischer Macht von Orchomenos bis Pylos. Ein gutes Beispiel ist etwa die Überlieferung, daß Mimnermos' kolophonische Vorfahren ursprünglich aus Pylos stammten – eine durchaus nicht unwahrscheinliche Vorstellung.

Ionien wurde der Haupt-Mutterboden der Tradition, die in Homers Dichtungen gipfelte, doch auch den Beitrag der Aioler sollten wir nicht übersehen. Die überlieferten Herkunftsorte Iasons und Achilleus' lagen in ihrem Ursprungsgebiet. Besonders eng waren sie mit Boiotien verbunden, einer an Sagen besonders reichen Region. Auch behaupteten sie, Nachfahren Agamemnons hätten ihre Wanderzüge nach Lesbos und Kyme angeführt, und einer der Herrscher Kymes nannte sich später selbst Agamemnon.

Die aiolischen Kolonisten müssen bei der Bewahrung und Pflege der Traditionen des Heroenzeitalters eine wichtige Rolle gespielt haben. Zwischen Phokaia und Smyrna überlagerten sich Aiolisches und Ionisches. In früher Zeit wohnten Aioler aus Kyme in Smyrna. Später fiel es durch List und Tücke an Vertriebene aus Kolophon und wurde so eine ionische Stadt. Der Zeitpunkt dieses Wechsels steht nicht fest, doch er muß vor 688 stattgefunden haben. Wenn Homer aus Smyrna stammt – und keine Stadt beansprucht ihn mit größerem Recht –, muß er mit einem ungewöhnlich vielfältigen Legendenschatz vertraut gewesen sein.

Ergebnis der Wanderungen: »Die Ägäis wurde, was sie auf der Höhe mykenischer Macht nie gewesen war: ein griechisches Binnenmeer.«[14] Dies war die wichtigste historische Entwicklung im 10. Jahrhundert. Athen war damals wegbahnend in Kunst und Handel. Athenische Ausfuhrgüter – Keramik und Gewandnadeln (aus Eisen mit kleiner Bronzekugel) – wurden überall von Ionien bis Kreta und Messenien festgestellt. Obwohl sich der griechische Handel auf die Ägäis beschränkte, erreichten die Gemeinwesen, die an ihm teilnahmen,

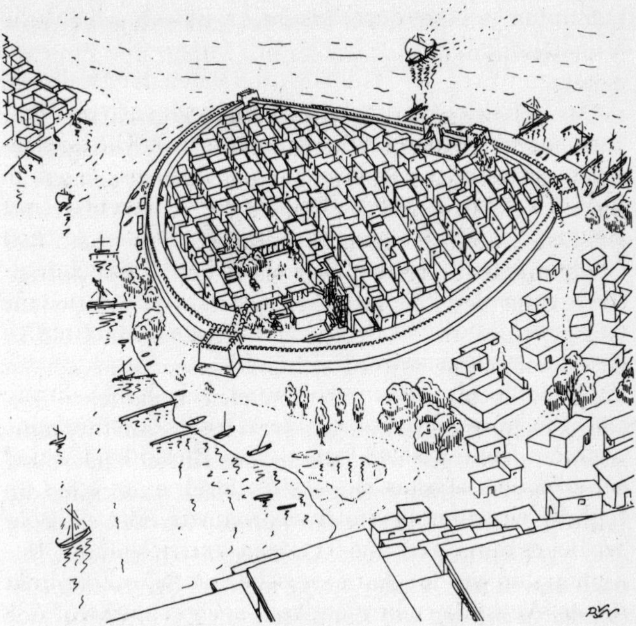

So stellt sich ein Künstler das mauerumgebene Smyrna im 8. Jahrhundert v. Chr. vor.

doch wieder einen bescheidenen Lebensstandard. Hierzu gehörten die Argolis (die mit Kos Handel trieb), die wachsenden Siedlungen in Kleinasien (die engen Kontakt mit Athen pflegten) und Euboia mit Südthessalien. Um 900 war für diese Bereiche rings um die Ägäis das dunkle Zeitalter vorüber. Ihre protogeometrische Keramik hatte hohes künstlerisches Niveau, man produzierte Eisen und hatte ein sehr komplexes Netz von Handelsverbindungen geschaffen. Die Entdeckung einer Bronzegießerei mit Gußformen für Dreifüße im spät-protogeometrischen Dorf bei Lefkandi auf Euboia beweist, daß man auch wieder mit Kupfer und Zinn arbeitete.

Das 9. Jahrhundert brachte weitere Fortschritte. Das 1967 auf der Agora in Athen entdeckte, reich ausgestattete Grab (wohl um 850) ist bezeichnend für den wachsenden Reichtum und das Können der Schmuckhersteller. Die Grabungen in Lefkandi lassen erkennen, daß Lefkandi damals reicher war als Athen. Viele dortige Gräber aus der Zeit zwischen 900 und 850 enthalten Goldgegenstände. Dieses neue Auftreten von Gold in Griechenland ist sowohl ein Gradmesser wachsenden Wohlstands als auch zunehmenden Levantehandels. Die verschwenderischen Goldvorräte der spätmykenischen Welt wurden wohl alle aus den Küstenländern am Mittelmeer-Ostraum eingeführt. Nach 1200 ging die Einfuhr zurück, und aus den Jahren zwischen ca. 1125 und 1075 kennt man keine Goldgegenstände mehr. Danach erscheinen wieder einige kleinere Schmuckstücke (vielleicht infolge von Kontakten mit Zypern Mitte des 11. Jahrhunderts), doch allgemein bleibt Gold bis etwa 900 v. Chr. knapp. Das 8. Jahrhundert kann man als Beginn einer griechischen Renaissance bezeichnen. Gewöhnlich zieht man 776 eine Linie zwischen griechischer Vorgeschichte und Geschichte: Es war das Jahr der ersten Olympischen Spiele. Mehr als vier Jahrhunderte des Analphabetentums endeten um 750 mit der Einführung des phönikischen Alphabets.[15] Diese wichtige Neuerung mag Kaufleuten aus Euboia zuzuschreiben sein, die Anfang des Jahrhunderts im syrischen Al Mina eine Faktorei eröffneten. Gleichzeitig drangen die Euboier nach Westen vor und gründeten hier auf Pithekusa (Ischia) vor der Bucht von Neapel eine Kolonie. Dieser Außenposten wuchs rasch zu einer blühenden

Siedlung mit eigenen Töpfereien und eigener Eisengießerei an. Auftrieb erhielt die Kolonisationsbewegung im Westen durch die Gründung zahlreicher Kolonien in Italien und Sizilien (seit 734). Rasch wuchs die Bevölkerung im Mutterland, und die neuen Tochterstädte waren ein Ventil für Überbevölkerung.

Das 8. Jahrhundert ist auch die Zeit, wo die meisten Kenner Homer ansiedeln. Nichts Sicheres weiß man über seine Persönlichkeit. Es ist nicht einmal belegt, daß er als Person existierte. Was von ihm geglaubt wird, glaubt man, strenggenommen, auch von *Ilias* und *Odyssee*. Je skeptischer man der Einheit dieser Werke gegenübersteht, desto weniger wird man der Auffassung folgen können, *ein* großer Dichter habe beide Epen geschaffen. Die Annahme, daß es mehrere Autoren gab, kann sich verschieden äußern. So könnte man mit aller Vorsicht sagen, beide Epen seien in Geist und Auffassung dermaßen verschieden, daß sie unmöglich Werk eines einzigen Schöpfers sein könnten. Gab es also zwei Verfasser: einen älteren für die *Ilias* und einen jüngeren für die *Odyssee*? Doch weit extremere Ansichten wurden geäußert: So sei die *Ilias* ein Flickwerk aus Heldenballaden, in Athen des Peisistratos (Mitte 6. Jh.) zusammengestellt. Die *Odyssee* sei Kompilation aus drei Gedichten: einer Telemachie, eines Gedichts über Odysseus' Irrfahrten und eines dritten über seine Rache an den Freiern. Nach all dem zweifelte man zuletzt an Homer ganz. Dessen große poetische Imagination ersetzte man durch bedeutungslosere Schöpfungen vieler Barden aus verschiedenen Zeiten und schludrige Redaktionen anonymer Kompilatoren.

Im Gegensatz zu den ›Homer-Spaltern‹ war für die Unitarier Homer Dichter zweier Epen, die im wesentlichen bereits ihre heutige Form hatten. Diese Ansicht stützt sich auf die inhaltliche Dramatik beider Dichtungen, auf die konsistente Charakterisierung der Hauptheiden sowie auf die Gleichartigkeit der poetischen Ausdrucksweise.

Die Diskussion geht weiter, denn jede Partei greift sich einen der Haupt-Entstehungsfaktoren dieser Gedichte heraus. Diese beiden Hauptfaktoren sind Überlieferung und dichterischer Entwurf, und sie lassen sich ebenso von ›Spaltern‹ als auch von ›Einheitsgärtnern‹ anführen. Dem Analytiker muß man zugestehen: Viele homerische Wendungen, Verse, Gleichnisse und Beschreibungen sind alt und waren wohl lange vor des Dichters mutmaßlicher Lebenszeit im Umlauf. Viele Szenen dieser Epen hatten ihre poetische Gestaltung wohl längst gefunden, bevor das Gesamtwerk sich in seiner heute bekannten Form kristallisierte. Andererseits bewegen sich auch die ›Einheitsgärtner‹ auf festem Grund, wenn sie an das ästhetische Empfinden beim Lesen von *Ilias* und *Odyssee* appellieren. »Spürst du nicht«, fragen sie, »die Sensibilität und das Kreative in diesen Worten, diesen Charakteren und in der Koordination der Episoden, die uns anrührt, mitreißt und begeistert?« Kurz: »Kannst du mit einem derartigen Genius konfrontiert werden, ohne an Homer zu glauben?«

Was Tradition und Plan bedeuten, hat man heute im Licht des Wissens abzuwägen, daß Homer auf *mündlicher* Überlieferung fußt. Milman Parry veröffentlichte Ende der zwanziger und Anfang der dreißiger Jahre eine Reihe von Aufsätzen, die seit 1971 unter dem Titel *The Making of Homeric Verse* als Buch vorliegen. Zunächst zeigt er: *Ilias* und *Odyssee* entstanden aus dem heraus, was Kirk einen »überlieferten Bestand fester Redewendungen« genannt hat, »die auf die meisten gängigen Ideen und Situationen anwendbar waren«.[16] Formeln wie »der mutige Renner Achilleus« oder »der edle Dulder Odysseus« gehörten zu einem System von bemerkenswertem Spielraum und Ökonomie. Unter ›Spielraum‹ versteht er die Deckung solcher Formeln mit der natürlichen Gliederung des Hexameters (mit den letzten 3½ Füßen usw.). ›Ökonomie‹ heißt für ihn das Fehlen metrischer Dopplungen. Das System diente dazu, die mündliche Improvisation von Hexametern zu erleichtern. Eine lange Kette ›mündlicher‹ Sänger entwickelte es im Lauf von Jahrhunderten. Homer erbte es nur von schreibunkundigen Vorläufern. Vieles an seiner Wortwahl, das uns heute anspricht, stammt wohl gar nicht von ihm. Parrys zweiter Beitrag zum Homerproblem war das Studium der Techniken ›mündlichen Dichtens‹, wie man sie noch heute bei Volkssängern in Jugoslawien findet. Im serbokroatischen Sprachraum sammelte er über 12 000 Texte.[17] Schließlich konnte er aufschlußreiche Vergleiche zwischen den Techniken jugoslawischer Sänger und denen der Barden ziehen, von denen Homer spricht.

Es gibt einen engen Zusammenhang zwischen ›mündlicher Dichtung‹ und dem Kulturmuster eines »Heroenzeitalters‹. G. S. Kirk führt als dessen Hauptkomponenten an: ›Hang zu Krieg und Abenteuer, eine mächtige Adelsschicht und schlichte, doch den Zeitbedürfnissen entsprechende materielle Kultur ohne allzuviel ästhetisches Raffinement.« »Unter solchen Bedingungen«, so fährt er fort, »beherrschen die heroischen Tugenden Ehre und Kühnheit alles andere. Dies drückt sogar auf die Stabilität und Wohlfahrt der Gesellschaft.«[18] Hauptfunktion eines Barden in einer solchen Welt ist die Pflege des Andenkens heldischer Taten. Die Gesänge entstehen mit den Taten gleichzeitig, werden aber später mehr und mehr ausgeschmückt. Verblüffenderweise gibt es mit Homers Dichtungen vergleichbare Heldengesangs-Zyklen aus anderen Perioden europäischer Geschichte, so das *Beowulfs-* und *Nibelungenlied* aus der ›Heroenzeit‹ der Angelsachsen bzw. der Germanen, das *Rolandslied* aus der Zeit Karls des Großen, *Sagas* der Wikingerzeit sowie russische und südslawische Dichtungen seit dem 12. Jahrhundert bis heute. Der ›Sänger‹ war eine hochgeachtete Person am Hof des Heldenkönigs (*Odyssee* 13, 28; 17, 385), und Vergleiche ergaben: Phemios und Demodokos in der *Odyssee* waren typisch für den Stand berufsmäßiger Sänger heroischer Balladen. Derartige Barden mußten den nationalen Sagenschatz kennen und die Technik einer mit festen Formeln arbeitenden Improvisation beherrschen. Ihr Können zeigte sich in der Ausgestaltung des Stoffes, und auch auf die Darbietung legte man Wert.

Die überlieferten Grund-Stoffe des griechischen Epos stammen aus einem Heroenalter, das Hesiod zwischen Bronze- und Eisenzeit ansetzt. Die damaligen Helden, so sagt er, kämpften vor Theben und Troja (*Werke und Tage* 161 f.). Dies paßt hervorragend zu modernen Rekonstruktionen der Schlußphasen mykenischer Geschichte. Thebens Zerstörung setzt man heute nicht früher als eine Generation vor dem Brand von Troja VIIa an, und beide Ereignisse fanden wohl in der 2. Hälfte des 13. Jahrhunderts statt. Wenn die Taten der Heroen Hesiods hiermit zu tun haben, dann fällt sein ›heroisches Zeitalter‹ mit der Periode zusammen, da mykenische Macht ihren Gipfel erreichte und zu sinken begann. Wohl damals schon besang man die militärischen Hauptunternehmen jener Zeit. Es waren Taten am Ende einer Ära. Nichts übertraf sie mehr. Die Mykener klammerten sich an diese Erinnerungen, als ihre Welt zerbrach.

Sir Maurice Bowra hat analysiert, auf welche verschiedene Weise ein Volk dazu kommt, seine Vergangenheit zu heroisieren.[19] Dies konnte etwa eintreten, wenn sich eine Nation »für verlorene Größe damit tröstet, daß sie die Vergangenheit glorifiziert«. Dies gilt für die Russen nach ihrer Niederlage gegen die Mongolen bei Kalka (1228), für die Serben nach dem Türkensieg vom Amselfeld (1389). Auch wenn ein Volk auswandert, pflegt es oft Traditionen, die seine Vergangenheit verherrlichen. Beispiele dafür: die Sagas der skandinavischen Kolonisten auf Island und Grönland sowie die Legenden der Maori auf Neuseeland. »Ein dritter Fall tritt ein, wenn ein politisches System auseinanderbricht und Auflösung und Verfall an die Stelle von Erfolg und Macht treten.« Bowra illustriert dies am Bild Karls des Großen nach dessen Tode. Dieses Element muß auch bei der Ausformung der griechischen Vorstellungen eines ›Heroenzeitalters‹ eine Rolle gespielt haben. Punkt 2 kam hinzu: die Nostalgie Ausgewanderter, die im Zuge früherer Wanderungswellen das griechische Mutterland verlassen und die Ägäis überquert hatten. Aus beiden Faktoren erklärt sich wohl die Stärke, die Dauerhaftigkeit griechischer Heldentradition.

Als Vehikel der Geschichte dienten Formeln und Listen. Alte Bräuche bettet man in Standardschilderungen ein. Doch auch spätere Zeitgeschichte blieb nicht ohne Einfluß. Das Überlieferte mußte neuen Sitten angepaßt werden. So entstanden neue Prägungen; langsam wuchs die Tradition Schicht um Schicht. Inhaltlich und sprachlich bilden die homerischen Dichtungen somit eine bunte Mischung aus Beiträgen ganz verschiedener Epochen. Aufgabe des folgenden Kapitels wird es sein, einige ihrer Elemente zu analysieren. Wir werden versuchen, sie einzelnen Entwicklungsperioden der griechischen Welt von Mykene bis Homer zuzuordnen.[20]

3. SCHICHTEN HOMERISCHER DICHTUNG

Die Welt der Paläste

Szene: Der Palast des Menelaos. Telemachos und Peisistratos sind mit dem Wagen am Hoftor eingetroffen. Einer der Höflinge hat Befehl, sie einzulassen.

». . . schnell durcheilt er die Wohnung, rief die geschäftigen Diener zusammen, daß sie ihm folgten. Und nun befreiten sie vom Joche die schwitzenden Rosse, führten sie dann in den Stall und banden sie fest an die Krippen, schnitten Hafer hinein, in den weißliche Gerste gemischt war, stellten darauf den Wagen an eine der schimmernden Wände und führten schließlich die Männer hinein in die Königsgemächer. Staunend sah'n sie die Burg des göttergesegneten Königs, gleich dem Leuchten der Sonne und gleich dem Schimmern des Mondes glänzte die ragende Burg Menelaos', des Ehregekrönten. Und nachdem sie ihr Herz mit bewunderndem Blicke gesättigt, stiegen sie beide zum Bad in schöngeglättete Wannen. Als sie die Mägde gebadet und auch noch mit Öl eingerieben, dann mit wollenem Mantel und Leibrock hatten bekleidet, setzten sie sich auf die Throne bei Atreus' Sohn Menelaos. Eine Dienerin trug in prächtiger goldener Kanne über dem silbernen Becken das Wasser, begoß dann zum Waschen ihnen die Hände und stellte vor sie die geglättete Tafel. Und die ehrbare Hausmagd kam und tischte das Brot auf und so manche Gerichte aus ihrem gesammelten

Vorrat. Hierauf kam der Zerleger und bracht' in erhobenen Schüsseln allerlei Fleisch und setzte vor sie die goldenen Becher ... Und nachdem die Begierde des Tranks und der Speise gestillt war, neigte Telemachos sein Haupt zum Sohne des Nestor und sprach leise zu ihm, damit es die andern nicht hörten: ›Schau doch, Nestoride, mein lieber Freund und Gefährte, schaue den Glanz des Erzes umher in der hallenden Wohnung, Glanz von Gold und von Bernstein, von Elfenbein und von Silber! Ebenso glänzt wohl im Innern der Hof des olympischen Gottes! Welche ein unendlicher Schatz! Mit Staunen erfüllt mich der Anblick!‹
(Odyssee 4, 37–75)

In Lakonien ist bisher noch kein Palast gefunden worden[1a], aber die ausgegrabenen Reste der drei großen mykenischen Paläste auf der Peloponnes (in Mykene, Tiryns und Pylos) erlauben die Feststellung: Homers Schilderung des großen Hauses Menelaos' beruht auf soliden Fakten. Nach Menelaos' eigenen Worten war ein mykenischer Palast ein »prächtiges Haus voll köstlicher Güter« (*Odyssee* 4, 96). Der in den Schachtgräbern ans Licht geförderte »unendliche Schatz« bezeugt, wie wohlhabend Mykenes Könige schon im 16. Jahrhundert gewesen sein müssen. Silber- und Goldgefäße müssen in den Palästen Gegenstände täglichen Gebrauchs gewesen sein. Zweifellos zierten die berühmten Goldbecher, die in einem Grab bei Vapheio gefunden wurden, einst die Tafel eines lakonischen Fürsten. Bernstein war besonders vor 1400 v. Chr. in der mykenischen Welt weit verbreitet. Möbel mit Elfenbeinbeschlägen verzeichnen die Pylos-Täfelchen. In zahlreichen Räumen entdeckten die Ausgräber des Palastes von Pylos Fragmente von Gold, Silber, Elfenbein und Goldfolie. Die

Haupträume waren freundlich dekoriert, sie hatten bemalte Böden, und Fresken zierten die Wände. Auch ein wohleingerichtetes Badezimmer diente der Bequemlichkeit der Palastbewohner. All diese Paläste sanken vor dem Ende des 12. Jahrhunderts v. Chr. in Trümmer, und nichts mehr entstand in Griechenland oder Ionien, das ihnen glich. Aber die epische Tradition bewahrte Details ihres Baus, ihres Plans, ihrer Dekoration.[1] Barden wie der, den ein Freskofragment aus Pylos zeigt, müssen in ihren Hallen gesungen haben. Und es überrascht daher nicht, daß viele Schilderungen etwas von der Lebendigkeit persönlicher Anschauung atmen: Es sind ›Schilderungen nach dem Leben‹. Und viele ›homerische‹ Details finden in den ausgegrabenen Bauresten ihre Bestätigung. So enthielten die Paläste wirklich »schallende Vorhallen«, »hallende Räume« mit behauenen Steinbänken sowie Pfeilerhallen mit Zentralherden. Sie hatten Vorratskeller, Korridore und höhergelegene Stockwerke (Obergeschosse), aber es gibt keinen Beweis für irgendeines dieser Bauelemente bei früheisenzeitlichen Bauten auf griechischem Boden. In Pylos gab es im Zentralmegaron-Dach eine Dunstesse. Hier hätte eine Göttin davonfliegen können wie Athene aus Odysseus' Palast (*Odyssee* 1, 320). An der Ostwand stand ein Thron, daneben, etwa in einem Abstand von zwei Metern, zwei Bodeneintiefungen. Zwischen ihnen gab es eine Verbindungsrille. Diese Vorrichtung hatte wohl Trankopfer des Throninhabers aufzunehmen, und genauso opferte Nestor nach seiner Heimkehr in seinem Palast (*Odyssee* 3, 393 ff.). Von Nestor heißt es auch, er sei aus seinen Privatgemächern gekommen und habe sich »auf gehauene Steine« gesetzt »vor der hohen Pforte des schöngebauten Palastes« (*Odyssee* 3, 406 f.), und diese Steine waren »weiß und glänzend wie Öl«.

Man bezog dies auf eine Marmorbank und fragte sich nur: War sie mit Öl poliert und glänzte sie nur so? Marmor war in Pylos selten, ja fast schon eine Kostbarkeit. Man benutzte ihn nur zu Dekorationszwecken. Aber in der Thronraum-Vorhalle fanden die Ausgräber einen Sockel »verkleidet mit einem 0,045 m dicken Kalksteinfurnier, *fast wie Marmor aussehend und glatt poliert*«. Außerdem ragte aus der Palast-Vorderwand eine Art Kalksteinkanzel hervor, nach Blegen eine Art *rostrum* oder Tribüne. Homer betont das Zeremonielle an Nestors Auftreten, der, umgeben von Söhnen, Gefolgsleuten und seinen Gästen Anordnungen gibt: vielleicht eine Erinnerung an das Neleïden-Hofritual, wozu das bauliche Detail einer marmorähnlichen Mauerverkleidung im Palast von Pylos hinzutritt.

Im ganzen zeichnet Homer ein stilisiertes, idealisiertes Bild der Paläste. Am deutlichsten zeigt sich dies beim Palast des Alkinoos auf Scheria (*Odyssee* 7,81 ff.). Der Bau folgt dem Standardplan: Hof, Vorhalle, Pfeilerhalle. Etwas Märchenhaftes haben jedoch seine Bronzemauern, seine Silberpfeiler und Goldtüren, ganz zu schweigen von den goldenen und silbernen Hunden, die Hephaistos als Torwächter schuf. *Ein* Zug dieser Phantasiewelt aber stimmt mit mykenischer Architekturornamentik überein: Die große Halle ist »gekrönt mit blauem Gesimse (*kyanos*)« (*Odyssee* 7, 87). Blaue Ziegel fand man in Mykene, in Tiryns gab es einen Alabasterfries mit blauem Glasfluß. Dieser Glasfluß war eine ägyptische Erfindung als Ersatz für Lapislazuli (im klassischen Griechisch bezeichnet *kyanos* sowohl Lapislazuli als auch dessen Surrogat). Die Mykener hatten diese Erfindung wohl von den Minoern. Jedenfalls erwähnt ein Schrifttäfelchen aus Mykene, daß es bei ihnen *kyanos*-Arbeiter gab. Bezeichnenderweise scheint auch eine Wasserleitung zum Palast hin geführt zu haben (*Odyssee* 7, 129ff.). Auch dies entspricht den Befunden im Palast von Ano Englianos, und abermals bleibt das früheisenzeitliche Griechenland ohne jede Parallele.[2] Eine bedeutende Rolle in der *Odyssee* spielt Odysseus' Palast auf Ithaka. Zwar fand man auf Ithaka in der Tat eine für eine Palastgründung geeignete Stelle – nur: An Bauresten *in situ* fehlt es hier leider. Und Telemachos' grenzenlose Bewunderung für Menelaos' Prachtbau läßt zweifellos den Schluß zu: Daheim muß es viel bescheidener zugegangen sein. Wirklich machen der Misthaufen im Hof neben dem Eingang zur Haupthalle und dazu noch der Gänsetrog (*Odyssee* 17, 297ff. und 19, 552f.) einen eher ländlich-schlichten Eindruck. Dennoch: Auch hier gab es ein Magazin für Gold, Bronze, Kleider und Olivenöl mit großen Vorratskrügen für Wein ringsherum an den Wänden. Vorratsmagazine dieser Art kennt man aus minoischen und mykenischen Palästen wie Herrenhäusern.

Seiner Schilderung nach war der Bau eine recht komplizierte Anlage. Es gab ein Obergeschoß, und Zimmer lag über Zimmer, Raum grenzte an Raum (*Odyssee* 1, 328ff., 17, 266). Typisch war eine Nebentür in einer Seitenwand der Haupthalle. Über einen schmalen Treppengang gewahrte sie Zugang zum Hof. Anscheinend ging es hier zu kleineren Palastkammern (*Odyssee* 22, 126ff.). Dies alles wird sehr detailliert beschrieben. Unklar bleibt nur, was es mit der Handlung zu tun hat. Vielleicht glaubte Homer, hier einen überlieferten Zug nicht übergehen zu dürfen, obwohl er den Sinn der betreffenden Vorrichtung nicht mehr ganz verstand, denn bei den Häusern, wie er selbst sie kannte, gab es das alles nicht mehr. Bei den bisher ausgegrabenen mykenischen Palästen hat die Haupthalle nur eine Tür. Wace glaubte an eine Parallele im ›Haus der Säulen‹, das 1892 von Tsountas im Ostabschnitt der Zitadelle von Mykene freigelegt worden war. Mylonas jedoch, der das Bauwerk weiter untersuchte, erklärte Waces Deutung für unhaltbar.[3] Noch deutlicher vielleicht als alles andere spiegelt das Bild des Palastlebens die mykenische Welt auf dem Gipfel ihres Glanzes. Nestor, Menelaos – sie herrschen in ihrem Bereich und bewirten mit königlicher Großzügigkeit ihre Besucher, Adlige reisen in ihren Wagen auf ordentlich gebauten Straßen, Magazine sind zum Bersten mit Schätzen aus fremden Ländern gefüllt, und mit Gold- und Silbergeschenken ist man keineswegs kleinlich. Gästen setzt man Qualitätsweine vor, sie bekommen ein warmes Bad und ein weiches Bett. So idealisiert das sein mag – die Archäologie zeigt: Es gibt einen historischen Faktenhintergrund. Und nichts von all dem stammt aus späterer Zeit. Weder das nachmykenische Griechenland noch Homers Ionien kannten Paläste von solcher Komplexität und solchem Raffinement, wie Homer sie beschreibt. Die früheisenzeitlichen Griechen waren weder reich noch kenntnisreich genug, sie zu bauen. Die großen Schlösser der Bronzezeit hinterließen ihre Spuren in der epischen Tradition. Man vergaß sie nie wieder.

Die Welt der Seefahrer

Heil und friedlich ist die Welt der Paläste. Daneben gibt es aber eine männlichere Gegenwelt, eine Welt der Gewalt: die Welt des Krieges und der Wanderungen, die Welt der Plünderungen und Seeräubereien.[3a] Menelaos hat mit beiden Welten zu tun.

Die *Odyssee* schildert sein Leben mitten unter den

Annehmlichkeiten seines Palastes, doch in der *Ilias* teilt er die Entbehrungen achäischer Heerführer während der langen Belagerung. Nach Trojas Fall streitet er sich mit Agamemnon und setzt sich mit seinen Leuten nach der Heimat ab. Doch noch sieben Leidens- und Wanderjahre liegen vor ihm. Er kommt dabei nach Zypern, Phönikien, Libyen und Ägypten (*Odyssee* 4, 83 ff.). Homer geht näher auf seine Ägyptenkontakte ein und schildert die Gaben, die Menelaos von einem thebanischen Edlen erhielt, desgleichen seine Abenteuer auf der Insel Pharos vor dem Nildelta (*Odyssee* 4, 128 und 351 ff.). Dies muß auf die Bronzezeit zurückgehen. Während des ›dunklen Zeitalters‹ verloren die Griechen jede Berührung mit Ägypten. Kontakte gab es erst wieder ab etwa 650 v. Chr., und damals hatten Homers Gedichte ihre heutige Form wohl schon längst erhalten. Mehr noch: Friedliche Beziehungen zwischen Griechen und Ägyptern der Spätbronzezeit sind wohl eher *vor* als nach ca. 1300 vorstellbar. Als Ramses II. Anfang des 13. Jahrhunderts Ägyptens Macht stärkte, war es mit dem Frieden zwischen Ägypten und der Ägäis aus. Setzt man aber Menelaos' Glanzzeit um 1200 an, können demnach seine Berührungen mit Ägypten nicht so friedlich gewesen sein, wie Homer es darstellt. Die Erinnerung, daß ein Herrscher Lakoniens seinen Reichtum der Freundschaft mit einem Ägypter verdankt, muß daher auf eine frühere Epoche zurückweisen und wurde dann nur fälschlich auf einen Achäer bezogen, der vor Troja kämpfte.

Ein ganz anderes, der historischen Wahrheit näheres Bild von Achäern und Ägyptern zeichnet Odysseus in seinem Gespräch mit Eumaios. Hier ist unter anderem von einem Pirateneinfall der Achäer im Deltagebiet die Rede, und dies scheint eine echte Erinnerung an eine sehr unruhige Geschichtsperiode im östlichen Mittelmeerraum zu beeinhalten:

»... mich reizte mein Herz, mit stets getreuen Gefährten einige Schiffe zu rüsten und nach Ägypten zu segeln. Und ich rüstete neun, und schnell waren alle beisammen. Anfangs schmausten bei mir sechs Tage die treuen Gefährten, und ich schlachtete viele gemästete Tiere zum Opfer für die himmlischen Götter und unseren Gaumen zur Labung. Aber am siebenten Tag verließen wir Kreta und fuhren unter beständigen Weh'n eines reinen, verläßlichen Nordwinds sanft wie stromabwärts dahin, und keins unsrer tüchtigen Schiffe wurde beschädigt. Wir saßen gesund und in herrlicher Stimmung oben an Deck und ließen vom Wind und vom Steuer uns lenken. Aber am fünften Tage erreichten wir schließlich Ägyptens heiligen Strom, und ich legte die Schiffe in Reihe vor Anker. Dringend ermahnte ich dann die lieben Reisegefährten, an der Küste zu bleiben und bei unsern Schiffen zu wachen. Und ich sandte auch Wachen umher auf die Höhen des Landes. Aber sie wurden von Trotz und Übermut hingerissen, daß sie, ohne zu zögern, das herrliche Land der Ägypter plünderten, ihre Weiber gefangennahmen, die Männer und die unmündigen Kinder ermordeten. Deren Geschrei drang hin bis zur Stadt. Sobald der Morgen sich rötete, zogen Streiter zu Roß und zu Fuße daher, und von schimmernder Bronze glänzte das ganze Tal. Der Donnerer Zeus Kronion sandte meinen Gefährten die schimpflichste Flucht, und es wagte keiner dem Feinde zu trotzen, denn ringsum drohte Verderben ...«

(Odyssee 14, 246 ff.)

Ägyptische Inschriften und Reliefs zeigen: Unter Merenptah und Ramses III. war Ägypten dem Druck von Abenteurern aus Übersee ausgesetzt.[4] Merenptah verzeichnet eine großangelegte Invasion des westlichen Deltagebiets im 5. Jahr seiner Regierung (um 1220). Die Hauptinvasoren waren Libyer, doch hinzu kamen Scharen von ›Seevölkern‹ aus dem ›Norden‹ (d. h. von jenseits des östlichen Mittelmeers). Vielleicht hatte der libysche Anführer Meryui diese Nordleute als Söldner angeworben. Zu den ›Seevölkern‹ gehörten *Aqaiwaša*, nach einigen Gelehrten vielleicht die *Achai(w)oi* (= Achäer) Homers.[6] Außerdem befanden sich *Lukka* in der Schar (nach hethitischen und ugaritischen Quellen stammten diese aus Südwest-Kleinasien, und zwar aus dem späteren *Lykien*, das ihnen wohl seinen Namen verdankt [es waren also *Lykier*] bzw. aus dem Lykien benachbarten Karien)[7], desgleichen *Šerden* oder *Šardana* (ein Volk, das früher bei Quadeš auf ägyptischer Seite gekämpft hatte). Die Invasoren wurden blutig zurückgeschlagen. Ihre Verluste an Toten und Gefangenen müssen in die Tausende gegangen sein. Allein von den *Aqaiwaša* sollen 1213 Mann gefallen sein.

Einer noch größeren Bedrohung mußte Ramses III. im 8. Jahr seiner Regierung (ca. 1185) entgegentreten. Ägyptische Äußerungen bezeichnen die Inseln des Nordens als ruhelos und aufsässig. Sie berichten, wie von Kilikien aus längs der kanaanäischen Küste eine große Heerschar heranzog, teils zu Schiff, teils zu Lande mit Ochsenkarren, auf denen Frauen und Kinder den gesamten Kriegszug mitmachten. »Kein Land hielt ihnen stand«, und »sie kämpften, um täglich die Bäuche zu füllen« – dies sind zwei anschauliche Wendungen, mit denen Ramses' Inschriften im Tempel von Medinet Habu die Invasoren charakterisieren. Die Entscheidung fiel unweit vom östlichen Nildelta. Die Ägypter schafften es, mit ihrer Flotte die Schiffe der ›Seevölker‹ einzukreisen und einen großen Teil davon zu zerstören. Zu den Angreifern gehörten *Danuna (=Danaer?)* und *Pulesati* oder *Peleschet* (= Philister).[8] Sie wurden mit großen Verlusten zurückgeschlagen. Eine rassische Einheit bildeten die ›Seevölker‹ nicht. Sicherlich gehörten Abenteurer und Seeräuber von der kleinasiatischen Küste, vermutlich auch griechischsprechende Piraten von der Küste und den Inseln der Ägäis zu ihnen. Kreta bot sich wohl Achäern als geeignete Basis an, die sich mit Libyern verbanden, und die Hethiter fühlten sich von *Aḫḫijawā* (= gleichfalls ›Achäer‹?) beunruhigt, deren Basis vielleicht Rhodos bildete.[9] Der Zusammenstoß der ›Seevölker‹ war teilweise Ergebnis, teilweise aber seinerseits erst Ursache der Unruhe und Instabilität im östlichen Mittelmeerraum der ausgehenden Bronzezeit.

In gewissem Sinne war auch der Feldzug der Achäer gegen Troja einem großen ›Seevölker‹-Raubzug nicht unähnlich. Nestor zieht einmal Bilanz und stellt ihn keineswegs als glänzenden Sieg, sondern als eine Kette von Überfällen und Scharmützeln dar, wobei die Verluste der Achäer deren Erfolge bei weitem überwiegen:

»Ihm antwortete der Rossebändiger Nestor: ›Mein Lieber, weil du mich doch an jene Trübsal erinnerst, die wir tapfren Achäer im troischen Lande erduldet, als wir einst mit den Schiffen im dunkelwogenden Meere irrten nach Beute umher, wohin Achilleus uns führte, dann um die mächtige Stadt des Herrschers Priamos kämpften – dort verloren ihr Leben die tapfersten aller Achäer! Dort liegt Aias, ein Held gleich Ares, dort auch Achilleus, dort sein Freund Patroklos, an Rat den Unsterblichen ähnlich, dort mein geliebter Sohn Antilo-

chos, tapfer und edel, rüstig vor allen Achäern im Lauf und rüstig im Streite, aber wir haben auch sonst noch viele Leiden erduldet! Welcher sterbliche Mensch vermöchte sie alle zu nennen? Bliebest du auch fünf Jahre und sechs nacheinander und forschtest ...«
(Odyssee 3, 102–116)

Odysseus war ein Meister der List. Allerdings besaß seine rastlose Energie bisweilen auch etwas Destruktives, Zerstörerisches, worauf sein Beiname ›Verderber der Städte‹ anspielt. Mit glänzendem Scharfblick läßt Homer ihn typische Korsaren-Ansichten aussprechen:

»Also focht' ich im Krieg und liebte weder den Feldbau, noch die Sorge des Hauses, noch blühender Kinder Erziehung. Sondern das Ruderschiff war meine beständige Freude, Schlachtengetös' und blinkende Speer' und gefiederte Pfeile – lauter schreckliche Dinge, die andre mit Grauen erfüllen ... Eh' der Achaier Söhne nach Troja waren gesegelt, führte ich neunmal Männer in schnell geruderten Schiffen gegen entlegene Völker und kehrte mit Beute zur Heimat. Hiervon nahm ich zuerst das kostbarste Kleinod, und vieles teilte das Los mir zu. So mehrte ich rasch mein Vermögen.«
(Odyssee 14, 222–233)

Dies war die Auffassung der Ägäis-›Wikinger‹ um 1200 v. Chr. Ihre Piraterie erzeugte Druck, der erstarrte politische Strukturen sprengte, Reiche bersten und weitausgreifende Volksbewegungen entstehen ließ. Griechische Legenden bewahren die Erinnerung an griechische Helden und wandernde griechische Stämme ebenso vor wie nach dem Trojanischen Kriege. So spielt Homer auf die Taten Bellerophons an, der die Ägäis überquerte, um für den König Lykiens zu kämpfen (*Ilias* 6,171 f.). Im Schiffskatalog finden wir eine summarische Erwähnung des Herakliden Tlepolemos, des Sohnes einer thesprotischen Prinzessin, der Auswanderer aus Epeiros nach der Dodekanes führte (*Ilias* 2, 653 ff.). Pindar bewahrt eine Überlieferung, wonach die Söhne des Trojaners Antenor nach Trojas Fall nach Libyen auswanderten und wegen ihrer Kühnheit im Wagenrennen dort gern aufgenommen wurden (*Pythien* 5, 82 ff.). Ägyptische Quellen des 13. und 12. Jahrhunderts stützen dies insofern, als sie die libyschen Stämme *Retenu* und *Tehenu* in immer engere Verbindung mit den ›Seevölkern‹ bringen. Der *Aeneas*sage mag in der Tat eine ähnliche Wanderung aus der Troas nach Italien zugrunde liegen, und es ist keineswegs unwahrscheinlich, daß die *Šerden* oder *Šardana* die Insel Sardinien einnahmen und dieser ihren Namen gaben.

Trojas Eroberern ging es kaum besser. Die Lebensläufe der achäischen Anführer und ihrer Söhne zeigen das gleiche Muster erzwungener Wanderungen. Diomedes kehrte nach Argos zurück, nur um dort einen Usurpator an der Macht zu finden, und floh nach Libyen und Süditalien. Orestes rächte seines Vaters Ermordung und mußte fliehen. Achills Sohn Neoptolemos zog von Thessalien nach Epeiros und gründete dort die Molosserdynastie.

Menelaos' und Odysseus' Wanderungen weisen ein Muster auf, das ganz zum Bild der ›Seevölker‹-Zeit paßt. Bewegliche Plündererttrupps unter dem Kommando achäischer Häuptlinge – dies paßt zu allem, was wir, unabhängig von Homer, über die Mittelmeerwelt in jenem Jahrhundert der Wirren wissen, das die Bronzezeit beendete. Die Überlieferung von Beutezügen nach Ägypten kann sich unmöglich nach 1100 v. Chr.

herausgebildet haben. Sie gehört zum komplexen Erbe Homers aus mykenischer Zeit. Während das Bild geruhsamen, behäbigen Palastlebens auf die stabilere Zeit vor dem Trojanischen Kriege zurückgeht, spiegeln die Seefahrersagen eine Phase wachsender Unruhe – eher wohl das 12. als das 13. Jahrhundert v. Chr.

Zu Beginn des ›dunklen Zeitalters‹ sank griechische Aktivität unter ›Heroen‹-Niveau ab. Keinen Handel gab es mehr, keine Fahrten früheren Umfangs. Es gab keine mächtigen Reiche mit aggressiven Zielen mehr, sondern nur noch Bevölkerungs-Restgruppen, die in Isolation und Abkapselung ums nackte Überleben kämpften. Großtaten mykenischer Zeit gehörten immer mehr einer Vergangenheit an, die nur noch in Liedern lebte. An der Gegenwart war nichts Ruhmreiches, das Barden anregen konnte. Diese hatten nun das Andenken der Heroenzeit zu bewahren. Wie G.S. Kirk äußerte, muß der Beginn des ›dunklen Zeitalters‹ als prägende, als formative Periode die denkbar größte Bedeutung für das griechische Epos besessen haben.[10] Aber obwohl die Barden ihr Material aus der Vergangenheit bezogen – dennoch konnten sie sich Gegenwartseinflüssen nicht ganz und gar entziehen. So entstanden gewisse Konventionen der Darstellung bronzezeitlichen Lebens, doch auch Sitten und Gebräuche der nachmykenischen Welt hinterließen ihre Spuren im Überlieferungsgut. Dies zeigt sich klar in der Behandlung der Metalle.

Bronze- und Eisenzeit in Wirklichkeit und bei Homer

Bronze war *das* Metall der mykenischen Welt. Doch auch Eisen war nicht gänzlich unbekannt. Einige ältere Rundgräber erbrachten eiserne Ringe, und einen vergoldeten Eisenanhänger fand man in einem Kammergrab aus dem 13. Jahrhundert bei Dendra, ein weiterer kam in Lefkandi ans Licht. Alle diese Objekte stammten wohl aus dem Osten. Eisen diente als Schmuck. Man hielt es also für kostbar und schrieb ihm wohl auch magische Kraft zu. Tatsächlich bezeichnen hethitische und ägyptische Dokumente der Spätbronzezeit Eisen oft als wertvoll. Damals begann in Ostanatolien und Syrien erst die Entwicklung der Eisentechnologie. In der Ägäis aber konnte davon noch keine Rede sein. Die Mykener waren zwar tüchtige Bronzearbeiter, aber daß sie auch mit Eisen experimentierten, ist nicht belegt.

Für Griechenland begann die Eisenzeit wohl erst nach dem Zusammenbruch der mykenischen Kulturwelt. Um die Mitte des 11. Jahrhunderts vor unserer Zeitrechnung zeichnet sich ein deutlicher Übergang von Bronze zu Eisen ab. Parallel dazu läßt sich ein Überhandnehmen protogeometrischer Keramik feststellen. Doch von einer Durchsetzung des Eisens und damit vom endgültigen Anbruch der Eisenzeit konnte erst die Rede sein, sobald, wie Snodgrass es formuliert hat, »eiserne Gegenstände Bronzen gleicher Objektgattung auszustechen begannen«. Gewöhnlich deutet ein Auspendeln des Zahlenverhältnisses zugunsten des Eisens darauf hin, daß sich örtliche Eisenindustrien etabliert hatten.

Wenn wir trotz spärlicher Belege verallgemeinern dürfen, verhielt es sich wohl wie am Mittelmeer-Ostrand. Dort gingen eiserne Waffen eisernen Geräten voraus. Nach gleichem Muster gebrauchte man wohl auch im ägäischen Raum zuerst Messer und Dolche. Doch aus vielen Gründen erfolgte der Übergang zum Eisen keineswegs überstürzt, sondern eher zögernd. Tatsächlich kann eine gutgehämmerte Bronzeklinge ebenso hart sein wie weicher Stahl, und es ist recht schwierig, Eisen stärker zu härten, ohne es spröde, brüchig zu machen. Außerdem kannte man Eisenguß noch nicht. Erst viele spätere Jahrhunderte sollten dieses Problem meistern. Gegenstände wie Speer- und Pfeilspitzen, die leicht aus Bronze zu gießen waren, fertigte man daher nach wie vor aus Bronze an, solange man nur über genug Bronze verfügte. Freilich – die Griechen hatten wenig Kupfer und Zinn im eigenen Lande, und nach 1100 v. Chr. brach der Seehandel praktisch zusammen. Nun gab es wohl kaum noch genug Erz-Nachschub, um den Bedarf zu decken. Anfangs half man sich nun vermutlich damit, daß man Bronzen zum Neuguß einschmolz, doch schließlich erzwangen einfach die Verhältnisse den Abbau der vorhandenen Eisenvorkommen und die Entwicklung entsprechender Technologien. Etwa zwischen 1050 und 950 v. Chr. zeichnet sich in Attika eine deutliche Hinwendung zum Eisen ab. So enthielt ein Grab aus dem Kerameikos (um 1050 datiert) einen Eisendolch, ein Eisenmesser und zwei Speerspitzen aus Bronze. Ein Jahrhundert später haben eiserne Grabbeigaben hier in diesem Friedhof das Übergewicht. Eisen ist nun – bei Bauern ebenso wie bei Handwerkern – das wichtigste Grundmetall für Gegenstände des alltäglichen Gebrauchs. Die Eisenzeit ist etabliert. Dennoch schaffte man Bronze nicht ab. Nein – für Nadeln, Broschen, Becken, Dreifüße und dergleichen blieb sie weiterhin im Gebrauch, und auch später noch hatten griechische Hopliten (›Schwerbewaffnete‹) Schilde, Brustpanzer und Beinschienen aus Bronze.

Bei Homer ist Bronze das Standard-Metall für Angriffswaffen. Von keiner Speerspitze, keinem Schwert gibt er je an, es sei aus anderem Metall, auch wird von Helmen, Schilden und Panzern oft ausdrücklich betont, daß sie aus Bronze seien und nicht aus Eisen. Hinweise auf Bronzerüstungen häufen sich. Im Gegensatz dazu ist nur eine einzige Waffe ausdrücklich aus Eisen: Ereuthalions Keule, ausgefallen genug, um ihrem Besitzer den Beinamen ›Keulenschwinger‹ einzutragen (*Ilias* 7, 136 ff.). Der Regelfall – die Bronze – ist sicher alter Bestandteil epischer Tradition. Ob aber auch die Ausnahme, die Eisenkeule? Vielleicht auch sie! Immerhin – vielleicht hatte die mykenische Welt Raum für mindestens einen Exzentriker, der einen Klumpen unverhütteten Roheisens als Waffe benutzte, und 1890 fand man in Troja ein Objekt, vielleicht einen Keulenkopf, »aus Roherz mit hohem Eisengehalt« . . .[12]

Im übrigen hielt die erzählerische Überlieferung an der Bronze fest, obwohl man im 8. Jahrhundert längst Eisen für Angriffswaffen bevorzugte. Auch Homers Wortwahl spiegelt dies. ›Eisen‹ (*sideros*) kann für ihn ebenso einfach ›Waffe‹ bedeuten, wie wir Schwert oder Dolch als ›Stahl‹ bezeichnen. Dies findet sich dreimal in der *Ilias* (4, 123; 18, 34 sowie 23, 30 [und zwar einmal für eine Pfeilspitze und zweimal für ein Messer]) und zweimal in der *Odyssee* (16, 294 und 19, 13 [hier in der Wendung »das Eisen ziehet den Mann an«, die sich fast wie ein in die epische Tradition eingegangenes Sprichwort ausnimmt]). Zwar gab es Messer schon unter den frühesten Eisenimporten in die Ägäis, doch beweisen die angeführten Stellen wohl kaum, daß Homers Welt eine Welt des tatsächlichen Überganges von Bronze um Eisen spiegelt. Sie sind dafür viel zu selten. Vielmehr handelt es sich wohl eher um Fälle homerischen ›Einnickens‹ – um Anachronismen, um Zeitschnitzer, um vereinzelte Verstöße gegen die sonst immer beachtete Bronzewaffen-Konvention.

Wenn wir uns nach den Waffen den Werkzeugen zuwenden, so finden wir in deren Bereich eine größere Ausgewogenheit zwischen Bronze und Eisen. Odysseus benutzt eine Bronzeaxt, um sein Floß zu zimmern, doch aus Eisen sind die Äxte in seinem Palast, die beim Wettschießen als Zielscheiben dienen (*Odyssee* 5, 244 und 21, 3). Gleiches gilt für die zehn Doppel- und die zehn Einfachäxte der *Ilias* (23, 850f.). Insgesamt gibt es etwa acht Stellen, wo vom Schlagen des Holzes mit Bronze die Rede ist. Die *Ilias* (13, 180) vergleicht einen Gefallenen mit einer von der Bronze gefällten Esche, ein anderer freilich liegt dann wieder gefällt wie eine »mit blitzendem Eisen« geschlagene Pappel (*Ilias* 4, 485). Ein Gleichnis aus der Berufswelt des Schmiedes in der *Odyssee* spielt auf das Härten des Eisens durch Abschrecken in kaltem Wasser an (9, 392ff.):

»Wie wenn ein kluger Schmied die Holzaxt oder das Schlichtbeil aus dem Kamin in den kühlenden Tag, der sprudelnd emporbraust, wirft und härtet, denn dieses verstärket die Härte des Eisens . . .«

Wenn Hephaistes auf mächtigem Amboß Ketten schmiedet (*Odyssee* 8, 274f.), so bedient er sich der Technik der Eisenbearbeitung, und auch anderweitig finden eiserne Ketten Erwähnung (*Odyssee* 1, 204). Andererseits sind aber Allerweltsdinge wie ein Fischhaken, eine Käsereibe und ein Schlüssel dann wieder aus Bronze (*Ilias* 16, 408; 11, 640 und *Odyssee* 21, 7). Bei den Leichenspielen bestimmt Achill einen Roheisenklumpen als Gewicht, das es zu werfen gilt, und gleichzeitig ist dieser Klumpen der Kampfpreis (*Ilias* 23, 826f.), denn – so heißt es – er garantiert seinem Gewinner fünf Jahre lang Rohmaterial für Werkzeuge, wie Hirten oder Bauern sie brauchen . . . Oft hat man dieses

Durcheinander von Eisen- und Bronzeobjekten als Spiegelung einer Übergangsperiode betrachtet, in der man beide Metalle zur Geräteherstellung verwandte. Doch wahrscheinlich war der Dichter mit Eisen durchaus vertraut und hatte einfach weniger Hemmungen, es in handwerklichen Zusammenhang zu erwähnen, während er bei Schlachtszenen lieber der Konvention treu blieb, wonach Heroen nun einmal mit Bronzewaffen kämpften.

Eisengegenstände bei Homer sind nur nützlich, nie Luxusartikel. Nur wenige Stellen deuten auf Eisen als Wohlstandssymbol oder Zahlungsmittel hin. So enthält die Schatztruhe in Odysseus' Palast »viel Eisen und Bronze« (*Odyssee* 21, 61 f.). Wenn Weinschiffe aus Lemnos das Heer vor Troja beliefern, zahlen die Achäer mit Bronze, *Eisen,* Leder, Kühen und Sklaven (*Ilias* 7, 472 ff.). Die fünfmalige Formel »Bronze, Gold und mit Mühe geschmiedetes Eisen« – scheint eine Wertabstufung anzudeuten. Wenn sie wirklich besagt, daß man Eisen höher schätzte als Gold, dann könnte diese Formel in der Tat ein Stück bronzezeitlicher Auffassung wiedergeben. Doch nach H. L. Lorimers Ansicht setzt das Epitheton »mit viel Mühe geschmiedet« die eisenzeitliche Technik der Stahlgewinnung durch tagelanges Hämmern voraus. Sehr viel getreuer zeigt wohl die *Odyssee* (1, 184) bei der Erwähnung des Mentorschen Schiffs und seiner gegen Bronze einzutauschenden Eisenladung, wie man zu Homers Lebzeiten den Wert beider Metalle zueinander wirklich einschätzte.

Vertrautheit mit dem Eisen zeigt sich nicht zuletzt auch darin, daß es in Metaphern häufiger vorkommt als Bronze. ›Herz aus Eisen‹ ist eine gängige, häufig anzutreffende Wendung, und einmal ist sogar vom ›Eisengeklirr‹ der Schlacht die Rede. Sind hier nun Eisenwaffen gemeint? Doch ehe man sich zu der Folgerung hinreißen läßt, dies sei tatsächlich der Fall, halte man sich vor Augen: Ihr Klang dringt zu einem Himmel aus Messing empor! Zweimal ist der Himmel auch ›eisern‹, aber dichterisch macht das wohl kaum einen Unterschied.

Doch vom Eisen zum Gold! Gold ist häufigster Ausdruck und Maßstab des Reichtums. ›Goldreich‹ ist Mykene, und Agamemnon erwartet viel Gold als Beute aus Troja (*Ilias* 9, 137; vgl. 22, 50; *Odyssee* 5, 38 f.).

Achill will Hektors Leiche nicht einmal dann hergeben, wenn man sie in Gold aufwöge (*Ilias* 22, 351). Odysseus erhält Gold von den Phäaken (*Odyssee* 8, 440), und Goldtalente sowie -halbtalente setzt Achill bei den Leichenspielen als Preis aus (*Ilias* 23, 269, 614, 751, 796). Überall ist von Goldgegenständen die Rede, besonders von goldenen Schalen. Gold ziert Wagen (*Ilias* 10, 438; 23, 503), Möbel (*Odyssee* 23, 200) und ist Rohmaterial, aus dem man Nadeln, Schmuckperlen, Ziernägel und -nieten anfertigt.

Gold wird öfter als Silber erwähnt, und bezeichnenderweise entspricht dies dem tatsächlichen Fundverhältnis in Mykene. Auch die Linear-B-Schrifttäfelchen erwähnen Gold öfter, Silber dagegen nur einmal.[13] In den Palastszenen der *Odyssee* hören wir von silbernen Mischgefäßen und Becken, und Helena hat einen silbernen Spinnkorb mit Goldrand (*Odyssee* 4, 131 f.). Wie die beiden Silberwannen, von denen kurz zuvor die Rede ist, stammte dieser aus Ägypten. Menelaos bietet Telemachos ein silbernes Mischgefäß mit Goldrand an, das er selbst einst vom König der Sidonier als Geschenk erhielt (*Odyssee* 4, 615 ff.). Ventris und Chadwick fanden – und dies ist eine hochinteressante Parallele! – eine »Schale aus Silber mit goldüberzogenen Rändern« auf einem Schrifttäfelchen aus Nuzi (Irak) erwähnt.[14] Doch auch mykenische Stätten hatten mit Parallelen aufzuwarten: So stieß man in Mykene selbst, aber ebenso auch in Dendra und Berbati auf Silbergefäße mit Goldüberzug bzw. am Rand oder am Henkel festgenieteten Goldstreifen. Reste einer Silberschale mit Gold- und Nielloeinlagen kamen bei der äußeren Vorhalle des Palastes von Pylos zum Vorschein, und zusammen mit Silbergefäßfragmenten aus einigen Räumen bestätigen diese die historische Grundlage der Worte Homers:

»Eine Dienerin trug in der schönen goldenen Kanne über dem silbernen Becken das Wasser, begoß dann zum Waschen ihnen die Hände ...«
(Odyssee 4, 52 ff.*)*

Auch der Typ des »silberbeschlagenen Schwertes« (es kommt häufig vor: neunmal in der *Ilias*, zweimal in der *Odyssee*) ließ sich gleichfalls frühmykenischer Zeit zuordnen (s. oben Seite 110). Wenn Nestor Athene ein Opfer darzubringen wünscht, läßt er die Hörner des Opfertieres vergolden (*Odyssee* 3, 437 f.). Tatsächlich bestätigen die Linear-B-Schrifttafeln aus Pylos: Man brachte den Göttern Gold dar. Andererseits muß man Homer, gerade was Gold angeht, so manche poetische Übertreibung zugestehen. In der epischen Tradition besitzt Gold die Funktion, ›Auszeichnung‹ zu symbolisieren. Daher bringt man es nur zu freigebig mit Göttern und Königen in Zusammenhang. Dabei besitzen die Unsterblichen noch mehr Gold als die Helden. Nur sie tragen Goldsandalen und -gürtel, nur sie sitzen auf goldenen Thronen. Daß einige besonders hervorragende Helden in Goldrüstungen kämpfen, versinnbildlicht wohl nur ihren Rang. So besitzt Nestor zum Beispiel einen goldenen Schild, und mit Gold überzogen war auch der Schild Achills (*Ilias* 8, 193; 20, 268 ff.). Doch auch in Troja fehlte der Schimmer des Goldes keineswegs, denn Hektors Speer zierte ein Goldring, Pandoros' Bogen besaß eine Goldspitze, und Glaukos' war töricht genug, seine Goldrüstung gegen die Bronzerüstung Diomedes' einzutauschen (*Ilias* 6, 320; 4, 111 und 6, 235 f.).

Nestor läßt einen Goldschmied (*chrysochoos*) kommen (*Odyssee* 3, 425), und auch die Linear-B-Schrifttafeln bezeugen, daß man den Beruf des ›Goldarbeiters‹ kannte. Tüchtige Goldschmiede gehörten wohl zum Stammpersonal mykenischer Paläste. Insbesondere pflegte man in mykenischer Zeit die Technik der ›Metallmalerei‹, und auf diesem Gebiet brachte man es zu wahrer Meisterschaft. Ein paar besonders reizvolle Funde geben uns heute noch immer Proben dieser Handwerkskunst. Es handelt sich um wertvolle Dolche mit Einlegearbeiten aus den Schachtgräbern in Mykene sowie um eine Silberschale aus Enkomi (Ost-Zypern). Die mykenischen Dolche zeigen Szenen, ausgeführt in den Farbtönen Gelb, Weiß und Schwarz auf dem Bronzegrund der Klinge.

Gold- und Silbereinlagen ergaben Gelb und Weiß, für Schwarz nahm man *Niello* (diese Bezeichnung kommt über das Italienische aus dem Lateinischen: *nigellus* bedeutet wortwörtlich ›ein wenig schwarz‹, ›schwärzlich‹ [Verkleinerungsform von *niger* = »schwarz«]. Der Sache nach ist *Niello* eine schwärzliche Legierung aus zerstoßenem Schwefel mit Blei, Kupfer, Silber und Salmiak in unterschiedlichem Mischungsverhältnis [der eine oder andere Bestandteil fehlt bisweilen ganz]). Als die mykenische Kultur zugrunde ging, erlosch auch diese Kunstform. Jedenfalls ist aus dem späteren Griechenland nicht ein einziger Beleg für sie mehr erhalten. Gleichwohl enthält die *Ilias* aber eine detaillierte Schilderung einer solchen Metallarbeit. Es handelt sich um die Beschreibung des Schildes Achills (*Ilias* 18, 478–608). Etwa siebenmal ist in dieser Schildbeschreibung von goldenen Gestalten oder Objekten die Rede. Oft ist das Gold mit Silber oder Zinn kombiniert, um Ton-Abstufungen wiederzugeben; so erblickt man beispielsweise goldene Dolche an silbernen Gehängen und ein goldenes Feld, das dann hinter dem Pflüger schwarz dargestellt ist. Die raffiniertesten Nuancen und Kontraste enthält die Weinbergdarstellung (Vers 561 ff.): Hier heben sich schwarze Trauben von einem goldenen Hintergrund ab, man erblickt silberne Pfosten, einen Graben, mit Wasser versinnbildlichendem, blauem Glasfluß (*kyanos*) gefüllt, dazu einen Zaun, in Zinn wiedergegeben. Zinn- oder *kyanos*-Einlagen hat man noch nicht gefunden. Insofern also geht Homers Schilderung über die vorliegende archäologische Evidenz hinaus. Doch es ist ganz klar: Der Dichter setzt eine Metallmischung voraus, die Tonnuancen, Farbkontraste ergibt, und genau hierauf beruhte die mykenische Technik. Wie wurde dergleichen überliefert? Unwahrscheinlich, daß man noch im 8. Jahrhundert v. Chr. derartige Arbeiten als Erbstücke in Ionien zu sehen bekam, obwohl diese Möglichkeit nicht gänzlich auszuschließen ist, zumal man ja auch damals durch Zufall oder beim Plündern von Gräbern auf solche ›Metallmalereien‹ gestoßen sein könnte. Doch die einleuchtendste Alternative wäre wiederum: Es handelt sich einfach um ein Stück Erinnerung, von Generation zu Generation durch die mündliche Tradition des Heldengesanges weitergegeben. Für das ›dunkle Zeitalter‹ ist Edelmetall in Griechenland kaum nachgewiesen. Ein protogeometrisches Kriegergrab auf Skyros erbrachte Goldblattrosetten und Blauglasperlen – nach Snodgrass mykenische Erbstücke. Auch die Rosetten und andere kleine Goldobjekte aus Gräbern in Lakkithra (auf Kephallenia) stammen noch aus der Periode Mykenisch III C. Drei der älteren protogeometrischen Gräber im Kerameikos enthielten Goldschmuck: Es handelt sich bisher um den einzigen Fund von Edelmetall-Objekten aus dem damaligen Athen. Erst später – im 9. Jahrhundert – treten dann wieder goldene Fibeln, Ringe und Ohrringe auf, Parallelen zu Silber- und Elfenbeinschmuck in damaligen Gräbern in Argos.

Im 8. Jahrhundert bezeugen dann Goldbänder aus dem Kerameikos mit Tierfresken sowie Gold und Silber in Eretreia von neu anbrechendem Wohlstand. Das Gold war fast sicher importiert, das Silber aber könnte durchaus griechischen Ursprungs sein, denn es liegen Beweise vor, daß man schon in protogeometrischer Zeit in Argos und Thorikos silberhaltige Bleierze schmolz.[15]

Wir haben bereits auf das Gleichnis aus der Schmiede-Berufswelt in der *Odyssee* hingewiesen – jenes Gleichnis vom Abschrecken glühenden Eisens in kaltem Wasser (*Odyssee* 9, 391 ff.), das Vertrautheit des Dichters der *Odyssee* mit den Methoden der Eisenverarbeitung bewies. Ein anderes Gleichnis mag dartun: Von Goldschmiedekunst wußte er, so scheint es jedenfalls, weniger. Er vergleicht die Art, wie Athene Odysseus Anmut verleiht, mit der Kunst eines Mannes, der Gold mit Silber vermischt (*Odyssee* 6, 232 ff.). Hier bleibt ziemlich unklar, auf welche Technik denn präzise angespielt wird. J. L. Myres etwa dachte an mykenische Gold- und Silbereinlegearbeiten. W. B. Stanford dagegen war mehr fürs Vergolden, doch aus der griechischen Welt vor dem 7. Jahrhundert kennt man keinen Beweis echter Vergoldungen mit einem Amalgam aus

Gold und Quecksilber. Vielleicht hat D. Gray recht, und es handelt sich um nichts weiter als um das Überziehen eines Silbergefäßes mit einem Goldrand oder Goldband.[16] Auf jeden Fall betonte der Dichter, Hephaistos und Athene seien die Lehrmeister eines Könners, der derartiges zuwegebrächte. Vielleicht darf man aus dieser bewundernden Äußerung schließen: Im Ionien des 8. Jahrhunderts kannte man solche Techniken gar nicht mehr. Alle feineren Gold- und Silberarbeiten wurden damals wohl aus der Levante bzw. aus Teilen Ostanatoliens importiert.

Im Lichte dessen, was uns die heute vorliegenden archäologischen Beweise für Metallbearbeitung und Verwendung von Metallen lehren, dürfen wir wohl folgern: Homers Bild ist mehrschichtig und spiegelt keinen bestimmten Zeitabschnitt, auch keine Übergangsphase von der Bronze- zur Eisenzeit, denn – dies hebt D. Gray hervor –: »Bronzewaffen, Kenntnis von Eisenbearbeitung und Eisenwerkzeugen sowie Goldreichtum gab es nie gleichzeitig.« Zwar entwirft uns der Dichter – weitgehend mit Hilfe überlieferter Formeln, Konventionen, Klischees – ein bis zu einem gewissen Grade durchaus gültiges Bild der Bronzezeit: ein Bild bronzebewehrter Krieger, die mit bronzenen Speerspitzen aufeinander losgehen und mit silbergenieteten Schwertern ihre Zweikämpfe austragen, ein Bild von Palästen, in denen es von Gold und Silber schimmert, ein Bild hervorragender Handwerker, die höchst entwickelte Techniken der Metall-Einlegearbeit beherrschten, doch hinter und unter dieser glanzvollen Welt des Prunks und des Überflusses liegt, gleichsam in einer anderen Schicht, die es herauszulösen gilt, eine andere Welt, eine schlichtere, weitaus bescheidenere Welt. Hier arbeiteten Bauern und Holzfäller mit eisernen Handwerkszeugen, hier gehörte der Schmied zum Bild des Alltagslebens, hier stammen Kunstwerke entweder von den Göttern oder es sind Geschenke Fremder. Dieses ist die einfache Welt der Früheisenzeit. Sie spiegelt sich in Gleichnissen und Metaphern, dringt aber gelegentlich auch bis in die Schilderung der Handlung vor. So entstand eine Mischung dessen, was Homer und seine Zuhörer über die Gegenwart wußten und von der Vergangenheit glaubten. Aber auch ihr Glaube war nicht bloße Phantasie. Er gründete sich auf eine vergangene Wirklichkeit. Nur – Generationen von Barden hatten dieses Bild und die zugrunde liegenden Fakten schematisiert, idealisiert und freigebig, aber willkürlich mit Elementen verschiedener Epochen angereichert. Die sich daraus ergebende Mischung von Phantasie und Realität, von Dichtung und Wahrheit, ließe sich, wenn man nach einem eindringlichen Symbol sucht, vortrefflich durch den Wagen Heras (*Ilias* 5, 722 ff.) versinnbildlichen: Seine Räder hatten goldene Felgen, silberne Speichen, bronzene Radkränze bzw. Reifen (übrigens: bronzebereifte Wagenräder sind durch Schrifttäfelchen aus Knossos und Pylos bezeugt!) und liefen auf einer eisernen Achse ...

Homers eigene Welt: Die Phöniker[17]

Viele Details, die Homer gibt, lassen sich zeitlich nicht präzise festlegen. So bezeugen die Pylos-Täfelchen den Kult Zeus' und anderer olympischer Götter für die mykenische Zeit, und man muß dann wohl all diese Götter auch während des gesamten ›dunklen Zeitalters‹ hindurch bis hin zu Homers Tagen verehrt haben. Anspielungen auf Landwirtschaft oder Seefahrt haben etwas Zeitloses an sich: Vieh- und Getreidezuchtarten waren in der Spätbronzezeit wohl kaum anders als im 8. Jahrhundert, und gleiches gilt sicher auch für die Schiffstypen. *Ein* Aspekt des Handelsbetriebs in der Ägäis aber scheint ausschließlich zur geometrischen und zu keiner früheren Periode zu passen: der Handel der Phöniker (*Phoinikes*) in griechischen Gewässern und die Einfuhr sidonischer Kunstwerke.

Ein nicht gerade schmeichelhaftes Bild phönikischer Händler entwirft Eumaios (*Odyssee* 15, 403 ff.). Er nennt sie ›Erzschinder« und erinnert sich, wie sie ihn als Kind aus dem Königreich seines Vaters auf der Insel Syria »über Ortygia« entführten (die Identifikation dieser Örtlichkeiten ist umstritten; möglicherweise handelt es sich um die Inseln Syros und Delos).[18] Auf einem ihrer Handelszüge waren Phöniker mit ›unzähligem Krimskrams‹ dorthin gekommen. Zufällig hatte der König eine phönikische Sklavin, und einer der Schiffsleute verführte diese Phönikerin. Für die Aussicht, nach Sidon heimzukommen, wollte sie den jungen Prinzen an Bord locken, damit man ihn als Sklaven verkaufen könne. Dies sollte sozusagen die Anzahlung auf ihr Fahrgeld für die Überfahrt darstellen. Der Plan reifte ein Jahr lang. Inzwischen beluden die Händler das Schiff. Dann lenkte im entscheidenden Moment einer von ihnen die Aufmerksamkeit der Palastdamen ab, indem er ein Halsband aus Gold und Bernstein vorzeigte, und während sie es bewunderten, stahl sich die Sklavin mit dem Königssohn und drei Goldkelchen davon. Aber ihre Schurkerei nützte ihr nichts. Sie starb auf See, und Eumaios wurde an Laertes auf Ithaka verkauft.

Auch Odysseus will viel mit Phönikern zu tun gehabt haben, die, wie bei Homer stets, als Seeleute und Händler auftreten. In einer seiner ›Lügengeschichten‹, die freilich möglichst glaubhaft zu sein hatten, erzählt er, er habe die Fahrt auf einem phönikischen Schiff bezahlt, das von Kreta nach der westlichen Peloponnes unterwegs war. Er habe in Pylos oder Elis an Land gesetzt werden wollen, doch der Sturm habe das Schiff nach Ithaka abtreiben lassen. Hier hätten ihn die Phöniker im Stich gelassen und sich selbst mit ihrem Schiff zum »volkreichen Sidonien« davongemacht (*Odyssee* 13, 256–286). In einer anderen fingierten Geschichte will Odysseus weismachen, ein betrügerischer phönikischer Kaufmann habe ihn von Ägypten nach *Phoinike* mitgenommen. Dort habe er ein Jahr zugebracht, sei dann aber gezwungen worden, mit dem Kaufmann westwärts über Kreta nach Libyen zu segeln. Doch das Schiff sei im Sturm gesunken. Er selbst sei, an den Mast geklammert, neun Tage auf See umhergetrieben, bis er in Thesprotien an Land geworfen worden sei (*Odyssee* 14, 285–315).

Die *Ilias* erwähnt Phöniker nur einmal: Sie sollen zu Schiff ein von Sidoniern hergestelltes Mischgefäß herbeigebracht und es König Thoas von Lemnos übergeben haben (*Ilias* 23, 743 ff.). Schon zuvor kommt Hochachtung für sidonische Metall- und Textilwaren zum Ausdruck (*Ilias* 6, 290 f.), und dies hat durchaus Parallelen in der *Odyssee* (4, 615 ff.; 15, 115 ff.).[19]

All diese Erwähnungen passen zum Bild der phönikischen Expansion im 8. Jahrhundert v. Chr. Vor etwa 900 gab es wohl kaum bedeutenderen phönikischen Handel in der Ägäis, und auch vor 800 noch hätten ihre Aktivitäten kaum die Aufmerksamkeit dermaßen auf sich gezogen, wie dies später nach Ausweis der angeführten Homer-Stellen offenbar der Fall gewesen sein muß. Eine überzeugende Zusammenfassung der archäologischen Belege für die einzelnen Phasen ihrer Westexpansion verdanken wir J. N. Coldstream. Demnach entstand wohl schon um 925 v. Chr. die tyrische Kolonie in Kition auf Zypern, und zwischen 850 und 800 v. Chr. gab es einen nicht unbeträchtlichen Salbenexport zur Dodekanes in Vasen typisch phönikischen Stils. Wohl in dem Augenblick, als die Isolation der griechischen Welt wieder überwunden war, tauchten phönikische Elfenbeinarbeiten auf Kreta auf. Laut Coldstream besuchten Phöniker Kreta zwischen 800 und 750 häufig, und diese Reisen waren dann das Vorspiel zur endgültigen phönikischen Ausdehnung nach Westen hin: Um 730 v. Chr. gründeten die Phöniker Karthago und etwa ein Jahrzehnt später Motya vor der Westküste Siziliens. Von Kreta aus gab es zwei Hauptrouten nach Westen: Eine begann in dem später unter dem Namen *Phoinikous* bekannten Hafen an der Südküste und kreuzte das Libysche Meer. Die andere führte nordwestwärts nach Kythera, wo es noch ein weiteres *Phoinikous* gab, und über die Inseln im Westen Griechenlands nach Süditalien und Sizilien. Odysseus' ›Lügengeschichten‹ setzen die Kenntnis beider Routen voraus. Coldstream stimmt daher Nilssons früherer Feststellung zu: »Homer-Stellen über die Phöniker passen am besten in das 8. Jahrhundert.« Und das 8. Jahrhundert v. Chr. war gleichzeitig eine Phase bedeutender Expansion des griechischen Seehandels von der Levante bis nach Sizilien. Auf vielen Märkten standen damals griechische Händler mit Phönikern in hartem Wettbewerb, und die wiederholte Charakterisierung der Phöniker in der *Odyssee* als ›Knicker‹, ›Knauser‹ und ›Geizhälse‹ spiegelt vielleicht die Art der Spannung, die im 8. Jahrhundert v. Chr. – aber nicht früher! – zwischen Griechen und Phönikern bestand.

Die Griechen verdankten den Phönikern ihr Alphabet. Datum und Ort der ersten Entlehnung lassen sich nicht präzise bestimmen, doch manches spricht für die griechische Faktorei in Al Mina an der syrischen Küste. Die Übernahme kann kaum lange nach 750 stattgefunden haben, eher noch ein Jahrzehnt früher. Jedenfalls begriffen die Griechen den Wert der Neuerung sofort, und die Schriftkundigkeit verbreitete sich rasch. Schon um 730 kratzte man Hexameter in eine attische Vase, und noch vor dem Ende des 8. Jahrhunderts v. Chr. gibt es Beispiele ähnlicher Inschriften auf Keramik aus Ithaka und Ischia (s. Seite 172). Warum soll man nicht damals schon auch längere Gedichte auf Papyros oder Pergament festgehalten haben? Daß schon um 700 v. Chr. eine erste schriftliche Homer-Fassung vorlag, ist somit keineswegs abwegig. Es könnte durchaus sein, daß wir die Erhaltung des homerischen Texts schon einem Schreiber des 8. Jahrhunderts v. Chr. verdanken. Doch wie dem auch sei – feststehen dürfte jedenfalls: Kein Ereignis nach dem 8. Jahrhundert v. Chr. hinterließ einen spürbareren Eindruck im Gefüge von *Ilias* und *Odyssee*. Vielleicht gab es im 7. Jahrhundert oder noch später den einen oder anderen unbedeutenderen Einschub. So weisen zum Beispiel manche Kritiker so nahtlos, so allem Anschein nach sich organisch einfügende Schilderungen wie die der Brosche des Odysseus oder der Lampe Athenes (*Odyssee* 19, 226 ff.; 19, 34) dem 7. Jahrhundert v. Chr. zu. Doch diese Zuweisung ist alles andere als sicher. Das hier analysierte Material läßt allerdings, so scheint mir, zwingende Schlüsse zu. Danach reichte die epische Tradition bis in die Bronzezeit zurück, blieb aber bis ins 8. Jahrhundert v. Chr. in einem gleichsam flüssigen Zustand und für Neues durchaus geöffnet, länger aber nicht. Vielmehr dauerte ihre Offenheit nur so lange, wie mündliche Überlieferung die einzige Form der Weitergabe war. Fixierung der Tradition war dann unmittelbares Resultat der Einführung des Schreibens. Homer steht genau an der Grenze zwischen vorliterarischer und literarischer griechischer Kultur. Seine umfassende Kenntnis der mündlichen Tradition verschaffte ihm den Überblick eines Historikers. Doch sein Gespür für die tieferen Wirklichkeiten menschlichen Erfahrens bewahrte ihn vor jedem pedantischen Antiquarismus. Er fühlte sich frei genug, Charakterzüge seiner eigenen Welt in seine poetische Beschwörung der Bronzezeit einzubringen. Daher die Tiefe und der Reichtum seiner Darstellung, die dieses Kapitel unter dem Aspekt der Vielfalt seiner einander wie archäologische Schichten überlagernden Welten auszuloten suchte.

Menelaion bei Sparta (1994)

Ich bin immer noch geneigt, die Behauptung, in Lakonien sei kein Palast gefunden worden, beiseite zu lassen (S. 64), aber angesichts neuer bedeutender Ausgrabungen in Menelaion bei Sparta, durchgeführt von der British School in Athen, bedarf diese Frage doch einer näheren Betrachtung. Die Hauptausgrabungen fanden zwischen 1973 und 1976 statt; die Funde sind in einem umfassenden Zwischenbericht des Ausgrabungsleiters H. V. Catling, ergänzt durch kurze Beschreibungen weiterer Grabungen zwischen 1977 und 1985, gut besprochen und illustriert.[20]

Wenn man von der modernen Stadt Sparta, die direkt unter der niedrigen Akropolis des klassischen Sparta liegt, nach Osten blickt, sieht man am Ufer des Eurotas eine steil emporragende bewaldete Böschung. Hier oben, auf einem schmalen Plateau, etwa 100 Meter über dem Meeresspiegel, stehen die Überreste eines Bauwerks aus dem 5. Jahrhundert v. Chr., das in der Wissenschaft lange Zeit als das Lakonische Heiligtum des Menelaos und der Helena galt. Nach der Überlieferung antiker Quellen befand sich ein solches Heiligtum »in Therapne«. Durch die Entdeckung zweier Votivgefäße aus Bronze, auf denen der Name Helena eingraviert ist, und eines Fragments einer Bronzeschale mit dem Namen Menelaos, beide vermutlich aus dem 7. Jahrhundert v. Chr., konnte jetzt die erstmals durch Ludwig Ross im Jahre 1833 erfolgte Zuordnung bestätigt werden. Der Kult scheint im späten 8. Jahrhundert seinen Anfang zu nehmen, möglicherweise mit dem Bau eines Altars in einem heiligen Bezirk. Teilstücke eines kleinen Monuments, des »alten Menelaion«, die älter sind als die noch existierenden Überreste, stammen aus dem späten 7. bzw. dem frühen 6. Jahrhundert.

Noch bedeutender war die Entdeckung des Grundrisses eines Fußbodens, der von einem zweistöckigen, um die Mitte des 15. Jahrhunderts v. Chr. erbauten mykenischen Wohnhaus übriggeblieben war, am Ausläufer des Hügelkamms, 100 Meter weiter östlich. Wie der spätere Palast von Pylos war dieses Wohnhaus des megaroiden Typs mit einem Hauptraum errichtet, mit allen möglichen kleineren Räumen zu jeder Seite zweier langer Korridore. Der ganze Hügelkamm wurde durch massive Erosion stark in Mitleidenschaft gezogen, was sich vor allem an der Südfassade bemerkbar macht, aber die Überreste betragen immer noch 25 mal 22 Meter. Nach einer Generation wurde dieses Wohnhaus, vermutlich bei einem Erdbeben, zerstört, und durch ein neues Gebäude, Wohnhaus 2, ersetzt. Dieses Haus war größer, wies aber einen ähnlichen dreigeteilten Grundriß auf. Aus bisher unbekannten Gründen wurde Wohnhaus 2 etwa um das Jahr 1375 v. Chr. verlassen; »es gibt keinen Beleg dafür, daß es in den darauffolgenden hundert Jahren bewohnt war«. Als letztes war das früher ausgegrabene Wohnhaus 3 bewohnt, das R. M. Dawkins 1910 kurz beschrieb. Die neue Ausgrabung hat seine Ansicht bestätigt, daß Haus 3 durch Feuer zerstört wurde. Außerdem wurden in einer tiefen Abfallgrube unter der Nordostecke des Gebäudes drei menschliche Skelette gefunden, zusammen mit zahlreichen LH III B-Tonwaren, die entsprechenden Funden im Pylos-Palast ähneln.

Etwa 350 m südlich des Hauskomplexes legte eine Ausgrabung im Jahr 1980 auf einem anderen Hügel mit dem heutigen Namen Aetos eine weitere Ansammlung von Gebäuden frei; sie stammen aus der Zeit von LH II B bis LH III B 2 und nehmen eine Fläche von etwa 400 qm ein. Offensichtlich wurde dieser Komplex gegen Ende von LH III B gewaltsam zerstört und noch eine kurze Zeit lang bewohnt, wofür die LH III C-1-Tonwaren und ebenso bedeutende Überreste »barbarischer« Vasen sprechen.[21]

Selbst in Anbetracht der Erosionsauswirkung kann man mit Sicherheit davon ausgehen, daß keine der Häusergruppierungen palastähnliche Funktion hatte. Beide Komplexe sind spürbar kleiner als Pylos, wo der Hauptblock ohne die anliegenden Nebengebäude eine Ausdehnung von 30 mal 70 m aufweist. Auch gibt es überhaupt keinen Hinweis auf Linear B, nichtsdestoweniger ist von Bedeutung, daß im Haus 1 Überreste von verschiedenen Gefäßen im Palaststil gefunden wurden, daß Dawkins in Haus 3 zwei Tongefäßverschlüsse entdeckte und daß auf dem Hügel (ohne Angabe der genauen Fundstelle) ein »Fragment eines großen Steigbügelgefäßes mit ganz deutlich in Linear B eingravierter Inschrift« auftauchte. Im Bauschutt eines der Gebäude aus dem 13. Jahrhundert auf dem Aetos wurden auch Überreste eines Freskos entdeckt.

Im Umfeld des Heiligtums von Menelaion fand man keine Tongefäße aus dem Bronzezeitalter oder andere Überreste, die aus der Zeit nach der Zerstörung der Wohnhäuser stammen könnten. Anscheinend bestand keine Kontinuität zwischen der Besiedlung des Hügels in mykenischer Zeit und den ersten Anzeichen eines Kults, der im späten 8. Jahrhundert einsetzte. Catling hält das Heiligtum für »ein klassisches Beispiel religiöser Verehrung, bewußt geschaffen aus der Nostalgie für die heroische Vergangenheit«. Wenn dem so ist, dann muß es dort in der Nähe schon etwas Ähnliches gegeben haben, das die Spartaner zu diesem Bau anregte, vielleicht irgendeine Überlieferung eines Grabes von Menelaos oder Helena auf dem höchsten Punkt, wo das Heiligtum steht, beziehungsweise irgendeine Erinnerung an die heroische Zeit, wie sie auf dem Fragment von Alcman (das seine Blütezeit um 625 v. Chr. hatte) mit dem »gut befestigten Therapne« zum Ausdruck kommt.

Der Standort eines Heiligtums an einem Punkt, von dem man heute weiß, daß er der Kern einer langandauernden mykenischen Ansiedlung war, läßt den Schluß zu, wie von Hope Simpson und Lazenby eingehend untersucht[22], daß das Sparta Homers (*Ilias* 2, 582) wohl eher mit Therapne identisch ist als mit dem klassischen Sparta, wo mykenische Überreste rar sind. Ich stimme mit ihrem Argument überein, daß Homer mit der »Senke« Lakedaimon das Königreich des Menelaos meint und nicht irgendeine darin befindliche Stadt, und daß sich Homer den Palast in Sparta vorstellt (z. B. *Odyssee* 4, 1–14). Möglich ist, daß der Name Sparta vom Menelaion-Hügel in das westlich vom Eurotas liegende Dorf aus dem Dunklen Zeitalter wanderte, das später die Hauptstadt der dorischen Eindringlinge wude. So eine Wanderung leuchtet durchaus ein, bedenkt man, daß der erstgenannte Ort im 12. Jahrhundert nicht mehr bewohnt wurde und der zweitgenannte nur drei km jenseits des Flusses liegt. Nach neuesten Erkenntnissen scheint der Menelaion-Hügel mit seinem vortrefflichen natürlichen Schutz von allen bekannten mykenischen Orten in Lakonien, seinen beeindruckenden Überresten und dem nachgewiesenen Kult um Helena und Menelaos der wohl geeignetste Ort für den Sitz der königlichen Macht im späten Bronzezeitalter.

4. BILD UND DARSTELLUNG – EINIGE PROBLEME DER HOMERDEUTUNG

Homers Bild der achäischen Gesellschaft

In der *Ilias* lagern die Achäer in Feindesland und agieren vor einem Hintergrund von Schlacht und Krise. Heroische Wertvorstellungen gipfeln in leidenschaftlichen Konflikten, doch das politische und soziale Gefüge will nicht recht klar werden. Aus Verhandlungen in der Heeresversammlung und im Rat erfahren wir einiges über das Verhältnis zwischen Agamemnon und seinen Edelleuten, zwischen Kommandeuren und Kriegern. Doch im ganzen sind wir auf eher zufällige Anspielungen angewiesen, um das Homer vorschwebende Muster der achäischen Gesellschaft zu rekonstruieren. In der *Odyssee* dagegen gewinnt das Bild weit mehr Plastizität, und es ist entschieden detailreicher. Hier führt Homer uns Könige und Volk unter friedlichen Verhältnissen vor Augen, läßt uns an Gesprächen und Lustbarkeiten in Häusern und Palästen teilnehmen. Drei typische Szenen seien hier herausgegriffen, die uns helfen sollen, verschiedene Lebensaspekte der Welt Odysseus' zu beleuchten. Bei der ersten Szene geht es um Nestors Gastfreundschaft gegenüber Telemachos (*Odyssee*, Buch 3). Telemachos ist ohne Nachricht von seinem abwesenden Vater. Er hat ein Schiff ausgerüstet, es mit 20 Freiwilligen bemannt und ist bei Anbruch der Nacht nach Pylos gesegelt. Am folgenden Tag erreicht er sein Ziel und findet die Leute von Pylos in neun Gruppen am

Strande versammelt. Sie sind im Begriff, Poseidon eine Hekatombe von Stieren zu opfern. Einer der Söhne Nestors begrüßt Telemachos mit aller Freundlichkeit und lädt ihn ein, am Opferfest teilzunehmen. Nach einiger Zeit wendet sich dann Nestor an die Neuankömmlinge:

»Jetzo ziemt es sich besser, die fremden Gäste zu fragen, wer sie seien, nachdem sie ihr Herz mit Speise gesättigt – Fremdlinge, sagt: Wer seid ihr? Von woher trägt euch die Woge? Habt ihr wo ein Geschäft oder schweift ihr ohne Bestimmung hin und her auf der See wie küstenumirrende Räuber, die ihr Leben verachten, um anderen Völkern zu schaden?«
(Odyssee 3, 69–74)

Nachdem Telemachos sein Anliegen vorgetragen hat, erinnert sich Nestor seiner Freundschaft, die ihn vor Troja mit Odysseus verband, und er beginnt eine lange Aufzählung von Heimkehrerschicksalen, die klarmacht: Auch er hat seit damals von Odysseus nichts mehr gesehen oder gehört. Inzwischen ist es Abend geworden, und Telemachos wird eingeladen, die Nacht im Palast zu verbringen. Er trinkt mit der königlichen Familie hervorragenden, zehnjährigen Wein und zieht sich dann in seine »hallenden Gemächer« zurück. Am folgenden Morgen befiehlt Nestor, Athene eine Färse zu opfern. Ein Goldschmied wird geholt. Er muß die Hörner des Opfertieres mit Gold aus dem Königsschatz schmücken. Inzwischen hat die Prinzessin Polykaste Telemachos gebadet und gesalbt, Telemachos nimmt neben Nestor beim Mahle den Ehrenplatz ein, und »edle Jünglinge schöpften aus dem Kelche den Wein und verteilten die goldenen Becher«.

Schließlich stellt der König seinem Gast einen Wagen mit Lenker zur Verfügung, der ihn zu Menelaos bringen soll.

›Meine‹ nächste Szene spielt in der Hütte des Schweinehirten Eumaios (*Odyssee*, Buch 14). Odysseus ist in Bettlerkleidung dorthin gelangt. Eumaios sitzt in seinem eingezäunten Hof und macht sich ein Paar Sandalen. Drei Hirten haben die Schweine auf die Weide getrieben, der vierte ist mit einer für die Freier im Palast bestimmten Sau in die Stadt gezogen. Die Hunde bellen den Bettler an, aber Eumaios verscheucht sie und lädt den Alten ein, mit ihm zu essen. Der Gast wird genötigt, auf einem über Reisig gebreiteten Ziegenfell Platz zu nehmen, und Eumaios bereitet zartes Schweinefleisch am Spieß zu, das mit einem kräftigen Schluck Wein aus einer Olivenholzschale hinuntergespült wird. Während Odysseus ißt, erzählt der Sauhirt von den Schäden, die die Freier dem Tierbestand des Königs zufügen, und er erwähnt den Anschlag, den sie gegen Telemachos vorhaben, wenn dieser aus Pylos zurückkehrt. Erst dann fragt er nach Namen und Familie des Besuchers. Odysseus lügt ihm allerlei über seine Herkunft als Bastard eines kretischen Edlen und sein Seeräuberleben in der Ägäis vor und beendet seine Erzählung mit der Schilderung des Unglücks, das ihn in Lumpen nach Ithaka verschlagen habe. Inzwischen kommen die anderen Hirten zurück, und alle zusammen schmausen Wein und Schweinebraten. Odysseus bekommt das beste Stück und erzählt dafür eine lebendige Anekdote aus dem Trojanischen Krieg. Dafür wiederum gibt man ihm ein Lager am Feuer und einen dicken Mantel, um sich warm zu halten, während der getreue Eumaios sich vorbereitet, die Nacht draußen als Wächter bei den Schweinen zu verbringen.

›Meine‹ dritte Szene ist die Versammlung, die Telemachos einberufen hat, um die Lage im Palast von Ithaka zu erörtern (*Odyssee*, Buch 2). Wir hören: Nie war der Palast so voll von Menschen, seit Odysseus vor 20 Jahren nach Troja abfuhr. Aigyptios, ein älterer Grundbesitzer, beginnt die Verhandlung mit der Frage, wer das Treffen eigentlich einberufen habe und wozu. Telemachos erklärt daraufhin, er wünsche eine eher private als öffentliche Angelegenheit zu besprechen: das Unglück seines Hauses, die beständige Abwesenheit seines Vaters und die für Penelope unerträgliche Anwesenheit der Freier. Deren rücksichtsloser Lebensmittel- und Weinkonsum sei nachgerade widerwärtig geworden, ruiniere den gesamten Haushalt und verlange nach Abhilfe. Antinoos dagegen schimpft auf Penelope, die eine Verzögerungstaktik betreibe, und er erklärt geradeheraus, die Freier würden nicht aufhören, Telemachos um Haus und Hof zu bringen, bis in der Frage der Wiederverheiratung Penelopes eine Entscheidung gefallen sei. Er verlangt, Telemachos solle Penelope zu ihrem Vater Ikarios zurückbringen, so daß mit dessen Hilfe eine neue Verlobung arrangiert werden könne. Telemachos weist dies entschieden zurück. Gegen ihren Willen könne er seine Mutter zu nichts zwingen, zumal Odysseus' Tod keineswegs erwiesen sei. Außerdem hätte er dann Ikarios eine hohe Mitgift zurückzuzahlen. Abermals appelliert er an die Freier, sich aus dem Staub zu machen, und er bittet die Götter, sie zu verderben, falls sie nicht aufhören sollten, sein Vermögen dermaßen zu verschleudern. Mentor versucht es dann anders. Odysseus hat ihn einst zum Vermögensverwalter eingesetzt, und er versucht, Odysseus' Leute im Palast auf seine Seite zu bringen. Odysseus sei doch ein gerechter und wohlwollender Herrscher gewesen. Für die Freier könne es gefährlich ausgehen, falls er zurückkäme, und es sei eine Schande, daß sich niemand gegen deren Unwesen auflehne. Dies ruft Leokritos' scharfen Protest hervor. Niemand habe schließlich Interesse, sich in Dinge einzumischen, die letztlich anderer Leute Privatangelegenheit seien. Im Palast gäbe es mehr Freier als Odysseus' Gefolgsleute, und die Freier blieben nun einmal gewalttätig, bis man ihre Forderungen erfüllt hätte. Wenn Telemachos wolle, könne er ja nach Pylos reisen, doch sonst bliebe alles beim alten. Damit geht die Versammlung auseinander. Odysseus' Leute gehen nach Hause, die Freier begeben sich in den Palast.

Ihrem Hintergrund nach und ebenso im Ton unterscheiden sich diese drei Szenen deutlich voneinander. Die erste wird von der würdevollen Gestalt Nestors beherrscht, der in seinem luxuriösen Palast hofhält. Derartige Paläste gab es in mykenischer Zeit, doch später nicht mehr. Homer blickt voll Sehnsucht auf einen Glanz zurück, der Jahrhunderte vor seiner Zeit dahinschwand. In der zweiten Szene übt der »göttliche Sauhirt« wohlgelaunt Gastfreundschaft in seiner bescheidenen Hütte. Hier erleben wir die zeitlose Welt griechischen Landlebens mit ihren Ziegenfellen, ihren *Souvlakia* und ihrer Freundlichkeit gegenüber Fremden. In der dritten Szene werden wir dagegen Zeugen eines erbitterten Zusammenstoßes zwischen Sprößlingen adliger Familien. Hier ist der Zeitbezug sehr viel problematischer, und die geschilderte soziale Szene in Ithaka bedarf weiterer Analyse, bevor wir versuchen können, sie einer bestimmten Epoche zuzuordnen.

Alle, die bei der Debatte in Ithaka das Wort ergreifen, gehören dem Grundbesitzer-Adel an. Dessen Vertreter beherrschen die Versammlung. Sie lassen ihrem Groll vor einer schweigenden, passiven Volksmenge freien

Lauf, die sich der Stellungnahme enthält und augenscheinlich nicht in den Streit verwickelt werden möchte. Der König ist fort, und man hat allen Grund zu bezweifeln, daß er je wiederkommt, und über die Nachfolge besteht Unklarheit. In einer früheren Passage räumt Antinoos zwar ein, in Odysseus' Familie sei das Königtum erblich gewesen, doch er betet zu Zeus, dieser möge Telemachos seinem Vater nicht nachfolgen lassen. Telemachos erwidert, er werde sehr wohl die Nachfolge antreten: Denn »es ist nichts Schlechtes, zu herrschen; des Königs Haus wird schnell mit Schätzen erfüllt, er selber höher geachtet«. Doch er räumt ein, es gäbe noch viele andere »Könige« auf Ithaka, von denen vielleicht einer die Thronfolge antreten könne (›König‹ bedeutet hier wohl kaum mehr als ›Haushaltsvorstand‹). Und Hausherr will er auf jeden Fall bleiben, sobald Odysseus' Tod sich bestätigen sollte (*Odyssee* 1, 38 ff.).

Hier zeichnet sich ein Machtkampf unter den Aristokraten ab, dessen Preis das Königtum ist. Doch Penelopes Rolle kompliziert die Lage. Es ist klar, wenn es auch nie ausdrücklich betont wird: Der erfolgreiche Freier kann hoffen, König zu werden. Penelopes Gattenwahl bedeutete Nachfolge-Legitimation, und Telemachos könnte dann seinen Güteranteil in Ruhe genießen. Wieso Penelope in einer ausgesprochenen, patriarchalischen Gesellschaft dieses Vorrecht besitzt, bleibt unklar. Einige Gelehrte weisen auf die Möglichkeit hin, daß hier ältere Versionen und Motive eine Rolle spielen, die bis in die Zeit des Matriarchats zurückreichen.

In Abwesenheit des Königs liegt die Macht auf Ithaka einzig bei den adligen Grundbesitzern. Kernpunkt der von Telemachos angeregten Debatte ist das Konzept des aristokratischen Haushalts. Dem Adligen in seiner Halle war Macht sicher, aber nur, wenn er sich auf die

Loyalität seiner Gefolgsleute und Dienerschaft sowie auf die Ergiebigkeit seiner Hilfsquellen verlassen konnte. Daß die Freier den Palast mit Beschlag belegt hatten, berührt daher Telemachos' soziale Stellung und wirtschaftliche Sicherheit an der Wurzel.

Wenn dieses Bild stimmt, was besagt es dann über die Gesellschaft der mykenischen Zeit – oder welche Schlüsse erlaubt es? Muß es vielleicht gar auf ein späteres Jahrhundert, ja spätere Jahrhunderte bezogen werden? Nach Ansicht M. I. Finleys zeigt sich Ithaka »mehr durch Familien- und Verwandtschaftsbindungen zusammengehalten, und es ist weniger eine ›bürgerliche Gesellschaft‹ als so manches Kulturzentrum früherer Jahrhunderte«.[1] Dennoch ist seine Auffassung nach die Situation auf Ithaka nicht untypisch. Vielmehr sei sie charakteristisch für die ›homerische Gesellschaft‹ im allgemeinen. Homers Handlung spiele sich vor dem Hintergrund der Welt des 10. und 9. Jahrhunderts ab, und die epische Tradition enthalte keineswegs viele Reminiszenzen an die mykenische Welt, die von weit komplizierterer Gesellschafts- und Wirtschaftsstruktur gewesen sei. Den Beweis dafür fände man in den Linear-B-Tafeln.

Dem Verhältnis zwischen diesen Schrifttafeln und der homerischen Überlieferung wird unten mehr Raum gewidmet. Hier beschränken wir uns auf die Frage, ob sie die Geschichtlichkeit des homerischen Bildes der Achäer-Gesellschaft widerlegen.

Zweifellos beurkunden die Tafeln ein System scharfer Kontrollen, die seitens der Paläste mit Hilfe dieser Urkunden ausgeübt wurde. Was Page sehr treffend als »jährliche Anhäufung zahlloser Details« charakterisiert hat, war unter anderem Registratur von Liegenschaften und Rohstoffmengen, die Handwerkern zugingen. Angebot und Nachfrage wurden abgewogen, Defizite erfaßt, detaillierte Vorrats- und Personallisten aufgestellt. All dies setzt eine schreibkundige Bürokratie und eine Beamtenhierarchie voraus, von der bei Homer wenig oder nichts zu spüren ist (was vielleicht als Hinweis auf eine Wirtschaftskontrolle durch die Paläste zu deuten wäre, wird unten [Seite 115 f.] beleuchtet).

Im Gegensatz zum System der Tafeln wirkt die Organisation des Besitzers Odysseus' unkompliziert. Eumaios etwa hat den Viehbestand seines Herrn einfach im Gedächtnis, und von Schreibern oder Inventaren auf Ithaka ist keine Rede. Andererseits schließt die epische Tradition die Kunst des Schreibens keineswegs aus. Beispielsweise sei Bellerophon mit einem »gefalteten Täfelchen«, auf das »lebensbedrohende Zeichen« gekritzelt waren, zum König von Lykien entsandt worden (*Ilias* 6, 168 f.). Offensichtlich übersieht Kirk diese Passage, wenn er fragt: »Würde sie« – d. h.: eine in den tatsächlichen, historischen Palästen entstandene poetische Tradition – »denn jede Erwähnung von Schreibern und Schreibkunst unterdrücken?«[2] Die Bellerophon-Geschichte beruht auf der Übersendung einer *schriftlichen* Botschaft, deren Inhalt Bellerophon unbekannt ist. In Homers Fassung dürfte sie eine wichtige Erinnerung an die Form des diplomatischen Verkehrs der Spätbronzezeit darstellen und kann so in keiner späteren Geschichtsphase zwischen damals und Homers Lebzeiten entstanden sein.

Hiervon abgesehen, ist die ›heroische‹ Gesellschaft tatsächlich schriftlos dargestellt, doch daraus folgt nicht, daß Homer nur die Verhältnisse zwischen rund 1100 und 750 spiegeln kann, die Welt vor rund 1100 aber nicht. Vielmehr hat man Grund zu der Annahme, daß in mykenischer Zeit nur sehr wenige lesen konnten. Von ein paar Töpferzeichen abgesehen, entdeckte man keine anderen Inschriften als die Schrifttäfelchen. Daß im ›dunklen Zeitalter‹ die Schreibkunst so plötzlich und so ganz und gar verschwinden konnte, zeigt doch nur: Sie muß vorher auf eine mit den Palästen verbundene Schreiberkaste beschränkt gewesen sein. Achäische Heroen, die nicht lesen und schreiben können – wie in jener Szene (*Ilias* 7, 175 ff.), wo sie sozusagen ihre ›drei Kreuze« setzten –, brauchen darum keinen Anachronismus darzustellen.

In dieser wie in anderer Hinsicht vermitteln diese Tafeln vielleicht einen einseitigen Eindruck. Nach Pages Auffassung zeichnen sie »die Welt des mykenischen Griechenlands«.[3] Doch vielleicht zeichnen sie ein ebenso unvollständiges, ebenso irreführendes Bild von der mykenischen Welt als Ganzem, wie man es Homer vorgeworfen hat. Die Knossos-Täfelchen dokumentieren das einst minoische Kreta zwei Jahrhunderte vor dem Trojanischen Krieg. Die Pylos-Täfelchen stammen etwa aus der Zeit dieses Krieges, kommen aber aus einer stark minoisch beeinflußten Region. Pylos war vielleicht für andere Achäer-Königtümer gar nicht typisch. Leider gibt es noch nicht genug Schrifttafeln aus Mykene und Theben, die uns verraten, wie diese Reiche organisiert waren. Da man sich dort gleicher Schrift und Registrierweise bediente, setzt man heute eine Übereinstimmung mit den Verhältnissen in Pylos voraus. Niemand aber weiß genau, ob es sich wirklich so verhielt. Sobald man aus der Argolis nach Westen oder von Boiotien aus nach Norden reiste, kam man wohl in Bereiche der mykenischen Welt, wo es viel weniger Palastbürokratie gab. In der Tat waren Randgebiete wie Thessalien, Aitolien oder Ithaka kaum je ebenso organisiert wie Knossos oder Pylos.

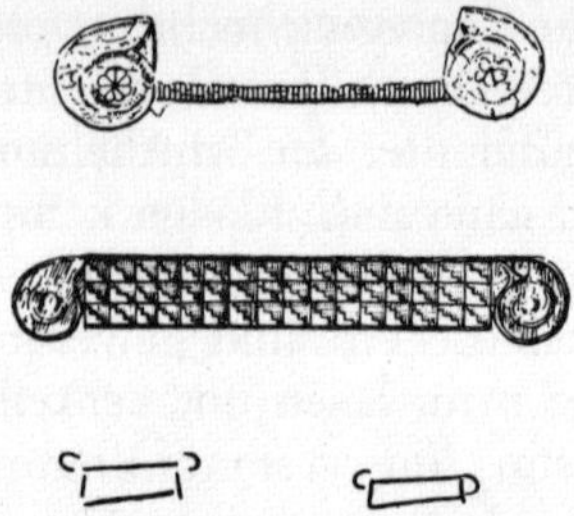

Elfenbeinfurniere von mykenischen Fußschemeln aus Dendra (Länge 30,5 cm) und Mykene (Länge 41,9 cm). Darunter: Linear-B-Ideogramme für ›Fußschemel‹. Einen mit Elfenbein- und Silberspiralen geschmückten Sessel mit Fußschemel im Palast des Odysseus beschreibt die *Odyssee* (19, 55 ff.).

Oft schon ist darauf hingewiesen worden: Die Täfelchen entsprechen am ehesten Tempel-Inventarverzeichnissen aus dem sumerischen Lagasch oder Dokumenten aus den Palastarchiven in Nuzi und Ugarit. Die Vorstellung eines Königreichs als ›Palaststaat‹ unter zentraler Kontrolle ist nicht in Griechenland entstanden. Wie andere Züge des Hochmykenischen, etwa Freskenmalerei und Elfenbeinschnitzerei, war auch die Palastbürokratie exotischer Import, eingeführt über Kreta aus dem Osten. Fast möchte ich sagen: Das Schreibersystem war nur locker auf den Stamm einer »europäischeren‹ Welt aufgepfropft, deren Gesellschaft unter örtlichen Häuptlingen organisiert war.

Für Finley bestimmen in Odysseus' Welt drei klar gegeneinander abgegrenzte, sich aber dennoch überschneidende Interessensphären das Leben eines Mannes: Klasse, Sippe und ›Haus‹. Nach Finley ist dies Ergebnis des ›dunklen Zeitalters‹: Seiner Auffassung nach bedeutet es Ersatz für die höherentwickelteren, ›kulturvolleren‹ Gesellschaftsformen der Spätbronzezeit. Doch vielleicht war der Gegensatz nicht so ausgeprägt, wie Finley vermutet. Vielleicht existierte eine solche Welt, wie er sie skizziert, unter der Tünche der Palastkultur bereits in mykenischer Zeit. Klassen-, Sippen- und Familienbewußtsein waren stets Kennzeichen eines Aristokraten. Die achäischen Adligen bei Homer zeigen dieses Bewußtsein in einem bemerkenswert hohen Grade. Sie sind stolz auf Abstammung und Beziehungen, eifersüchtig auf Besitz und stets bereit, ihre Überlegenheit über das ›gemeine Volk‹ zu betonen. Unter den üppigen Verhältnissen des Palast-Zeitalters wurde wahrscheinlich eine noch viel schärfere Trennung zwischen Aristokraten und Volk gezogen als später in härteren Zeiten. Wenn dies zutrifft, könnte Homers Bild der Klassenstruktur in seinen Wesenszügen ebenso die Bronze- wie die Früheisenzeit spiegeln. Die mächtigen Könige der griechischen Welt zwischen 1400 und 1200 erlangten sicherlich ihre Position auf den Schultern einer landbesitzenden Aristokratie. Ihre überlegen bewaffneten Elitetruppen rekrutierten sich wohl wie die mittelalterliche Ritterschaft aus dem Adel. Doch so etwas kann riskant sein. Fehlte dem Herrscher persönlicher Mut oder überwarf er sich mit seinem Adel, dürfte er es schwer gehabt haben, seine Autorität über größere Gebiete zu behaupten.[4] Die Macht des Adels über Dienstleute und Besitz war begrenzter, dafür aber dauerhafter. Selbst bei Aufruhr und Auswanderung konnte ein Aristokrat mit loyalem Gefolge seine Position behaupten. Dies war vermutlich der Fall, als das mykenische Zeitalter zu Ende ging. Die bedeutenderen Herrscher und Paläste verschwanden, nur die kleineren ›Könige‹ behielten in der nun kärger gewordenen Welt ihre Macht. Man leistete sich keinen Kunstsinn mehr und vergaß das Schreiben, aber das Klassensystem blieb im wesentlichen unverändert.

Vergleicht man ›Homers‹ Gesellschaft mit der Gesellschaftsstruktur, die die Schrifttäfelchen spiegeln, so findet man weitgehende Übereinstimmungen. Der Monarch – *(w)anax* – steht an der Spitze einer Pyramide, deren ›unterste Etage‹ die Sklaven bilden. Die Schichten dazwischen zeigen starke Polarisierungstendenzen, wobei eine deutliche Lücke zwischen Adel und Volk klafft. Die Tafeln erwähnen eine Reihe von Beamten, deren Titel bei Homer keine Entsprechungen haben, doch daß es solche Titel gab, setzt nicht notwendigerweise ein kompliziertes Klassengefüge voraus. Viel größer ist im Gegenteil die Wahrscheinlichkeit, daß sämtliche Beamten aus einer und derselben sozialen Schicht stammten.

Schon lange, bevor die Tafeln entziffert waren, hatte sich gezeigt, daß die Bardentradition bis zur Bronzezeit zurückging und ein gültiges Bild der damaligen Verhältnisse entwarf. Diese Überlieferung ist in sich glaubwürdig und bedarf nicht unbedingt der Bestätigung. Wenn das Bild, das die homerischen Gedichte entwerfen, sich von dem der Täfelchen unterscheidet, so bedeutet dies daher nicht, daß man das Zeugnis dieser Gedichte zu verwerfen hätte. Die mykenische Welt war vielschichtig. Mag sein, daß ein Palastschreiber ganz andere Aspekte von ihr reflektiert als ein Barde. Um eine moderne Analogie heranzuziehen: Man kann sich aus Urkunden des britischen Parlaments über die Kosten des Krimkrieges informieren, doch finanzielle Aufstellungen dürften kaum Auskunft über die Vorstellungswelt geben, aus der heraus es zu diesem Kriege kam. Dafür wäre Tennysons *The Charge of the Light Brigade* eine ergiebigere Quelle, und kein Historiker dürfte dies leugnen.

Es scheint unbeweisbar zu sein, daß die Struktur der

von Homer geschilderten Gesellschaft besser zur Periode zwischen 1100 und 800 als zur Zeit zwischen 1300 und 1100 paßt. So betrachtet Finley die Bräuche des Gaben-Austauschs und der gegenseitig gewährten Gastfreundschaft als charakteristisch für die rauhere, ärmlichere Welt des 10. und 9. Jahrhunderts. Ich dagegen sehe keinerlei Anlaß zu bezweifeln, daß solche Bräuche auch in der Welt der mykenischen Königreiche üblich waren. Der allgemeine Hintergrund von Wohlstand und guten Kommunikationsmöglichkeiten war ihnen wohl eher zuträglich. Wenn Hethiterkönige und Pharaonen Geschenke austauschten, warum nicht auch achäische Herrscher? Gastfreundschaft zwischen den Häusern Diomedes' aus Argos und Glaukos' aus Lykien bewahrt diese beiden Kämpen davor, vor Troja übereinander herzufallen (*Ilias 6*, 212–236). In Anbetracht jüngster archäologischer Beweise für ein Eindringen der Mykener nach Südwest-Kleinasien läßt sich die Möglichkeit einer solchen Beziehung in der Spätbronzezeit keineswegs mehr ausschließen.[5]

Homer und die Linear-B-Täfelchen[6]

Es gilt als ausgemacht, daß zwischen den Täfelchen und den homerischen Gedichten bedeutende sprachliche Parallelen bestehen. Umstrittener dagegen sind Art und Umfang der sachlichen Entsprechungen. Nach manchem Gelehrten bestätigen die Täfelchen so manche homerischen Überlieferungen über die Bronzezeit vollauf. Andere Wissenschaftler sind in dieser Hinsicht skeptischer. Für sie ist Homers Welt ganz und gar nachmykenisch und unterscheidet sich nicht nur in Format, sondern fundamental von der Welt, die diese Täfelchen enthüllen. Kompliziert wird dieses Problem durch die Bruchstückhaftigkeit der Täfelchen und durch den unaufhörlichen Streit über Lesungen und Deutungen. Doch trotz all dieser Schwierigkeiten scheint mir der Versuch lohnend, einige der bedeutenderen Argumente zusammenzustellen und zu kommentieren. Da die Täfelchen Verwaltungsdokumente waren, wäre man nicht überrascht, keine oder kaum Überschneidungen zwischen ihrem Inhalt und den Themen homerischer Dichtung zu finden. Die Welt eines Sekretärs ist eintönig, und seine Buchführung hat nicht viel Poetisches an sich. Als Beispiel dafür, wie prosaisch-unheroisch diese Täfelchen sich ausnehmen, zitiere ich aus einer Liste aus Pylos, wo es um Metall-Lieferungen aus dem Palast geht (*Documents* Nr. 253):

Zuteilung für Schmiede in Akerewa:
Thisbaios: 1,5 kg Bronze; Quhestawon: 1,5 kg Bronze . . .
[*Es folgen sechs Namen, jeder mit der gleichen Zuteilung.*]
Und so viele Schmiede ohne Zuteilung:
[*Es folgen vier Namen.*]
Und so viele Sklaven: [*Jene*] von Keweto . . . usw.

Die Wörter für ›Schmied‹ und für ›Sklave‹ finden sich auch bei Homer, doch derartige Parallelen bestätigen nur die Kontinuität der griechischen Sprache seit mykenischer Zeit. Viel wichtiger ist es, sich klarzumachen, daß die zentrale Kontrolle der Metallverarbeitung kein Zug der homerischen Welt ist. Parallelen dafür findet man statt dessen in Sumer:

Gehämmertes Kupfer aus dem Büro neben dem Wagenschuppen, geliefert an die Schmiede etwa 16⅓ mane 2 Schekel [= 8,25 kg] pro Kopf (Täfelchen Nr. 354 aus Ur, um 2100 v. Chr.).

Oder in Syrien:

4 Halbtalente [= 60 kg] Kupfer für die Schmiede der Stadt Berašena, 4000 Schekel [= 33,5 kg] Kupfer für Pfeilspitzen und 600 Schekel [= 5 kg] Kupfer für Türen (Täfelchen Nr. 402 aus Alalach, Spätbronzezeit).

Einige der Pylos-Täfelchen beziehen sich auf Truppenaushebungen und Verlegungen von Schiffspersonal, und in diesem Bereich dürfte man eher Parallelen zum Heldenepos erwarten. Tatsächlich hat man einige verblüffende Übereinstimmungen der Formulierung, ja sogar des Sprachrhythmus festgestellt.[7]

Die Täfelchen, auf denen von Landstreitkräften die Rede ist, entsprechen alle einem bestimmten Muster.[8] Zuerst kommt ein Eigenname im Genitiv, darauf das Wort *o-ka*. Eine weitgehend angenommene Übersetzung ist: ›Kommando (*orcha*) des X‹. Sie geht davon aus, daß das mykenische Wort für ›Kommando‹ im altepischen *orchamos* (›Anführer‹) erhalten ist, das nur in den feststehenden Redewendungen ›Anführer der Männer‹ und ›Anführer des Volkes‹ vorkommt. Darauf folgt eine Liste von Namen im Nominativ: vermutlich die subalternen Offiziere der Abteilung. Die Namenszahl schwankt zwischen drei und sieben, dann kommen Truppenstärken, alle in vollen Zehnern mit Orts- oder Volksnamen. Interessant ist der Vergleich mit der Anordnung der Truppen in *Ilias* 9, 80 ff.: auch hier werden sieben Hauptleute aufgezählt, jeder mit einer Hundertschaft. Den Schluß bildet die Floskel: »Und dabei der

Gefolgsmann (*e-que-ta*) X«. Der Titel ›Gefolgsmann‹ bezieht sich wohl auf Mitglieder eines eigens dem König unterstellen Elitekorps – wohl eines Wagenlenkerkorps, denn nach andere Tafeln erhalten diese Leute Sklaven, eine besondere Kleidung und Wagenräder zugewiesen. Auf den *o-ka*-Tafeln ist der ›Gefolgsmann‹ gewöhnlich durch ein Patronym gekennzeichnet, das ihn als Person von hohem Rang ausweist. Homer hat kein eigenes Hauptwort, das dem ›Gefolgsmann‹ dieser Täfelchen präzise entspricht. Die epische Tradition scheint als Ersatz dafür ›Gefährte‹ (*hetairos*) zu gebrauchen. Doch oft findet sich bei Homer das Verbum ›folgen‹, wenn bedeutende Krieger zusammen mit ihren Leuten auftreten, und zwar auch dann, wenn sie nur stehen. So stehen zum Beispiel die Myrmidonen rings um die Bahre des Patroklos, und dann heißt es: »Ihnen folgte der schnellfüßige Achilleus« (*Ilias 18,* 233 f.). Nach dem, was diese Tafeln lehren, läßt sich dies wohl paraphrasieren: »Und bei ihnen stand ihr Anführer Achilleus«. Demnach lassen die *o-ka*-Täfelchen wohl die Vermutung zu, daß sich in der epischen Tradition noch Spuren mykenischer Militärsprache erhalten haben.

Zu einem ähnlichen Schluß führt eine Analyse der Ausdrücke für ›Königtum‹. Homer kennt zwei Bezeichnungen für ›König‹: *(w)anax* und *basileus*. Meist sind beide bedeutungsmäßig nicht voneinander unterschieden.[9] Beide Vokabeln kommen auch auf den Schrifttafeln vor, doch hier *gibt* es einen erheblichen Unterschied. *(W)anax* ist seltener und gilt als Titel eines Souveräns. Ein wichtiges Dokument (*Documents* Nr. 152) zählt zuerst den Privatgrund (*temenos*) des *(w)anax* auf, und dieser ist dreimal so groß wie der *temenos* des *la(w)egetas*, der als nächster auf der Rangli-

Mykene, im »Schatzhaus des Atreus«. Blick auf den Eingang.

Vorherige Seite: Blick auf die Burg von Mykene

Teil einer Halbsäule von der Fassade des Grabportals am »Schatzhaus des Atreus«, Mykene

Das Löwentor der Burg von Mykene

Ritualgefäß (Rhyton) aus Gold und Silber in Form eines Stierkopfes,
Mykene

Goldene Totenmaske eines mykenischen Fürsten

Goldener Siegelring aus Mykene. Eine sitzende weibliche Gestalt erhält Blumen zum Geschenk

Goldenes Strahlendiadem, Totenschmuck aus einem Frauengrab in Mykene

Sechseckiges Holzkästchen mit Goldplatten, ein Löwe jagt einen fliehenden Hirsch (o.); Löwe kämpft gegen Steinbock (u.), Mykene

Einer von zwei Goldbechern aus einem Grab bei Vapheio in Lakonien (um 1450 v. Chr.)

Eingang zum »Schatzhaus des Atreus« in Mykene. Die Fassade des Grabes hatte ursprünglich eine architektonische Verkleidung aus grünem und rotem Stein.

ste folgt. Anderswo ist von einem Töpfer des *(w)anax* die Rede, von einem Walker des *(w)anax* und auch davon, daß der *(w)anax* einen Beamten ernannt hat, dessen Aufgabe darin besteht, die Krüge zu beaufsichtigen und zu registrieren, die der *(w)anassa* (wohl der Königin) gehören. *Basileus* bezeichnet auf den Tafeln einen weniger hohen, wenn auch keineswegs unwichtigen Beamten, in einigen Fällen vielleicht den Gouverneur einer Provinzhauptstadt (so in *Documents* Nr. 38). Bei Homer hat *basileus* dann eine Aufwertung erfahren. Obwohl es bisweilen nicht mehr bedeutet als einfach ›adlig‹, kann es auch den König eines Gemeinwesens bezeichnen, der keiner anderen Autorität unterworfen ist. Insofern ist es mit *(w)anax* synonym. Doch *(w)anax* behält einen Beiklang von Größe, an den *basileus* nicht ganz herankommt, und zwar teils in seinem Zusammenhang mit Agamemnon in der Formel »*(w)anax* der Männer« und außerdem auch als Titel von Göttern[10], wogegen *basileus* nur auf Sterbliche Anwendung findet. Dieser Bedeutungswandel läßt sich historisch erklären: In den Epen behält *(w)anax* eine gewisse Aura von Majestät, denn in mykenischer Zeit war es Großkönigstitel. Die *basileis* (= Mehrzahl von *basileus*) dagegen verwalteten Bezirke oder Städte unter ihrer Oberhoheit. Doch mit dem Zusammenbruch der großen Zentralreiche erlangten die örtlichen Gouverneure ihre Unabhängigkeit, und ihr Status wurde so weit angehoben, bis sie ›Könige‹ eigener Jurisdiktion waren.[11]

Außerdem machen die Tafeln uns mit den Titeln einer Anzahl anderer Funktionäre bekannt. Hierzu gehören wohl Würdenträger bei Hofe ebenso wie Bürgermeister oder Dorfälteste, doch fehlt jede genaue Angabe über Status oder Befugnis. Ähnliche Bildungen, wie *duma, po-ro-du-ma* und *me-ri-du-ma* lassen eine Ämterhierarchie vermuten, bleiben aber etymologisch undurchschaubar. Diese und andere Titel haben in Sprache und Gesellschaft der Epen keinen Eingang gefunden. Hier muß die Tradition einfach abgerissen sein. Vermutlich verloren die betreffenden Amtsträger jede Bedeutung, als sich die Palast-Bürokraten auflösten.

Eine einflußreiche Persönlichkeit auf diesen Täfelchen, der *la(w)egetas*, hat eine gut griechische Bezeichnung, die ›Anführer des *la(w)os*‹ bedeutet. Bei Homer gibt es diesen Titel nicht mehr, aber *la(w)os* kommt häufig vor, oft einfach in der Bedeutung ›Volk‹, ›Leute‹; nicht selten aber auch in Zusammenhängen, die eher auf ›Kriegsvolk‹, ›Truppen‹ hindeuten. Möglicherweise war der *la(w)egetas* demnach ein Heerführer, obwohl keines der Täfelchen ausdrücklich darauf hinweist. Anscheinend folgt er im Rang unmittelbar auf den *(w)anax*, und wie dieser besitzt er ein ›Privatgrundstück‹ (*temenos*). Auch bei Homer hat man Spuren einer ähnlichen Beziehung zwischen Herrscher und Heerführer beobachtet. So belohnt der *(w)anax* Lykiens die Tapferkeit des Helden Bellerophon, indem er ihm seine Tochter zur Frau gibt und dazu die sprichwörtliche Hälfte seines Reiches, einschließlich eines »schönen *temenos* aus Obstplantagen und Ackerland« (*Ilias 6*, 192 ff.). In diesem Fall bestand vorher keinerlei Verwandtschaft zwischen beiden, doch in der Meleagros-Erzählung ist es der Sohn des Königs, dem ein *temenos* als Preis für die Verteidigung der Kalydonier gegen die Belagerer ihrer Stadt geboten wird (*Ilias 9*, 573 ff.). Der Thronfolger bot sich wohl für die Rolle des *la(w)egetas* geradezu an, und in der Beziehung zwischen Hektor und Priamos haben wir wohl ein Duplikat zu der Oineus-Meleagros-Situation: ein Prinz von königlichem Blut, der unter einem schon bejahrten *(w)anax* als Heerführer fungiert.[12]

Landbestellung ist so unheroisch wie nur irgend etwas. Es überrascht daher kaum, daß – ganz im Gegensatz zu den Täfelchen – das Epos diesem Aspekt des menschlichen Zusammenlebens wenig detaillierte Aufmerksamkeit widmet. Den Bürokraten interessieren Pacht und Zinsen, den Barden nicht. Doch dem Barden geht es um den König und seine Vorrechte, und daher finden wir hier eine bezeichnende Parallele zwischen den Tafeln und Homer. Beide spielen auf den »königlichen Besitz« oder das »königliche Gut« an, und beide gebrauchen das Wort *temenos*, das später im Griechischen nur noch den ›Tempelbezirk‹ meint.[13] Alkinoos besitzt einen »*temenos* und blühenden Obstgarten« (*Odyssee* 6, 293), Odysseus einen »großen *temenos*« (*Odyssee* 17, 299). Der Mischcharakter eines *temenos* – teils Ackerland, teils Garten – wird ausdrücklich bei dem *temenos* betont, den Bellerophon erhält, desgleichen bei dem *temenos*, den man Meleagros und Aineias anbietet (*Ilias* 6, 195; 9, 579 f.; 20, 185). Tydeus' Gut, obwohl nicht als *temenos* bezeichnet, umfaßt weites Weizenland und Obstgärten (*Ilias* 14, 121 ff.). In Pylos gab es eine bedeutende Persönlichkeit namens Ekhelawon, vielleicht – wie Ventris und Chadwick vermuteten – sogar der König selbst, und ein Täfelchen läßt sich als Schätzung seines Privatbesitzes mit genauen Angaben über die Ausdehnung des Weizenlandes und die Zahl der Obstbäume deuten (*Documents* Nr. 153).

Was den Besitz von Königen und Prinzen angeht, so scheint es beträchtliche Übereinstimmung zwischen den Täfelchen und den Dichtungen Homers zu geben. Ich wage sogar zu behaupten: Was Homer ganz allgemein an Landbesitz voraussetzt, paßt gar nicht schlecht zu einigen wichtigen Angaben in der E-Serie der Pylos-Täfelchen. Doch selbst diese vorsichtige Behauptung bedeutet, daß man sich auf heißumstrittenes Terrain wagt.[14] Über Landeigentumsrechte ist Homer alles andere als gesprächig, und seine sporadischen Andeutungen lassen sich unterschiedlich interpretieren. Was Pylos angeht, so sind nach Chadwicks wohlerwogener Ansicht »die Bedingungen, unter denen man Land innehatte und kultivierte, trotz geistreicher Spekulationen vollkommen unklar«.[15] Allerdings räumt er ein: In dem Gebiet, auf das sich die E-Serie aus Pylos bezieht (ein sicherlich kleines Territorium, das vielleicht eine Ausnahme bildete), gab es zwei Arten von Land: Land in Privatbesitz und Land, das dem *damos* gehörte – in gewissem Sinne wohl ›Kommunalbesitz‹. Nun gibt es aber Grund zu der Annahme, daß sich zumindest in der *Ilias* die Erinnerung an ein antikes ›Gemeindeland‹-System erhalten hat.[16] So findet man die Phrase »gemeinsames Ackerland« (*Ilias* 12, 422), und auch eine der Szenen auf Achills Schild stellt wohl einen mykenischen ›Ernteeinsatz‹ dar, wobei alle Dörfler ihr großes ›Gemeindefeld‹ bearbeiten (*Ilias* 18, 541 ff.).

Der Rahmen Ithakas macht die Odyssee in puncto Landbesitz etwas informativer. Die Adjektive *polýklēros und àklēros* (›reich‹ und ›arm‹; keines von beiden kommt in der *Ilias* vor) bedeuten wörtlich: ›mit vielen Landlosen‹ sowie ›ohne Landlos‹ und setzen daher klar privaten Landbesitz voraus. Auch daß Adlige wie Aigyptios und Noemon eigenen Grundbesitz haben, klingt an (*Odyssee* 2, 22: 4, 634 ff.). Homer macht nicht ganz klar, ob er die einfachen Leute auf Ithaka als Knechte oder Pächter oder Bauern mit eigenen Gütern ansieht. Allerdings läßt er Eumaios darauf hoffen, mit einem Haus und einem Stück Land belohnt zu werden, »was auch ein gütiger *(w)anax* je seinem Dienstmann geschenkt hat« (*Odyssee* 14, 62 ff.). Demnach hatte ein

König wie Odysseus Macht, seinen Getreuen Land zu schenken, Odysseus scheint auch über ausgedehnte Weiderechte verfügt zu haben, denn seine Knechte hüten seine Schweine und Ziegen in der Einöde an der Insel-Südspitze, die vom Palast am weitesten abliegt. Von dort soll Eumaios für die Freier Tiere zum Palast schikken. Wegen solcher Bestellungen ist sein Bestand an Mastebern (insgesamt 360) viel geringer als an Säuen (600). Aus Knossos und Pylos kennen wir Schaflisten: Ihre Ziffern bedeuten wohl Tiere, die als Tribut in den Palästen eintrafen. Hier ist die Situation genau umgekehrt – Widder rangieren an Zahl weit vor den Mutterschafen. Ventris und Chadwick bemerken (*Documents*, Seite 198): »Die hohe Zahl von Widdern [. . .] ergibt sich natürlich, wenn die Herdenbesitzer jährlich so viel Nachschub liefern müssen. Sie wählen dann logischerweise die für die Regeneration der Herde nutzlosesten Exemplare«. Eumaios scheint nach dem gleichen Prinzip verfahren zu sein.

Adlige mykenische Landbesitzer hatten sich wohl an ein System von Verpflichtungen zu halten, das man als ›feudal‹ bezeichnen könnte. Einen Schluß dieser Art ziehen Ventris und Chadwick aus den Tafeln, desgleichen schreibt F. H. Stubbings: »Wir sind der Wahrheit nicht fern, wenn wir aus den Tafeln ein feudales Verwaltungssystem herauslesen, wobei Mitglieder der herrschenden Klasse über Landzuweisungen verfügen – dies als Gegenleistung für Naturalabgaben und Kriegsdienste.«[17] Auch bei Homer zeigen sich Rudimente eines solchen Systems. So gab der reiche Echepolos von Sikyon die Stute Aithê Agamemnon als »Geschenk, damit er ihm nicht nach Troja zu folgen brauche« (*Ilias* 23, 296 ff.). Nach dem Schiffskatalog lag Sikyon im Machtbereich Agamemnons. Es sieht daher so aus, als ob

Echepolos sich aus einer Verpflichtung des Feudalsystems loskaufte, dies um so mehr, als ›folgen‹ den oben angedeuteten Sinn als militärischer Fachausdruck zu besitzen scheint. Euchenor aus Korinth scheint sich in ähnlicher Zwangslage befunden zu haben. Von ihm heißt es, er habe »die schwere Buße der Achäer« (d. h. ein schweres Bußgeld) vermieden und sei mit nach Troja gezogen (*Ilias* 13, 669).

Als Agamemnon Achill sieben Städte verspricht, bemerkt er, deren Einwohner würden ihn mit *Gaben* (*dotine* – ein Wort, das in einer Inschrift des 3. Jahrhunderts v. Chr. im Sinne von ›Naturalabgaben‹ wiederkehrt) wie einen Gott ehren und unter seinem Zepter ihre leichten *Pflichten (themistas)* erfüllen (*Ilias* 9, 155 f.).

Die letzte der beiden Phrasen hat man überzeugend in dem Sinne gedeutet, daß sie ihre festgesetzten Steuern entrichten würden. *Themis* findet sich in diesem Sinne in mykenischen Quellen.[18]

Sachabgaben der Bevölkerung (vielleicht als Gegenleistung für Rechte am gemeinsamen Landbesitz) setzt die Angabe voraus, die Führer der Achäer tränken »Wein aus öffentlichem Besitz« (*Ilias* 17, 250). Solche Kontributionen werden ausdrücklich bei den Phaiaken erwähnt. Hier verspricht Alkinoos seinen Edelleuten, sie bekämen, was sie Odysseus geschenkt hätten, durch einen Tribut von der Bevölkerung wieder herein (*Odyssee* 13, 14 f.; vgl. 7, 150). In Menelaos' Palast sieht man »Gäste« (wohl ein Euphemismus für ›Vasallen‹) mit Abgaben in Form von Schafen, Wein und Korn eintreffen (*Odyssee* 4, 621 ff.). Auf Ithaka übernimmt es Telemachos, Kleidung und Getreide aus dem Palast zu schikken, um den Neuankömmling in Eumaios' Hütte zu unterstützen (*Odyssee* 16, 82 ff.). Bedeutung erlangen all diese isolierten Beispiele erst in ihrer Häufung. Wie es scheint, zeigen sie: Die palastzentrierte Wirtschaftsform, so überreich durch die Linear-B-Tafeln dokumentiert, hinterließ eine Prägung auf der bardischen Tradition, die nie wieder vollständig ausgelöscht wurde.

Oft wurde aufgrund der Tafeln behauptet, der Arbeitsprozeß in der mykenischen Welt sei in einem dem Epos ganz unbekannten Maße spezialisiert gewesen. Odysseus' Vielseitigkeit als Zimmermann, Bootsbauer, Pflüger, Schiffsführer und Jäger kontrastiert mit der Arbeitsteilung, wie sie anscheinend in Knossos oder Pylos üblich war. Doch Odysseus war ungewöhnlich begabt, und seine eines Helden würdige Anpassungsfähigkeit eignet sich nicht zum Vergleich mit jedermann. Fairer wäre es, sämtliche Sklaven, Bauern und Handwerker, die in Homers Erzählungen und Gleichnissen vorkommen, auf ihre Tätigkeiten hin zu untersuchen und die sich daraus ergebende Liste mit den Berufsbezeichnungen zu vergleichen, die auf den Tafeln erwähnt werden. Verfährt man so, dann wird sich herausstellen, daß die Berufsstruktur in ihrer Vielfalt in beiden Arten von Quellen nicht erheblich differiert. Nach meiner Berechnung waren von 26 Gewerben, die in den Täfelchen eindeutig identifiziert wurden[19], 23 Homer bekannt. Dies führt zu nur drei Gewerben ohne mehr oder weniger ausdrückliche homerische Entsprechung: Walkerei, Schneiderei und Salbenkocherei (für den Duftstoffhandel). Ich will nicht leugnen, daß es in mykenischer Zeit vielleicht etwas mehr Spezialisierung gab, insbesondere unter den Palastangestellten. Beispielsweise gab es Bäcker, während in Homers Welt das Backen nur eine von vielen Aufgaben der Hausfrau oder Haussklavin war. Auch zweifelhafte Bezeichnungen auf den Täfelchen wie *pri-ri-je-te* (Messerschmied?) und *a-pu-ko-wo-ko*

(Hutbandmacher?) bezeichnen vielleicht irgendwelche Spezialisten ohne homerische Entsprechung. Die Tafeln aus Mykene erwähne *kyanos*-Arbeiter, ein Gewerbe einer Luxuswelt, das im Griechenland der Eisenzeit ausgestorben war. Doch im ganzen hat man meiner Ansicht nach den Unterschied zwischen beiden Welten, was Zahl und Vielfalt der ausgeübten Berufe angeht, ganz ungerechtfertigt übertrieben.

Penelope und Telemachos auf einer rot-figurigen Schale. Auf dem Webstuhl im Hintergrund Penelopes unfertige Webarbeit (das Totengewand für Laërtes, das sie Nacht für Nacht wieder auflöste).

Ein klarerer Unterschied zeigt sich im Maßstab, in dem gearbeitet wurde. Beispielsweise muß Homer große Häuser gekannt haben, wo Sklavinnen an Kornmühlen oder Webstühlen arbeiteten. Er projiziert dies auf den Palast des Alkinoos und läßt großzügigerweise 50 Arbeiterinnen diese Tätigkeiten verrichten (*Odyssee* 7, 103 ff.). Aus den Täfelchen ergibt sich: In Wirklichkeit arbeitete man auf breiterer Basis. Eine Serie von Zuteilungstäfelchen (der Aa-Ab-Gruppe) aus Pylos verzeichnet etwa 750 Frauen und 750 Kinder. Mehr als

1100 davon saßen in Pylos selbst, und viele werden als Spinner, Weber und Krempler bezeichnet. Nach Chadwick zeigt dies, »daß die Textilproduktion den Königshäusern besonders am Herzen lag und die Arbeiterschaft aus Palastmitteln unterhalten wurde«.[20] Ein ähnliches Bild ergibt die Aufzählung der Bronzeschmiede in Nestors Reich. Insgesamt waren es an die 400 in Gruppen bis zu 20 Mann oder mehr. Dorfschmiede betrifft dies nicht, sondern eine Art ›Großindustrie‹, ohne Zweifel für Exportgüter.

Schon vor der Entzifferung der Tafeln gab es gute Argumente für den mykenischen oder minoischen Ursprung so manches der Olympischen Götter (oder Göttinnen). Man ist daher höchst erfreut – wenn schon nicht überrascht –, viele ihrer Namen zusammen mit den vorgeschriebenen Opfern aufgeführt zu finden. In den Knossos- und Pylos-Tafeln zusammen finden wir wahrscheinlich folgende Namen: Zeus, Hera, Poseidon, Athene, Artemis und – vielleicht auch – Hermes. Besonders Poseidon scheint man in Pylos verehrt zu haben, und interessanterweise erwähnt Homer auch, daß die Leute aus Pylos Poseidon 81 Stiere opferten (*Odyssee* 3, 4–9). Allerdings gibt es auch bedeutende Unterschiede. So erwähnen die Täfelchen eine Reihe von Gottheiten, die im Kult späterer Zeiten keine Rolle mehr spielen. Sie vermitteln auch den Eindruck, daß die darzubringenden Opfer Monat für Monat genau geregelt waren, worauf es bei Homer nicht den geringsten Hinweis gibt. Einen wahren Leckerbissen, was Informationen über kultische Angelegenheiten angeht, enthält die *Odyssee*. Hier (19, 188) erfahren wir, man habe in der Höhle bei Amnisos, dem Hafen von Knossos, die Göttin Eileithyia verehrt. Es ist daher von besonderem Reiz, daß in Knossos ein Täfelchen mit den Anfangsworten gefunden wurde: »Amnisos: Ein Krug Honig für Eleuthia . . .« (*Documents* Nr. 206).

Bei anderen im homerischen Text anzutreffenden Einzelangaben geht es um Wagen. Wird für Hera ein Wagen fahrbereit gemacht, so heißt es: »Hebe fügt um den Wagen alsbald die geründeten Räder« (*Ilias* 5, 722). Hat Zeus eine Reise beendet, schirrt Poseidon die Rosse ab und »schiebt auf den Ständer den Wagen, mit schützender Plane ihn deckend« (*Ilias* 8, 441). Schrifttafeln aus der Rüstkammer in Knossos lassen den Schluß zu, daß es üblich war, Wagenkästen und Räder separat aufzubewahren. Es gibt ein Ideogramm für einen räderlosen Wagen, und einige Täfelchen verzeichnen wiederum wagenlose Räder für sich allein.

Schließlich wäre noch einiges über Personennamen zu sagen.[21] Ventris und Chadwick stellten 58 Namen aus den Schrifttafeln zusammen, die homerischen Namen ziemlich genau entsprechen. Die Liste umfaßt einen Achilleus *(a-ki-re-u)* aus Knossos und Pylos, einen Aiax *(ai-wa)* aus Knossos, einen Hektor *(e-ko-to)*, der »Gottessklave‹ (= Tempelland-Pächter?), war, in Pylos, sodann einen Theseus *(te-se-u)*, einen Orestes *(o-re-ta)* und viele andere mehr oder weniger vertraute Namen. Bemerkenswert ist: Außer ›Hektor‹ kommen in diesem Namensverzeichnis auch noch 19 andere Namen von Trojanern oder mit Troja Verbündeten vor. Hierzu gehören auch Trojaner, die bei Homer eine untergeordnete Rolle spielen (wie Pedaios bzw. Pedasos), aber Antenor *(a-ta-no)* und Pandaros *(pa$_2$-da-ro)* sind Zentralgestalten. Nach Webster gibt es nur zwei plausible Erklärungen für das Vorhandensein so vieler mykenischer Namen auf seiten der Trojaner: Entweder sprachen auch die Trojaner Griechisch (auch andere haben dies bereits – aus anderen Gründen – vermutet), oder die Namen stammen aus einem mündlich weitergegebenen mykenischen Gedicht und sind von hier aus in die Tradition eingedrungen. Ein seltsamer Zufall will es: Bei Homer hat Antenor einen Sohn namens Laodokos, und beide Namen sind belegt, allerdings im Zusammenhang mit Pylos. Laodokos war hier Landbesitzer in einem Bezirk, wo es einen Beamten namens Antenor gab.[22] Und seltsam: Homer spricht auch von einem *Griechen* aus Pylos, und dieser Grieche hieß Laodokos.

Angesichts der beträchtlichen Namensdoppelungen zwischen Knossos und Pylos vermuteten Ventris und Chadwick, in mykenischer Zeit habe man nur einen recht beschränkten Namensbestand gekannt. Dies kann vielleicht einiges erklären, doch was bedeutendere ›Homer-Gestalten‹ angeht, so nahm sich der Dichter vielleicht gegenüber dem Ererbten gewisse Freiheiten heraus. Beispielsweise haben außer Laodokos noch zwei andere Griechen und Trojaner den gleichen Namen, von dem wir heute wissen, daß er mykenisch ist.[23] Natürlich können wir nicht jeden beliebigen homerischen Helden nur deshalb als historisch hinstellen, weil er einen mykenischen Namen trug, doch D. Gray hat gezeigt: Die heute als echt mykenisch ausgewiesenen Namen häuften sich in der Genealogie der Neleïden, der Atreïden sowie einiger anderer Familien, die ohne Zweifel in der Spätbronzezeit eine bedeutende Rolle gespielt haben. Insofern stützen die Schrifttäfelchen abermals die Verläßlichkeit der homerischen Tradition.

Die Aufzählung der Achäer und Trojaner[24]

Dem ersten Kampf in der *Ilias* geht eine ausführliche Liste der 29 griechischen Kontingente (*Ilias* 2, 494–759) voraus. Allgemein als ›Schiffskatalog‹ bezeichnet, prunkt sie mit einer verwirrenden Zahl von Ortsnamen – Namen jener Orte (insgesamt 164), woher die Kämpfer kamen. Dazwischen Namen von 46 Heerführern, die Hälfte davon mit Vatersnamen oder anderen biographischen Details. Hinzu kommen 16 Volks- oder Stammesnamen (Boioter, Phoker, Lokrer usw.). Auch die Zahl der von den einzelnen Kontingenten mitgeführten Schiffe wird angegeben. Insgesamt waren es 1186. Das Gegenstück zu dieser Heerschau der Griechen bildet eine weit kürzere Übersicht über die Trojaner und ihre Verbündeten (*Ilias* 2, 816–877). Hier finden wir Dardaner aus der Troas und 11 andere ›Völker‹ (Thraker, Lykier usw.) und erfahren die Namen von 26 Kommandeuren (von 16 auch familiäre Details). Die Anzahl der erwähnten Örtlichkeiten beträgt 33, und man erkennt: In beiden Listen sind Geographie und Legende offenbar geradezu unentwirrbar vermischt.

Über beide Kataloge liegen erschöpfende Studien vor, und es gibt eine respektable Fülle gelehrter Ansichten, wonach die Listen vor dem Ende der mykenischen Periode Gestalt angenommen haben müssen und angeblich die politische Geographie vor etwa 1150 v. Chr. ohne allzu große Verzerrung wiedergeben. Von Doriern ist noch keine Rede, auch nicht von Orten wie Megara, Smyrna und Ephesos, die erst später Bedeutung erlangten. Es ist kaum zu glauben, daß eine solch detaillierte Liste mehrere hundert Jahre lang nur mündlich überliefert werden konnte. Allerdings kennt man auch aus anderen Kulturkreisen entsprechende enorme Gedächt-

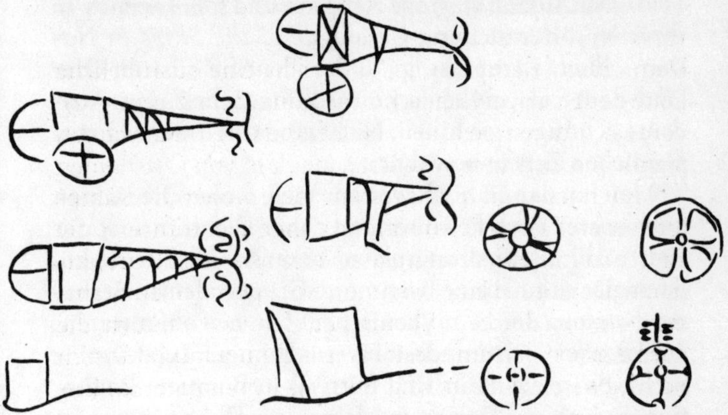

Linear-B-Ideogramme für Wagen und Räder

nisleistungen.[25] Ließen sich Alter und Echtheit der beiden Verzeichnisse nachweisen, so hätte dies gleichzeitig bedeutende Konsequenzen im Hinblick auf die allgemeine Zuverlässigkeit der Tradition, die in der homerischen Dichtung gipfelt.

Stammen die Details des griechischen Schiffskatalogs aus mykenischer Zeit, so dürfen wir eine enge Beziehung zwischen den Ortsnamen, die er gibt, und durch Ausgrabungen als mykenisch erwiesenen Stätten erwarten. In der Tat ist dies der Fall. T. W. Allen bediente sich in seiner Studie *Homeric Catalogue of Ships* (1921) erstmals dieser Beweisführung. V. Burr sichtete 1944 das Beweismaterial erneut und behauptete, 60 der identifizierbaren Orte (etwa 60 %) hätten sich als von Mykenern besiedelt erwiesen. Inzwischen hat sich die Prozentzahl beträchtlich erhöht. Auf der Basis von Ausgrabungen nach dem Kriege und eigener gründlicher

Feldarbeit stellen R. Hope Simpson und J. F. Lazenby in ihrer Veröffentlichung *Catalogue of the Ships in Homer's Iliad* (1970) fest: 75 % der identifizierbaren Orte sind heute als mykenische Siedlungen bekannt. Ausdrücklich fügen sie hinzu: Nicht eine von ihnen war zur fraglichen Zeit unbewohnt.

Man hat darauf hingewiesen: Viele dieser Orte waren auch später noch bewohnt und daher Dichtern späterer Zeit wohl als Siedlungsplätze bekannt. Dies trifft zu, doch gibt es auch eine bestimmte Gruppe identifizierbarer Stätten, die in mykenischer Zeit bewohnt waren, später aber – zumindest bis zu Homers Lebzeiten – nicht. Beispiele dafür sind Eutresis in Boiotien, Englianos (Pylos) und Dorion in Messenien. Diese Gruppe ist nicht groß, aber bezeichnend. Und sie beweist: Zumindest müssen Erinnerungsspuren einer untergegangenen Welt im Schiffskatalog erhalten geblieben sein.

Antike Geographen studierten den Katalog mit großer Intensität, doch trotz aller Bemühungen blieben etwa 40 Plätze unidentifiziert. Typisch für diese ›verschollenen‹ Plätze waren die arkadischen Städte Rhipe, Stratie und Enispe (*Ilias* 2, 606). *Strabon* bemerkt resignierend: »Sie sind schwierig zu finden, und auch wenn man sie fände, wäre man nicht besser dran, denn niemand lebt mehr dort.« Die plausibelste Erklärung ist: Es handelte sich tatsächlich um mykenische Städte und Dörfer, die in der Katastrophe, der die mykenische Welt zum Opfer fiel, zerstört und später nicht mehr besiedelt wurden. Wie Page geäußert hat: »Es ist unvorstellbar, daß eine solche Liste erst während des oder nach dem ›dunklen Zeitalter‹ aufgestellt wurde; denn es gab in der griechischen Geschichte kein anderes Zeitalter mehr, in dem so viele Plätze einfach in Vergessenheit fielen.« Die Folgerung? Der Katalog enthält fundierte Angaben zur

Landkarte des mykenischen Griechenland, denn er umfaßt nicht nur allbekannte Städte wie Argos und Athen, die kontinuierlich bewohnt waren, sondern auch eine beträchtliche Anzahl kleinerer Orte, die im ›dunklen Zeitalter‹ ganz und gar verschwanden.

Ist aber die Namensliste keine Ausgeburt der Phantasie später lebender Dichter, so darf man annehmen, daß die Verteilung der Städte in Königreichen und Fürstentümern tatsächlich die politische Gliederung der mykenischen Welt spiegelt. Aber in welcher Phase? Eine Art *terminus post quem* ergibt sich aus der Nichterwähnung Thebens, denn Thebens endgültige Zerstörung scheint um die Mitte des 13. Jahrhunderts v. Chr. stattgefunden zu haben. Dann scheiden sich die Geister. Einige Gelehrte meinen, die Machtstruktur der späten III-B-Periode vor den Katastrophen der Jahre um 1200 zu erkennen, während andere einen Reflex der viel mehr zerspaltenen Welt des 12. Jahrhunderts (Periode III C) sehen wollen. Beide Auffassungen sind problematisch. Die Nestors Königreich zugeschriebene Bedeutung scheint auf die Periode vor 1200 zu weisen. Doch demgegenüber spricht die Beachtlichkeit des boiotischen Kontingents für ein Datum, das kaum vor etwa 1150 liegen kann, denn damals besetzten nach Thukydides (1, 12) die Boioter das zuvor als ›Kadmeia‹ bekannte Territorium. Die Debatte findet kein Ende, doch beide Seiten halten die politische Geographie des ›Schiffskatalog‹ nicht für erfunden. Wirklich fällt die Annahme schwer, einem Dichter des ›dunklen Zeitalters‹ sollte so wenig Einleuchtendes eingefallen sein wie die Aufteilung der Argolis zwischen Agamemnon und Diomedes, die Teilung der Dodekanes in 3 Einzelkönigtümer und die Winzigkeit des Territoriums Achills. Viel wahrscheinlicher sind wohl Geschichte und Politik in ihren

Wechselfällen und Winkelzügen für derartige Abstrusitäten verantwortlich als schweifende Dichter-Phantasie.

Man hat den Ursprung des Schiffskatalogs in einer offiziellen Musterungsliste aus der Zeit des Trojanischen Krieges erblicken wollen, die später in Versform gebracht worden sei. Doch es will nicht recht einleuchten, daß Barden Amtsstubendokumente als Quelle benutzten. Listen gehören stets zum festen Bestand mündlicher Dichtung. Viel wahrscheinlicher war der ›Schiffskatalog‹ daher *von Anfang an* Dichtung, denn in der zerrissenen, bedrängten mykenischen Welt nach dem Fall Trojas kamen wohl Wissen und Motivation zusammen, um als Denkmal eines großen Unternehmers so etwas wie den ›Schiffskatalog‹ zusammenzustellen. Eine solche Zusammenstellung erhielt etwas vom Rang einer ›kanonischen‹ Liste, und gerade sie eignete sich besonders, um sie sich einzuprägen und mündlich weiterzugeben, denn eine Anreihung von Namen gewährt der Vorstellungskraft wenig Entfaltungsspielraum. So scheint es sich etwa folgendermaßen zugetragen zu haben: Irgendwann, aber schon recht früh, »fror der ›Schiffskatalog‹ ein«, erhielt er seine feste, ›kanonische‹ Form, während die übrige Troja-Erzählung noch weiterwucherte.

Es kommen eine Menge Anhaltspunkte zusammen, daß der Katalog unabhängig vom Rest der *Ilias* zusammengestellt wurde. Mit ihrer Hervorhebung der *Schiffe* paßt die Liste viel besser zur Musterung der griechischen Streitkräfte in Aulis als zu der geschilderten Schlacht im 10. Belagerungsjahr. Als der Dichter sich entschloß, das Verzeichnis ziemlich weit vorn in der *Ilias* unterzubringen (wohl um seiner ersten Schlachtszene durch Bewußtmachung des Ausmaßes dieses

Kampfes mehr Eindringlichkeit zu verleihen), mußte er die Aufzählung durch einige kleine Zusätze aktualisieren. So nach der Passage, die Protesilaos als Führer der Männer aus Phylake und 5 anderen Städten erwähnt. »Als er noch lebte, denn längst schon deckt schwarze Erde den Toten«; und wir erfahren weiter: Protesilaos war der erste gefallene Achäer. Er wurde erschlagen, als er aus dem Schiff sprang (*Ilias* 2, 695–702). Es könnte gar keinen klareren Beweis dafür geben, daß der Katalog in Aufbau und Zeitbezug ursprünglich von der *Ilias* unabhängig war. Etwas Ähnliches hat es mit der Erwähnung der Abteilung Achills auf sich, die ja *nicht* zur Schlacht antritt, weil Achill und Agamemnon sich gestritten haben (*Ilias* 2, 686–694).

Auch die Erwähnung anderer Truppenkontingente zeigt die Unabhängigkeit des ›Schiffskatalogs‹. Er räumt Boiotien jede Menge Platz ein: 6000 Mann aus 29 Städten hätten von dort am Kriegszug teilgenommen.[26] An nächster Stelle rangieren die Männer aus Orchomenos, Phokis, Lokris und Euboia. Diese 5 Passagen umfassen mehr als ein Drittel aller Ortsnamen, doch nicht ein einziger Krieger spielt in der übrigen *Ilias* irgendeine bedeutendere Rolle. Den Arkadiern werden 60 Schiffe voll kampferprobter Krieger zugeschrieben (*Ilias* 2, 603–614), und dann ist nie mehr die Rede von ihnen. 9 der 46 Heerführer, die der Katalog erwähnt, tauchen niemals wieder auf. Andererseits begegnen wir später einer ganzen Reihe ›untergeordneter Dienstgrade‹, die der Katalog verschweigt, ja die Unabhängigkeit des Katalogs vom übrigen Text geht bis zur Unvereinbarkeit, wenn wir feststellen müssen, daß 3 Helden, die sonst eine tragende Rolle spielen, nämlich Patroklos, Teukros und Antilochos, im Katalog ganz einfach fehlen.

Klar – der Katalog brauchte ursprünglich nicht zur

Ilias zu passen. Er ist ein Gedicht im Gedicht. Doch kann man die Abweichungen auch überbewerten. Tatsächlich erscheinen ja fast alle Haupt-Helden im Katalog, und die meisten werden in der uns ja auch sonst aus dem Gedicht so vertrauten Art beschrieben. So ist Agamemnon der »Herrscher der Männer«, Nestor der »gerenische Rossebändiger«, Diomedes der »Rufer im Streit« und Achill »schnellfüßig«. Wenn der Katalog daher mehrere Jahrhunderte älter ist als die *Ilias*, dann beweist er nur das hohe Alter dieser feststehenden Beiwörter. Auch in der Ausführung unbedeutender Persönlichkeiten folgt die *Ilias* der Tradition, die der Katalog repräsentiert. So ist Sthenelos in der *Ilias* und im Katalog stets mit Diomedes verbunden (*Ilias* 2, 563 f. und z. B. 5, 835 ff.). Leïtos erscheint zweimal zusammen mit seinem boiotischen Landsmann Penelos, und in einem dieser späteren Verse erfahren wir den Namen seines Vaters (*Ilias* 2, 494 und 17, 597–602). Ialmenos tritt nur einmal noch später in Erscheinung, und dies mit seinem Bruder, dem Offizier Askalaphos (*Ilias* 2, 512 mit 9, 83).

Eine sinnvolle, überzeugende Erklärung dieser Abweichungen und Übereinstimmungen wäre: Wir fassen hier eine Tradition an ganz verschiedenen Entwicklungspunkten. Letztlich geht sie auf irgendwelche historischen und geographischen Gegebenheiten der mykenischen Welt zurück. Vom Katalog dürfen wir nun glauben, daß er Gestalt annahm, als die Fakten noch relativ frisch in Erinnerung waren. Der Rest der *Ilias* ist dann Ergebnis einer viel freieren, jüngeren Behandlung der Troja-Erzählung. Man kann bronzezeitliche Dokumente und Passagen des Katalogs miteinander vergleichen, um dessen Zuverlässigkeit zu prüfen. Hethitische Archive lassen uns einen Blick auch achäische Freibeuter tun, die Ende des 13. Jahrhunderts in Südwestkleinasien ihr Unwesen trieben. Die Insel Rhodos war hier vor allem ihre Basis. Sie lag nahe der Küste, war aber doch vor hethitischen Vergeltungsaktionen ziemlich sicher.[27] Im Katalog beherrscht der unruhvolle Tlepolemos die Äußerungen über Rhodos (*Ilias* 2, 653–670). Nach der Ermordung seines Großonkels sei er mit einer Bande zu Schiff entkommen, um in Übersee sein Glück zu machen. Das Schicksal führte ihn nach Rhodos, und hier ließ er sich nieder, ehe er sich mit 9 Schiffen dem Zug nach Troja anschloß. Vor Troja tötete ihn dann Sarpedon (*Ilias* 5, 627 ff.). Sarpedon aber war ein König Lykiens, des Festlandes, dem Rhodos vorgelagert ist. Somit stimmt die epische Tradition, wonach in diesem Fall ein zeitweise von der Basis Rhodos aus operierender Seeräuber um 1200 v. Chr. von einem lykischen Herrscher unschädlich gemacht wurde, auffallend gut mit zeitgenössischen hethitischen Quellen überein.

Eine zweite Vergleichsmöglichkeit bieten die Pylos-Täfelchen, und natürlich hat man den ›Schiffskatalog‹ im Licht dieser Dokumente besonders gründlich unter die Lupe genommen. Zweimal verzeichnen diese Tafeln je 9 Plätze, die verwaltungsmäßig wohl in besonderer Beziehung zum Palast standen, und man hat festgestellt, daß tatsächlich auch in homerischen Äußerungen über Pylos die Zahl 9 eine bedeutende Rolle spielt.

Als Telemachos zu Schiff aus Ithaka eintrifft, opfern Nestor und seine Untertanen, in 9 Gruppen aufgegliedert, Poseidon (*Odyssee* 3, 4–8). Und im Katalog heißt es wieder, Nestor habe ein Truppenkontingent aus 9 Städten befehligt. Auf den ersten Blick scheint damit die Zuverlässigkeit der homerischen Tradition bestätigt, doch eingehendere Betrachtung zeigt: Es gibt noch ein Problem. Die Liste des Katalogs und die Namen auf den Schrifttafeln stimmen nur in *einem* Punkt (Aipu) überein, und selbst hier hat Chadwick die Identifikation noch in Frage gestellt.[28] Andererseits erwähnen die Tafeln viele andere Ortsnamen, und aus ihnen läßt sich eine Reihe herausgreifen, die recht gut zu Namen im Katalog paßt. Folgende Identifikationen hat man vorgeschlagen (y = u im frühen Altgriechischen):

Namen im Katalog:	Vorgeschlagene Entsprechungen auf den Tafeln:	Bemerkungen:
Pylos	pu-ro	Allgemein akzeptiert.
Arĕne	keine	
Thryon	?	*tu-ru-we-nu* galt erst als Orts-, dann aber als Personenname (wohl *Thryeus*), könnte aber ›Mann aus *Thryon*‹ bedeuten.
Aipu	a-pu$_2$	Allgemein angenommen, aber von Chadwick zurückgewiesen.
Kyparisseis	ku-pa-ri-so	Allgemein akzeptiert.
Amphigeneiea	a-pi-ke-ne-a	Von einem Tafel-Bruchstück. Als Ortsname nicht sicher. Vielleicht Frauenname?
Pteleon	keine	
Helos	e-re-i	Allgemein akzeptiert.
Dorion	keine	

Drei der 9 Ortsnamen im Abschnitt über Pylos (Pylos, Kyparisseis und Helos) stimmen so mit Ortsnamen überein, die um 1200 v. Chr. für das Königreich Pylos gelegt sind. Gleiches gilt vielleicht auch noch für 2 weitere (Aipu, Amphigeneia); noch drei weitere (Arene, Pteleon, Dorion) werden einfach in den Schriftstücken nicht erwähnt. Und im Fall von Thryon gibt es zwar keine direkte Entsprechung, doch hier spiegelt vielleicht ein Männername den Ortsnamen wider.[29]

Das Belegmaterial ist jedenfalls mehrdeutig und läßt sich mit jeder vorgefaßten Meinung über Homers Historizität vereinbaren. Anhänger eines ›historischen Homer‹ würden dem Dichter bis zu 6 ›Treffer‹ zugestehen, Gegner dieser Auffassung vielleicht allenfalls 3, wobei sie den Mangel an Deckung zwischen den 9 Städten der Täfelchen und den 9 Städten im Katalog hervorheben würden. Es mag zutreffen, daß die 9 Ortschaften der Tafeln größere Verwaltungszentren in einer der beiden ›Provinzen‹ des Königreichs Pylos waren,[30] aber daß sie (vielleicht mit Ausnahme von apu_2 = Aipu) im Katalog fehlen, stört und ruft nach Erklärung. Die andere Provinz[31] besaß 7 (vielleicht sogar 8) größere Städte, und hiervon taucht eine, e-re-i, im Katalog auf. Wenn wir demnach die größeren Städte beider Provinzen zusammenfassen und pu-ro als Hauptstadt dazunehmen, bekommen wir insgesamt 17 (vielleicht sogar 18) Namen, von denen der Katalog höchstens 3 enthält. Mithin gäbe die Erwähnung von Pylos eine kümmerliche Einführung in die politische Geographie des Reichs von Pylos ab, *so wie es sich unmittelbar vor der Zerstörung des Palastes dargeboten haben muß*. Dies bedeutet aber nicht notwendigerweise, daß der Pylos-Stelle jede authentisch-mykenische Grundlage fehlt.[32] Sie könnte eine weitgehend veränderte Lage auf der westlichen Peloponnes gegen Ende der III-C-Periode spiegeln, wobei nunmehr Dorier in genügender Stärke in Erscheinung getreten waren, um älteren Plätzen unter dorischem Einfluß neue Namen zu geben. Viele Städte, die auf den

Tafeln erwähnt waren, lagen wohl in Trümmern, als auch der Palast fiel. Dörfer und weniger zerstörte Kleinstädte mögen an Bedeutung gewonnen haben, Flüchtlinge könnten ein neues Königreich Pylos in Triphylien, näher am Alpheios, aufgebaut haben, das nun Städte umfaßte, die es innerhalb der Grenzen des alten Königreichs noch nicht gab. Wir wissen, daß das Besiedlungsmuster im dortigen Gebiet sich zwischen dem 13. und dem 12. Jahrhundert erheblich änderte, und dies könnte die Diskrepanzen zwischen den Tafeln und dem Katalog erklären.

Der Trojanerkatalog (*Ilias* 2, 816–877) hat nicht soviel Aufsehen erregt wie der griechische, doch seine geschichtliche Bedeutung ist wohl ebenso groß. Wenn sich seine Abfassung der mykenischen oder submykenischen Periode zuschreiben läßt, dann dürfte er sehr weitgehend bestätigen, daß der Trojanische Krieg stattfand. In einer so frühen Phase hätte sich wohl kaum ein Barde motiviert gefühlt, in Versen eine Liste von Trojanern und ihren Allierten aufzustellen, wenn es nicht tatsächlich Feindseligkeiten zwischen ihnen und Griechen gegeben hätte. Die Liste der Ortsnamen ist recht vielfältig. Sie umfaßt 15 Städte oder Distrikte, 5 Berge, 5 Flüsse, einen See und den Hellespont.[33] Die meisten Örtlichkeiten lassen sich identifizieren, doch nur wenige wurden systematisch ausgegraben. In Ermangelung archäologischer Informationen über die Stätten läßt sich leider nicht wie beim griechischen Katalog argumentieren, daß die Namen das Besiedlungsmuster mykenischer Zeit reflektieren. Doch die *Personen*namen zeigen ähnlich wie im griechischen Katalog deutliche Abweichungen von der übrigen *Ilias*. Acht von 26 Heerführern erscheinen nie wieder, und nur 5, Hektor, Aineias, Sarpedon, Pandoros und Asios, spielen später eine bedeutende Rolle. Umgekehrt bleiben namhafte Helden wie Paris, Polydamas, Helenos und Deiphobos unerwähnt. Vielleicht übertreibt Page die Diskrepanzen, wenn er äußert: »Der größere Teil der spärlichen Informationen, die das Trojanerverzeichnis gibt, wird von der *Ilias* entweder schlicht ignoriert oder sie behauptet das Gegenteil.«

So braucht z. B. kein Widerspruch zwischen der Erwähnung eines Amphios, Sohn des *Meros* (*Ilias* 2, 830 f.), und eines Amphios, Sohn des *Selagos* (*Ilias* 5, 612), zu bestehen. Es kann sich gut um zwei verschiedene Persönlichkeiten handeln, zumal der zuletzt erwähnte Amphios mit Paisos zu tun hat, einem Ort, den die Trojaneraufzählung nicht erwähnt. Allerdings läßt sich nicht leugnen, daß dem Dichter der *Ilias* nicht allzuviel daran lag, die Erzählung mit dem Katalog abzustimmen. So vernehmen wir in diesem beispielsweise, Ennomos und Amphimachos seien von Achilleus »im Fluß« erschlagen worden, doch wenn wir zur Flußschlacht im Buch 21 der *Ilias* kommen, finden wir ihre Namen nicht. Umgekehrt erwähnt die *Ilias* Heerführer von Mysiern, Kikonen und Paioniern, von denen im Katalog keine Rede ist.

Ebenso wie beim griechischen Schiffskatalog ist auch hier die plausibelste Erklärung aller Unstimmigkeiten: Auch der Trojanerkatalog nahm in einer Frühzeit Gestalt an und wurde von späteren Dichtern als ›Erbstück‹ behandelt, an dem man besser nichts änderte. Diese ›späteren Dichter‹ waren Ionier, und man hält es kaum für möglich, daß sie Autoren eines Katalogs waren, der außer Milet keine einzige westanatolische Küsten- oder Inselstadt südlich der Troas nennt und auch noch Milet als von »Karern fremder Zunge« beherrscht darstellt. Man hat angenommen, jeder Hinweis auf Ionien sei bewußt ausgeklammert worden, um den Eindruck hohen Alters zu erzielen. Doch dies wird durch die Erwähnung des Phthiron-Massivs an der Stelle über Karien hinfällig gemacht. Die anderen Ortsnamen der betreffenden Passage (Milet, der Maiandros, der Mykale-Berg) beschworen für die Gelehrten der Antike keine Identifikationsprobleme herauf.

Anders das Phthiron-Massiv. Niemand wußte genau, wo es lag. Wenn ionische Barden es erwähnt hatten – jedenfalls war es in klassischer Zeit vergessen. Schon Anfang des 5. Jahrhunderts war der ionische Geograph Hekataios von Milet außerstande, das Rätsel zu lösen. Gleiches gilt für Alybe, die »Wiege des Silbers« (*Ilias* 2, 857). Dieses ständige Rätselraten griechischer Geographen verrät: Es gab keine sichere ionische Tradition über die Ortslage. Und für diese Ungewißheiten gibt es wohl nur eine zutreffende Erklärung: Das Phthiron-Massiv und Alybe stammen wohl aus der Zeit vor der ionischen Einwanderung. Vor ca. 1000 v. Chr. waren es keine gängigen Ortsnamen mehr, sondern sie blieben nur noch wie unidentifizierte Fossilien in einem uralten Fragment mündlicher Dichtung erhalten.

Somit stellt der Trojanerkatalog wohl eine Zusammenfassung dessen dar, was zumindest die Mykener und ihre unmittelbaren Nachfolger über die Troas, über Thrakien und einige Gegenden Kleinasiens wußten. Die meisten Städtenamen ballen sich in der Troas, und die dortigen Gebiete sind in zusammenhängender Folge aufgeführt. Im übrigen aber werden von weiten Gebieten wie Thrakien, Phrygien und Lykien lediglich Skizzen entworfen. Dies zeigt: Die Informationen, die man hatte, beruhten hauptsächlich auf der Heldensage vom Trojanischen Krieg, ergänzt durch Berichte von Händlern und Kolonisten. Bezeichnend ist wohl, daß detaillierte geographische Informationen über Kleinasien südlich der Troas sich auf die Nachbarschaft von Milet beschränken, das eine mykenische Kolonie war, desgleichen auf Sardeis, wo kürzlich mykenische Keramik zum Vorschein kam.

Bestattungsbräuche[34]

Viele Stellen schildern mit großer Liebe zum Detail, wie man Tote bestattete. In einem Fall schlägt Nestor die Massenverbrennung griechischer Gefallener vor, und sein Vorschlag wird ausgeführt (*Ilias* 7, 331–337 und 430 ff.)[35]; sonst geht es immer nur um einzelne Leichen. Eine zentrale Rolle nehmen in diesen Schilderungen immer wieder die Verbrennung, die Errichtung eines *tumulus* und eines Grabsteins (einer *stele*) ein.[36]

Die eindrucksvollste Beschreibung gilt der Bestattung des Patroklos (*Ilias* 18, 343–355 und 23, 12–14 sowie 128 ff.). Zuerst wird der Leichnam gewaschen und gesalbt, und man füllt die Wunden mit »gelagerten Salben«.[37] Dann kleidet man den Toten und legt ihn, mit einem weißen Leintuch drapiert, auf eine Bahre, an der die Achäer eine Nacht lang Totenwache halten. Nachdem Achill den Hektor getötet hat, gehen die Zeremonien weiter. Nun umfahren die Myrmidonen die Bahre dreimal mit ihren Wagen. Dann trägt man die Bahre in feierlichem Zug zu der Stelle, wo der Tote verbrannt werden soll, und die Trauernden schneiden ihre Haare ab, um sie auf die Bahre zu werfen. Inzwischen hat man einen hohen Scheiterhaufen aufgerichtet, und der Leichnam, in das Fett geschlachteter Schafe und Rinder gehüllt, wird oben auf den Holzstoß gelegt. Dies soll seine Verbrennung zu Asche beschleunigen.

»Auch Krüge voll Honiges stellt' er und Öles nah um das Leichengewand; und vier hochhalsige Rosse warf er mit großer Gewalt auf das Totengerüst, lautstöhnend. Neun der häuslichen Hund' ernährt am Tische der Herrscher: deren auch warf aufs Totengerüst er zweene geschlachtet; auch zwölf tapfere Söhne der edelmütigen Troer, die mit dem Erz er gewürgt; denn schreckliche Taten ersann er; ließ dann der Flamme Gewalt mit eiserner Wut sich verbreiten.«
(*Ilias* 23, 170–177)

Doch das Feuer brannte nicht recht, bis auf Achills Gebet hin Wind aufkam. Aber als dann der Brand in der Dunkelheit loderte, brachte Achill mit Wein Trankopfer dar und rief die Seele seines toten Gefährten an. Und als das Feuer niedergebrannt war, sammelte man die verkohlten Gebeine des Toten in einem goldenen Gefäß, umgab sie mit zwei Lagen Fett, bedeckte sie mit einem leichten Tuch und stellte sie unter ein Schutzdach, um sie schließlich mit Achills eigener Asche vermischt unter einem ragenden *tumulus* zu begraben (*Odyssee* 24, 77). Inzwischen schichtete man einen kleineren Hügel auf, um den Platz zu markieren. Brandbestattung war im mykenischen Griechenland nicht ganz und gar unbekannt. Zwischen etwa 1550 und 1125 v. Chr. ist sie etwa zwei dutzendmal belegt, am häufigsten in dem Friedhof aus der III-C-Phase in Perati.[38] Doch die fast allgemein geübte Praxis war Erdbestattung, und in manchen Gegenden blieb dies auch die submykenische und protogeometrische Zeit hindurch nicht anders. Athen bildete eine Ausnahme: Hier kam die Brandbestattung schon Mitte des 11. Jahrhunderts in Mode. So kennt man aus dem Kerameikos-Friedhof aus protogeometrischer Zeit 51 Verbrennungen und 6 Erdbestattungen. In frühgeometrischer Zeit gab es zunächst nur Leichenverbrennung, aber dann schwang das Pendel zur Erdbestattung zurück, und in spätgeometrischer Zeit überwiegen die Verbrennungen im Verhältnis 4 zu 1.

Das heute vorliegende archäologische Material stützt

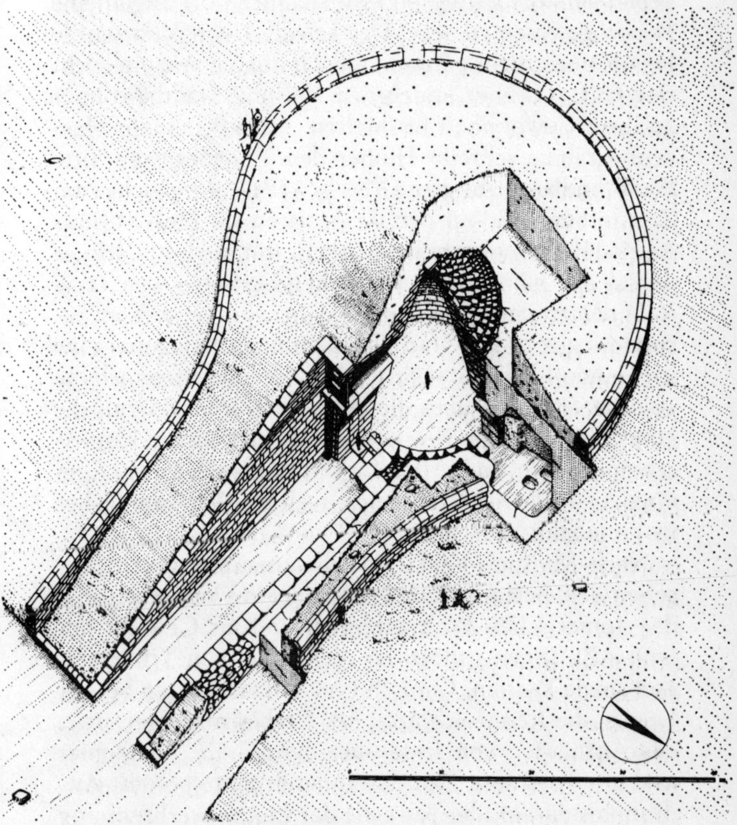

Isometrische Skizze (Blockdiagramm) des als ›Schatzhaus des Atreus‹ bekannten großen Kuppelgrabes in Mykene

die alte Ansicht, die Dorier hätten die Brandbestattung mitgebracht, keineswegs. Den Hauptanstoß scheint Ende des 13. oder im 12. Jahrhundert Anatolien gegeben zu haben. Schon um 1600 praktizierten die Hethiter Brandbestattung, und als Troja VI um 1300 durch Erdbeben zerstört wurde, scheint sie auch dort allgemeine Praxis gewesen zu sein. Der Friedhof von VIIa wurde bisher noch nicht gefunden, doch dürfen wir vielleicht mit H. L. Lorimer annehmen, daß die Stadtbewohner an ihrer Gewohnheit festhielten. Auch bei einem Massenbegräbnis schreibt Homer den Trojanern die Sitte der Brandbestattung zu (*Ilias* 7, 428 f.), desgleichen im Zusammenhang mit den Grabesriten für Hektor (*Ilias* 24, 782 ff.). Immerhin ist möglich, woran H. L. Lorimer denkt, daß nämlich die achäischen Belagerer von Troja VIIa den trojanischen Brauch übernahmen, weil er besonders gut zu den Verhältnissen ihres Kriegerdaseins im Feindesland paßte. Trifft dies zu, so besitzt auch die epische Tradition über die Leichenverbrennung als die eines Kriegers gemäße Bestattungsart einen historischen Hintergrund. Allerdings muß man betonen: Kein einziges Mykenergrab, gleich, welcher Art, kam bisher in Troja zum Vorschein.[38a]

Nach Mylonas sind »die Übereinstimmungen zwischen den Bestattungsbräuchen der mykenischen und der homerischen Welt zahlreich und ins Gewicht fallend.« Zu ihnen gehört das Aufstellen von Trinkgefäßen sowie Waffen, Geräten und Vorratskrügen bei der Leiche, die Kennzeichnung des Grabes mit einer *stele*, das Aufhäufen von Erde über dem Grab, Trankopfer und ein Totenfest. Auf der anderen Seite besteht Andronikos darauf, die Tatsache der Leichenverbrennung kennzeichne das homerische Totenritual als etwas von den mykenischen Grabbräuchen gänzlich Verschiedenes. Da alle Züge des von Homer beschriebenen Zeremoniells in Ausgrabungen oder durch Vasenbilder aus der Zeit nach 900 v. Chr. ihre Entsprechungen finden, folgerte er, Homers Bild der Bestattungssitten habe nichts mit dem mykenischen Zeitalter zu tun, sondern beruhe einzig und allein auf späteren Sitten und Gebräuchen. Beide Extreme versimpeln wohl eine sehr komplexe Situation. Das Merkmal der Brandbestattung ist wohl mit Vorsicht heranzuziehen. So unterscheiden sich etwa die Brandbestattungen im Kerameikos von den homerischen dadurch, daß sie bestimmte homerische Standard-Merkmale wie einen ragenden *tumulus* oder eine Markierungs-*stele* nicht aufweisen. Um archäologische Parallelen für eine Brandbestattung mit *tumulus* auf griechischem Boden zu finden, muß man bis zum 8. Jahrhundert herabgehen. Bestattungen dieses Typs fand man bei Kolophon, desgleichen in Halos unweit der Gegend, die von der Überlieferung Achill zugeordnet wird. Bisher haben die Gräber bei Kolphon noch keine Parallele in Ionien, doch ihre Daten sind sehr lückenhaft. Zumindest sind sie örtlich und zeitlich Homer sehr nahe, und er könnte eine Szene wie die Bestattung des Patroklos sehr wohl dem Leben nachgebildet haben. Dennoch ist die Annahme, das Bild, das Homer von Bestattungsriten übermittelt, sei spätgeometrischen Ursprungs, nicht ganz problemlos. Solch eine Ansicht läßt der Entwicklung eines Systems von Bestattungsformen einschließlich der Leichenverbrennung zu wenig Raum. Mehrere Male wird die einfache Vokabel ›bestatten‹ *(thaptein)* durch den Zusatz ›verbrennen‹ näher bestimmt. Ausdrücke wie, ›ihm das Recht des Feuers zu gewähren‹ und ›den Scheiterhaufen besteigen‹ sind tief in die Bilderwelt der Sprache eingegangen.

In der epischen Tradition scheint es einfach so zu

sein: Ein Toter wird verbrannt. Antikleia macht dies sehr deutlich, wenn sie im Totenlande zu Odysseus sagt:

»Aber dies ist das Los der Menschen, wann immer sie sterben. Denn nicht Fleisch und Gebein wird mehr durch die Sehnen verbunden, sondern die große Gewalt der lodernden Flamme verzehrt dann alles, sobald der Geist die bleichen Gebeine verlassen. Und die Seele entfliegt wie ein Traum zu den Schatten der Tiefe.« (Odyssee 11, 218–222)

Allerdings muß man diese Worte vor dem Hintergrund der Tatsache sehen, daß Brandbestattung niemals überall in Griechenland gleichzeitig die einzige Bestattungsform war. Die meisten Toten wurden, so scheint es, in jeder Phase der Erde, nicht dem Feuer übergeben.[39]

Das homerische Bild hat demnach sogar etwas Gekünsteltes. Es spiegelt weder die Bräuche der Spätbronze- noch die der Früheisenzeit wirklich getreu. Die Dichter, die die epische Tradition gestalteten, scheinen Brandbestattung zur Hervorhebung des Außergewöhnlichen ausgewählt zu haben. Abermals könnte eine legendäre Erinnerung die Basis bilden, die letzte Erinnerung an einen Brauch, den die achäischen Krieger in der Troas übernahmen. Doch andere Faktoren müssen die Tradition bestärkt und gefestigt haben. Adlige mögen die Verbrennung als eindrucksvollere (und teurere) Bestattungsart vorgezogen haben. Es ist in der Tat etwas Heroisches an einer dramatisch zum Himmel lohenden Flamme eines riesigen Leichenbrandes. Herakles' legendäres Selbstopfer auf einem Holzstoß oben auf dem Oita-Massiv verrät, wie stark diese Vorstellung Teil eines heroischen Images geworden war. Wer in der

Schlacht stirbt, wird ohnehin besonders gefeiert, und Verbrennung mag manchen als besonders geeignet für Kriegshelden erschienen sein. Und eine solche Konvergenz zwischen aristokratischer Vorliebe und patriotischem Überschwang würde schon ausreichen, um der Feuerbestattung den Ehrenplatz in der epischen Tradition zu sichern.

Ein ungewöhnlicher Bestandteil des homerischen Rituals bedarf eines Kommentars. Dies ist der gelegentlich anklingende Brauch, einen Gedächtnishügel, ein Kenotaph, zum Andenken an einen toten Helden zu errichten. Athene rät Telemachos, dies für Odysseus zu tun, wenn es sich bestätigen sollte, er sei fern der Heimat gestorben (*Odyssee* 2, 289–292). Menelaos errichtete einen Hügel in Ägypten, als er dort von Agamemnons Tod hörte (*Odyssee* 4, 584). Archäologisch nachgewiesen wurde mindestens ein mykenisches Grab, das man für ein Kenotaph hält.[40] Grab 2 in Dendra, ein Kammergrab der SH-III-B-Zeit. Eine Grube neben dem Eingang war voll von Bronzegefäßen. Zwei andere mit Tierknochen gefüllt. An der Rückwand gab es einen Herd oder Altar und ausgedehnte Aschenspuren, doch keinerlei menschliche Knochenreste oder Beweise, daß das Grab für Bestattungszwecke benutzt worden sei. A. W. Persson, der Ausgräber, deutet das Grab als Kenotaph, und dies wurde allgemein akzeptiert.[41] Aus der Folgezeit bis hin zu Homer ist kein anderer Kenotaph mit Sicherheit nachgewiesen, mithin besteht zweifellos die Möglichkeit, daß die Tradition hier die Erinnerung an einen mykenischen Brauch bewahrt.

Eine ungewöhnlich enge archäologische Parallele zu homerischen Riten erbrachten neue Ausgrabungen in der Nekropole von Salamis auf Ost-Zypern.[42] Die Größe vieler dortiger Gräber macht diese zu beachtlichen Monumenten, und ihre Kammern waren meist längst geplündert, bevor die jüngste Ausgrabungskampagne begann. Bei umfassenden Untersuchungen der Grabzugänge entdeckten Dr. Dikaios und Dr. Karageorghis bemerkenswerte Objekte, die die Grabräuber übersehen hatten. So konnten sie die Bestattungsbräuche im Detail rekonstruieren. Es wurden zuvor unbekannte Grabbräuche für Zypern nachgewiesen, und dies bis etwa 750 v. Chr. zurück.

Normalerweise geschah folgendes: Man brachte den Leichnam in einem von Pferden gezogenen Wagen zum Grabe. Die Pferde wurden, noch angeschirrt, getötet und so liegengelassen, wie sie im *dromos,* der Zugangspassage, die leicht abschüssig zu der aus Steinen errichteten, rechteckigen Grabkammer hinabführte, hinstürzten. Auch Schafe und Rinder opferte man, und bei Grab 2 fand man auch Menschenskelette in der *dromos*-Erdfüllung. Die Ausgräber denken hier an Überreste von Sklaven, die ihrem Herrn in den Tod folgen mußten. Auch bei Patroklos' Verbrennung hatte Achill ja 12 Trojaner getötet. Dann wurde die Leiche auf einem Holzstoß im *dromos* verbrannt, die Reste las man auf, legte sie in eine Urne oder Amphore und setzte sie in der Grabkammer bei. Schließlich wurde der *dromos* mit Erde gefüllt und über dem gesamten Grab ein *tumulus* errichtet. Bisweilen lehnten große Amphoren an den *dromos*-Seiten, vermutlich Behälter für Olivenöl und Honig, ja eine Amphore trug sogar die Aufschrift ›für Olivenöl‹. Wieder ist die Parallele mit Patroklos' Bestattung verblüffend. Nach J. N. Coldstream bedeutet diese Kombination ritueller Details, daß die Gräber »für kypriotische Fürsten erbaut wurden, bei deren Bestattung man sich strikt an die von Homer beschriebenen mykenischen Vorbilder hielt«.[43]

Bedeutete dies aber ein Überleben oder eine Wiederbelebung uralten Brauchtums? In klassischer Zeit war Zypern für das Überleben von Sitten bekannt, die sonst in der griechischen Welt ausgestorben waren, darunter der Gebrauch von Streitwagen und die Kunst, silbenschriftliche Inschriften zu entziffern. Könnte kypriotischer Konservativismus durch das ›dunkle Zeitalter‹ hindurch ein Bestattungsritual bewahrt haben, das mykenische Flüchtlinge im 12. Jahrhundert eingeführt hatten? Dies steht keineswegs fest, doch zur Zeit hat man immerhin schon archäologische Evidenz für so etwas wie eine Kontinuität bis zum 11. Jahrhundert zurück: eine Brandbestattung im Königsgrab von Kaloriziki. Freilich: Noch bleibt eine weite Lücke zwischen dieser und den ältesten ›Pferde- und Wagen-Bestattungen‹ in Salamis aus der Zeit um 750 v. Chr. zu schließen.

Die Anlage der Gräber von Salamis mit der aus Steinen erbauten Kammer, zu der der mauergefaßte *dromos* führte, erinnert an das mykenische Kuppelgrab. Grab 3 (um 600 v. Chr.) hat die bienenkorbförmige Kuppel aus Luftziegeln. Karageorghis hält dies für ein Überbleibsel mykenischer Grabarchitektur. Doch die Kammern der älteren Gräber sind mit flachen Platten abgedeckt. Ein Unterschied besteht auch darin: Kuppelgräber sind stets mit Erdbestattungen gekoppelt, während in Salamis Brandbestattung die Regel war. Alles in allem ist es wohl etwas wahrscheinlicher, daß das Totenritual in Salamis kein Übergang aus heroischer, eigener Vergangenheit war, sondern unter dem Einfluß griechischer Zuwanderer entstand. Keramik aus *dromos* und Kammer eines der ältesten Gräber gilt als euboiischen Ursprungs und stammt aus der Mitte des 8. Jahrhunderts. Etwa zur gleichen Zeit verbrannten euboiische Kolonisten auf Ischia ihre Toten und bedeckten die Scheiterhaufen-Reste mit Steinsetzungen. Fast scheint es, als ob die Euboier bei ihren Übersee-Unternehmungen einen Bestattungsritual-Typ verbreitet hätten, der dem von Homer geschilderten Ritual analog war. Dabei muß man nicht von der gewagten Vermutung ausgehen, daß *Ilias* und *Odyssee* in der uns geläufigen Fassung den zyprischen Salaminiern schon um 750 v. Chr. bekannt waren. Wir sahen Grund zu der Annahme: Das der epischen Tradition einverleibte Ritual der Brandbestattung mit *tumulus* stammt aus früher Zeit, und ältere Epen müssen auf Zypern im Umlauf gewesen sein, die vielleicht einen Kleinfürsten veranlaßten, es bei seiner Totenfeier den Heroen gleichzutun. Und als sich dies einmal eingebürgert hatte, kam man im Lauf der Zeit wohl bei Königsbestattungen einem »kanonischen« Vorbild – ähnlich der Schilderung der Bestattung des Patroklos in der *Ilias* – immer näher.[44]

5. WAFFEN UND KRIEGSTECHNIK[1]

Die reich ausgeschmückten Schlachtenszenen der *Ilias* informieren uns über eine Fülle von Details, was die Ausrüstung der Helden angeht. Beschreibungen der Waffenrüstung müssen dem Aoiden immer sehr am Herzen gelegen haben. Hier zeigt sich ein besonders reicher Bestand überlieferter Formeln, zu denen sehr alte Formulierungen gehören. Beispielsweise erhalten Schwerter allgemein die Bezeichnung *argyróēlos* (›silbergenagelt‹, ›silberbeschlagen‹). Nach Ausweis der archäologischen Befunde stammt diese Formel fast sicher aus frühmykenischer Zeit. Eine Reihe von Schwertern und Dolchen, deren Klingen mit silberköpfigen Kupfernieten am Griff befestigt waren, fand man in den Schachtgräbern von Mykene. Sowohl hier als auch in jüngerem Fundzusammenhang kommen Nieten mit *Gold*köpfen häufiger vor, doch einige Waffen hatten weiterhin den silberköpfigen Nietentyp, so z. B. ein Dolch mit eingelegter Klinge aus Prosymna (um 1450 bis 1400). Eine neuere metallurgische Untersuchung eines Dolches aus Gurnia (wohl um 1450) hat ergeben: Man befestigte die Silberknöpfe mit Hilfe eines ausgeklügelten Verfahrens an den Kupfernägeln, wobei Temperaturen um 800° Celsius erzielt wurden. Im Prinzip gleicht dieses Verfahren der angeblich erst 1743 von Bolsover erfundenen Herstellung von Sheffield-Platten, die also offenbar schon im minoischen Kreta bekannt war.[2] Solch eine hochentwickelte Technik aber blieb wohl Zierwaffen vorbehalten, und diese wiederum müssen Barden fasziniert haben – daher die Formel *phásganon* (oder *xíphos*) *argyróēlon*.[3] Man hat eingewandt, *chrysóēlon* (›goldbeschlagen‹) passe nicht in einen Hexameter; doch die Erinnerung an goldköpfige Nieten war den homerischen Gedichten nicht fremd, und einmal bewaffnet Agamemnon sich mit einem Schwert, an dem »goldene Buckel« glänzten (*Ilias* 11, 9f.). Sonst aber (z. B. *Ilias* 2, 45) trägt er das übliche »Schwert, das silberbeschlag'ne«. Nach dem Ende der mykenischen Zeit sind keine Schwerter mit Heftnägeln aus Edelmetall mehr belegt. Erst im 7. Jahrhundert tauchen silberbeschlagene Schwerter wieder in zyprischen Königsgräbern auf. Nun aber kann bereits ein Einfluß *durch* die homerischen Gedichte vorliegen (wie er oben bereits für das Bestattungsritual angenommen wurde). Auf jeden Fall kann die Formulierung nicht erst so spät entstanden sein, sondern nach den derzeitigen Befunden bildete sie sich wohl lange vor dem Trojanischen Krieg heraus.

Eine weitere vertraute und wohl ebenfalls sehr alte Formel lautet: »die wohlumschienten Achaier«. Bowra ist die Belege für Beinschienen in mykenischer Zeit durchgegangen.[4] Nach seiner Feststellung fehlen sie auf Kriegerdarstellungen der Schachtgräberperiode, finden sich aber im 13. Jahrhundert, besonders auf Vasen aus Mykene, allgemein. Ihre Einführung hängt wohl mit dem Übergang vom älteren, großen Körperschild zum kleineren, handlichen Rundschild zusammen. Der Körper- bzw. Turmschild reichte von Kopf bis Fuß und schützte auch die Schienbeine, doch nach Einführung des kleineren Schildes brauchte man dringend irgendwelche schützenden Beinlinge. Das Beiwort ›wohlumschient‹ wäre witzlos, hätte nicht das Tragen irgendeines Beinschutzes den mykenischen Krieger von seinen Zeitgenossen unterschieden. Tatsächlich werden spätbronzezeitliche Krieger aus Ägypten oder Syrien nie mit Beinschienen dargestellt, während auf keiner spätmykenischen Darstellung der Beinschutz fehlt.

In der Hopliten-Ära (nach etwa 700) gehören bronzene Beinschienen zur Standardausrüstung.[5] Man hat daher die Wendung »die erzumschienten Achaier«, die nur *einmal* vorkommt (*Ilias* 7, 41) als spätes Einsprengsel betrachtet, das schon den Einfluß der Hoplitenbewaffnung verrät. Doch neueste Funde machen eine solche Konstruktion unnötig. Man kennt heute Beispiele mykenischer Bronze-Beinschienen, insbesondere aus dem Kriegergrab in Dendra (um 1400) und aus Enkomi auf Zypern. Die Funde bestätigen: Die achäischen Kämpfer trugen Metallschienen und unterschieden sich dadurch erheblich. Gewöhnliche Krieger begnügten sich wohl mit weniger haltbarem Material, und die enganliegenden schwarzen ›Gamaschen‹ auf der Kriegervase waren wohl aus Leder. Doch sind – so Bowra – die Speerspitzen in gleicher Farbe wiedergegeben. Schwarz könnte mithin in beiden Fällen Bronze bedeuten. Ein Fresko aus dem Megaron in Mykene zeigt einen fallenden Krieger mit weißem Beinschutz – vielleicht eine Art Wickelgamaschen aus Leinen, vielleicht aber auch Zinn oder Zinnbronze.[6] Seltsamerweise enthalten die Linear-B-Täfelchen kein Ideogramm und anscheinend auch kein eigenes Wort für Beinschienen, doch gleiches gilt auch für Schilde.

Einen überzeugenden Beweis für das Alter der Waffentradition liefert die Beschreibung eines besonderen Helmtyps in der *Ilias* (Buch 10). Odysseus ist im Begriff, nachts mit Diomedes auf Erkundung zu gehen, um sich über Aufstellung und Plan der Trojaner zu vergewissern. Auf seinen Kopf setzt er einen Helm »ganz aus Leder genäht, und inwendig war es ein Riemzeug, dicht verflochten und fest, doch außen blinkten die Hauer des weißzahnigen Ebers, sie starrten hierhin und dorthin, schön und kunstvoll gereiht, aus Filz war innen das Futter« (*Ilias* 10, 261 ff.). Nach H. L. Lorimer hatte das Filzfutter einen weichen, glatten und schmiegsamen Hintergrund abzugeben, auf dem man die Eberzahnplättchen anbringen konnte, ohne ihr Zersplittern fürchten zu müssen. Reichel bezog als erster diese Beschreibung auf die durchlöcherten Eberzahn-Plättchen, die man von vielen griechischen Fundstätten, hauptsächlich in Fundzusammenhängen aus der Zeit zwischen den Perioden SH I und SH II kennt, und allgemein betrachtet man heute solche Plättchen als Überreste dieses bei Homer beschriebenen Helmtyps.[7] Die gegenläufige Anordnung (»sie starrten hierhin und dorthin«) erkennt man auf Darstellungen wie auf der Eberzahnhelmvase aus Katsamba, den beiden Elfenbeinköpfen aus Mykene oder der Elfenbeinplakette aus Delos: Jedes Plättchen war noch so gekrümmt wie der Hauer, aus dem man es geschnitten hatte, und die Anordnung erfolgte reihenweise: eine Reihe mit Rechts-, die andere mit Linkskrümmung. Für einen Helm benötigte man wohl 40–80 Hauerpaare, er war also ein kostbares Besitztum eines Privilegierten. Odysseus' Helm besaß einen komplizierten ›Stammbaum‹. Odysseus' Großvater mütterlicherseits, Autolykos, soll ihn aus dem »festen Haus« des Ormeniden Amyntor geraubt haben (plünderte er ein Kuppelgrab?), und dann gelangte er durch mehrere Hände an den Kreter Meriones, der ihn Odysseus lieh (*Ilias* 10, 266 ff.). Die Exemplare, die man fand, gehen bis zum Mittelhelladikum zurück. Nach 1400, so glaubte man, sei der Eberzahnhelm aus der Mode gekommen, doch noch Krieger auf Fresken aus Pylos (um 1200) tragen ihn, und heute kennt man sogar ein Exemplar aus dem 12. Jahrhundert.[8]

Abgesehen von den Hauern, bestanden solche Helme aus verderblichem Material. Daß irgendein Grieche im ›dunklen Zeitalter‹ solches Material (und auch die Lust) gehabt hätte, einen solchen Helm anzufertigen, ist sehr unwahrscheinlich, und keines dieser Stücke kann sich bis in Homers Zeit gehalten haben. Nur durch mündliche Überlieferung könnte daher eine solche Beschreibung in die *Ilias* eingedrungen sein, allerdings bedeutet dies, daß sie mit erstaunlicher Genauigkeit über mehr als 400 Jahre übermittelt worden sein muß.[9]

Eine bemerkenswerte Parallele findet sich im Kongo-Gebiet. Hier erinnern sich *Kuba* noch immer an weiße Eindringlinge in Kleidern aus »weichem Eisen«. Dies geht auf die Panzerhemden portugiesischer Invasoren zurück, doch schon Anfang des 16. Jahrhunderts trug kein Portugiese einen solchen Panzer mehr. Das ungewöhnliche Detail faszinierte die Vorfahren der *Kuba* und erstarrte zur paradoxen Formel, die heute dort niemand mehr versteht.[10]

Ähnliches gilt für einen archaischen Schildtyp, der auf dem Löwenjagddolch aus den Schachtgräbern erscheint und uns als Dekormotiv minorischer Kunst vertraut ist: ein Schild aus Rinderhaut, groß genug, einen Mann von Kopf bis Fuß zu decken. Manchmal hatte er (als sogenannter ›Turmschild‹) rechteckige Form mit gekrümmtem Oberrand, manchmal ähnelte er einer Acht oder einer Eieruhr. Das Leder war einfach über einen Rahmen aus Holzstäben gespannt. An einem Lederriemen *(telamon)* trug man diesen Schild an der linken Schulter, und er muß sehr lästig gewesen sein. Doch er ersparte einem Körper- und Beinschutz. Hinter seinem Schutzschild konnte ein Speerkämpfer dicht an

Links: Geschnittener Sardonyx aus dem Schachtgrab III in Mykene. Ein Krieger sticht seinen Gegner mit einem Rapier nieder. Beide haben ›Eieruhr‹-Schilde. *Rechts:* Die gleiche Szene, diesmal ›von vorn‹, am Elfenbeinring aus einem hellenistischen Grab (um 300 v. Chr.).

seinen Gegner herankommen. Die meisten Darstellungen vom Gebrauch des Ganzschildes stammen von Objekten aus den Schachtgräbern. Wie es scheint, war der Ganzschild ebenso wie das silberbeschlagene Schwert eine um 1400 v. Chr. veraltete Waffe. Man ersetzte ihn durch einen viel kleineren Schild mit Mittelhandgriff und gewann so an Beweglichkeit, was man an Körperschutz einbüßte. Auch dieser Schildtyp war gewöhnlich rund, und auch er hing am Schulterriemen, so daß man ihn loslassen und beidhändig Speere schleudern konnte. Aus schuppenartig übereinandergreifenden Lederscheiben angefertigt und bisweilen mit einem oder mehreren Bronzebuckeln verstärkt, blieb er jahrhundertelang – bis zum Übergang zur Hoplitenbewaffnung (etwa nach 700) – im Gebrauch. Bei den Hopliten unterschied sich der Schild am meisten. Er bestand nun aus Holz oder Leder und besaß bronzene Verkleidung oder Zier. Mit einem Innenband war er *am linken Unterarm* befestigt, und sein Griff lag am *Rande*.

Vieles, was Homer über Schilde äußerte, bezieht sich auf den einfachen Rundschild, der seit spätmykenischer Zeit das ›dunkle Zeitalter‹ hindurch und bis zum Ende der geometrischen Periode verwendet wurde. Standardbeiworte wie ›bucklig‹ und ›wohlgerundet‹ passen gut zu ihm, und aus was für Material er bestand, unterstreichen militärsprachliche Beinamen wie ›Leder‹ oder ›Ochser‹. Eine Beschreibung aber trifft überhaupt nicht zu: »Bis zu den Füßen reichend«, was einmal in der *Ilias* (15, 646) vom Schild eines gewissen Periphetes – bezeichnenderweise eines Mykeners – gesagt wird. Fraglos paßt ein solches Beiwort lediglich zum Körperschild frühmykenischer Zeit, und auch dem Zusammenhang nach muß ein solcher Schild ins Auge gefaßt worden sein. Jedenfalls wurde Periphetes Opfer eines Unfalls.[11] Er stolperte über seinen Schildrand, fiel und war nun wehrlos Hektors Speer ausgeliefert. Vermutlich hatte er den Schild auf den Rücken nehmen wollen. An einer früheren Stelle (*Ilias* 6, 116 ff.) hat Hektor das gleiche getan, denn er »enteilte« vom Schlachtfeld, und »oben schlug ihm den Nacken und unten die Fersen des schwarzen Leders Rand« (d. h. der Rand seines ledernen Körperschildes).

Auch andere Passagen und Wendungen enthalten wohl Erinnerungen an den alten Körperschild. Bei einem Zusammenstoß zwischen Deiphobos und Idomeneus betonte der Dichter, Idomeneus habe sich ganz hinter seinem Schild verbergen können (*Ilias* 13, 405 ff.). Und auch Aias, den man schon aus anderen Gründen für eine alte Sagengestalt hält, wird dreimal nachgesagt, er trüge einen »türmenden Schild« (bzw. einen »Schild wie ein Turm«: *Ilias* 7, 219; 11, 485 u. 17, 128), eine Formel, die wohl von Anfang an auf den Körperschild gemünzt war.

Körperpanzer aus Metall

Vor dem Zweiten Weltkrieg gab es praktisch keine archäologische Evidenz für metallene Körperpanzer aus mykenischer Zeit. Die einzige Ausnahme, eine fragmentarische Bronzebeinschiene aus Enkomi auf Zypern (um 1200), war keine tragfähige Basis für Rückschlüsse auf allgemein-griechische Bräuche. Doch in der Nachkriegszeit hat sich durch eine Reihe bedeutender Entdeckungen das Bild wesentlich geändert. 1951 wurde ein Bronzehelm aus der Zeit um 1400 in einem Grab bei Knossos gefunden und 1957 ein submykenischer Helm bei Tiryns. 1953 barg man aus einem SH-III-Grab bei Kallithea (Achaia) ein Paar Beinschienen aus Bronze, doch all dies übertraf ein Fund in der Nekropole zu Dendra in der Argolis (1960). Hier öffnete eine griechisch-schwedische Expedition ein SH-II-Grab (Grab 12); darin lag ein Bronzepanzer, der aus folgenden Teilen bestand:[12] zwei ›Schalen‹, die aneinandergebunden eine Art Harnisch oder Küraß mit Brust- und Rückenstück ergaben[13], zwei Schulterstücke, die mit Metallhalbringen an Brust- und Rückenharnisch befestigt werden konnten, zwei Armstücke, die unter den Schulterstükken angebracht waren, zwei dreieckige Metallauflagen zur Verstärkung des Brustharnischs, ein Halsschutz und sechs ›Gürtel‹ – drei für die Vorder- und drei für die Rückseite (vielleicht die homerischen *zōstēres* bzw. die *mítra*).

Diese Entdeckung wirft Licht auf frühere Funde an anderen Stätten: zwei dekorierte ›Brustplatten‹ aus Schachtgrab V in Mykene und Bronzeplatten aus einem Grab bei Phaistos. Sie stammten, dies wurde nunmehr klar, von gleichartigen Waffenrüstungen. Einige Jahre darauf tauchten zwei Schulterstücke, zwei Brust- und zwei Armstücke in einem etwas jüngeren Fundzusammenhang als in Dendra auf. Zusammen mit der Schrifttafel-Evidenz aus Knossos und Pylos bestätigten diese Funde, daß während mehrerer Jahrhunderte in der mykenischen Welt allgemein Metall-Körperpanzer üblich waren.[14] Diese neuen Belege haben unser Wissen über die Bewaffnung mykenischer Krieger völlig verändert, und so mancher Streit um Homeräußerungen hat sich damit erledigt. Wo bei Homer mehr oder weniger eindeutig von Metallpanzern die Rede ist, braucht man also keinen späteren Einschub mehr zu argwöhnen.[15] Im Gegenteil: Die Tradition bronzegekleideter Helden ist alt und echt und geht direkt auf mykenische Zeit zurück.[16] Bei den rockähnlichen Anhängseln am Panzer von Dendra könnte es sich um die mehrmals in den Epen als Teil der Rüstung Menalaos' erwähnte *mítra* handeln, die ausdrücklich von Bronzeschmieden verfertigt sein soll (*Ilias* 4, 137, 187 und 216)[17], und der Ausdruck »zweifacher Harnisch« (*Ilias* 4, 133 u. a.) könnte seinen Ursprung in der Verstärkung des Brustpanzertyps von Dendra mit Brustblechen bzw. -platten haben. Die volle Rüstung *(pan hoplía)* eines homerischen Kriegers spiegelt sich auch in einer viermal mit leichten Veränderungen wiederholten Wendung, wenn bedeutende Heroen sich zur Schlacht rüsten.[18] Stets ist es die gleiche Reihenfolge: Beinschienen, Harnisch, Schwert, Schild und Helm. Schließlich greift der Krieger zum Speer und ist kampfbereit. Beinschienen kommen zuerst: Noch kann der Krieger sich bücken, um sie festzubinden. Schwert und Schild trägt man an Schulterriemen, daher kommt der Helm erst später. Praktische Überlegungen bestimmen die Reihenfolge, doch auch die Geschichte wirkte als formprägender Faktor. So ist das Schwert »silberbeschlagen«, und dies erinnert an frühe mykenische Bewaffnung, aber die Variante, bei der zwei Speere statt eines einzigen getragen werden, erinnert wieder an Kampfmethoden der Früheisenzeit. Die eiserne Stoßlanze war, wie in Gräbern von Kriegern nachgewiesen, die Angriffswaffe *par excellence* der Mykenerzeit. In geometrischer Zeit zog man dagegen ein Paar Wurfspieße vor. In der *Ilias* beginnen die meisten Duelle mit Speerwerfen. In einer Passage über Bewaffnung ist diese Kampfform implizit mit der älteren Methode vermischt; Kirk hat hierauf hingewiesen.[19] Und zwar legt Patroklos wohl Achills Rüstung an, weigerte sich aber, den schweren, unhandlichen Speer zu nehmen, den nur Achill tragen könne. Diese massive Waffe ist die alte mykenische Stoßlanze, hier in einem sehr bezeichnenden Zusammenhang erwähnt. Doch statt ihrer nimmt Patroklos zwei »mächtige Lanzen, gerecht in den Händen« (*Ilias* 16, 139 f.). Diese Formel galt ursprünglich für den Einzelspeer. In ihrer ursprünglichen Form finden wir sie in der Bewaffnung des Paris: »Nahm dann die mächtige Lanze, ihm recht in die Hände geschaffen« (oder: »die ihm in den Händen gerecht war« [*Ilias* 3, 338]). Mit einem Minimum an Variation wird dies dann auch auf Patroklos' Kampfesvorbereitungen angewandt, doch es liegt auf der Hand: Zwei Speere sind weniger handlich als ein einzelner. Dies ist ein lehrreiches und anschauliches Beispiel dafür, wie die Tradition an den überlieferten Gegebenheiten hängt und keinen Wandel der Formulierungen liebt, sondern sich – wenn es neue, geänderte Verhältnisse zu berücksichtigen und einzuarbeiten gilt – mit winzigen Änderungen des Wortlauts begnügt.

In Aristophanes' ›Fröschen‹ (1034 ff.) preist Aischylos Homer wegen seiner wertvollen Unterweisungen in praktischen Dingen einschließlich des Truppenarrangements *(táxis)* und der Bewaffnung *(hóplisis)* – ein fragwürdiges Lob. Homer mag ein guter Moralist sein, aber als Lehrer der Kriegskunst taugt er nichts. Seine Schlachtszenen sind voll von Drohgebärden und Metzeleien; höchst eindrucksvoll malen sie Elend und Grauen des Krieges aus. Doch sie geben kein klares Bild davon, wie man Truppen einsetzte und mit Waffen umging. Wagen stürmen in die Schlacht, Massen von Fußvolk marschieren auf, Kämpen schwingen Speere, Pfeile fliegen, Schwerter krachen auf Helme, doch in allem fehlt meist Disziplin, Übersicht und Koordination. Vielleicht wollte Homer den Krieg so darstellen, doch andererseits stand er in einer Tradition voller Konventionen, selektiv und konservativ. Überall stößt man auf festgelegte Formulierungen: Speere sind »stämmig«, Schwerter »scharf«, Schilde »kräftig« und »wohlgerundet«, Helme »bronzebesetzt«. Der Konflikt spielt sich nach willkürlichen, stilisierten Mustern ab. So töten oft griechische Helden zu Fuß zwei Trojaner auf einem Wagen, doch nur ein einziges Mal wird etwas Derartiges von einem Trojaner behauptet. Nichts von historischem Wert läßt sich solchen Angaben entnehmen. Gelegentlich ist allerdings, wie wir gesehen haben, ein Beiwort aufschlußreich genug, um auf Objekte bezogen zu werden, die archäologische Forschung ans Licht gebracht hat. Innere Widersprüche erklären sich manchmal als Folge einer Verschmelzung älterer und jüngerer Elemente zu einem höchst artifiziellen Amalgam. Außerdem gibt es einen weiteren Prägefaktor von beachtlicher Bedeutung. Das Aristokratische der epischen Dichtung und deren Hang, Situationen den Vorzug zu geben, wo ein einzelner, aristokratischer Held im Rahmen eines aristokratischen Wertsystems von seiner besten Seite gezeigt werden kann. Homer entwirft nicht einfach ein Bild der Kriegführung, wie sie irgendwann tatsächlich war. Wie komplex seine Darstellung vielmehr ist, zeigt sich besonders bei der Betrachtung von zwei verschiedenen Aspekten des Kriegswesens: der Verwendung von Pfeil und Bogen sowie des Streitwagens.

Pfeil und Bogen bei Homer

In der *Ilias* spielt der Bogen nur eine untergeordnete Rolle. Zwar benutzen ihn beide kriegführenden Parteien (vgl. z. B. 15, 313 f.; 16, 773), und in einer Reihe von Schlachtszenen schießen anonyme Schützen gelegentlich Pfeile ab. Allerdings erfährt man nirgendwo, daß diese Schießerei irgendeinen Einfluß auf den Gang der Handlung hatte. Und gar die Hauptakteure verschmähen den Bogen geradezu. Diomedes gibt der allgemeinen Stimmung Ausdruck, als Paris ihn mit seinem Pfeil am Fuß getroffen hat:

»Pfeilschütze, Lästermaul, du Lockenkopf, Weiberbegaffer! Wolltest du, Mann gegen Mann, in Waffen gegen mich kämpfen, hülfe dein Bogen dir nichts und nichts die schwirrenden Pfeile ... das ist ein Kinderspielzeug nichtswürdiger, feiger Gesellen!«
(*Ilias* 11, 385 ff.)

Das Ideal ist der Speerkämpfer mit kleiner Reichweite,

der im Handgemenge seinen Mann steht. Übereinstimmend damit schildert der Dichter nur zweitrangige Helden als Bogenschützen. Obwohl Paris den Bogen schätzt, benutzt er beim Duell mit Menelaos das Schwert (*Ilias* 3, 340 ff.). Helenos geht mit Pfeil und Bogen gegen Menelaos' Schwert an und zieht den kürzeren (*Ilias* 13, 581 ff.). Nur mit dem Bogen kämpft der berüchtigte Pandaros. Er ist es, der tückisch den Waffenstillstand bricht und Menelaos verwundet (*Ilias* 1, 404 f.). Führender Bogenschütze bei den Griechen ist Teukros. Doch selbst er bewaffnet sich mit Helm, Schild und Speer, nachdem seine Sehne gerissen ist (*Ilias* 8, 266 ff.; 15, 442 f.). Beim Wettschießen während der Leichenspiele für Patroklos (*Ilias* 23, 859 ff.) wird er unerwartet von Meriones besiegt, der mit einer Ausnahme (*Ilias* 13, 650 ff.) stets als Speerkämpfer auftritt. Dennoch muß er der Überlieferung nach mit dem Bogen zu tun gehabt haben, denn in der Dolonie leiht er Odysseus einen Bogen für dessen nächtlichen Spähergang (*Ilias* 10, 260). Nach H. L. Lorimer war sein Sieg über Teukros vielleicht »ein Tribut, den man der unbestrittenen Überlegenheit kretischer Bogenschützen zollte«.

Nach Ausweis der archäologischen Befunde muß die kretische Erfahrung im Bogenschießen eine lange Geschichte gehabt haben, die sich ein gutes Stück in die Bronzezeit zurückverfolgen läßt. Sporadisch taucht der sogenannte ›zusammengesetzte‹ Bogen seit der MM-III-Phase in der minoischen Kunst auf, niemals aber auf griechischem Boden. Dieser Bogentyp besaß größere Durchschlagskraft als der einfache Bogen aus den Schachtgrabfunden (der aber dann in der mykenischen Kunst nicht mehr zu finden ist). Der einfache Bogen bestand ganz aus Holz, und zwar aus einer oder mehreren elastischen Ruten. Er war leicht überspannt und zerbrechlich. Viel komplizierter war dagegen der zusammengesetzte Bogen, dessen Holzruten man mit Horn und Sehnen verstärkte.

Mehr als zwei Dutzend Beispiele zusammengesetzter Bogen sind aus dem alten Ägypten erhalten. Einer davon, er ist heute im *Brooklyn Museum*, wurde bis ins letzte Detail publiziert.[20] Er besteht von Spitze zu Spitze aus einem durchgehenden Stück rotbraunen Holzes (1,37 m lang). Verstärkt wird dieses in der Mitte durch ein kürzeres Holzstück (34 cm), das sich auf beiden Seiten deutlich verjüngt. Seitlich sind gekantete hölzerne Streifen angebracht, etwas breiter als der Kern, so daß sie leicht überstehen und vorn und hinten eine Art Kerbe bilden. Die innere, hintere Kerbe enthält noch eine 3 mm dicke Lage aus gelblichem Horn. Die Außenseite ist sorgfältig glattgefeilt worden. Noch immer erkennt man die Feilspuren. Vielleicht hatte sie gleichfalls eine Hornschicht, vielleicht teilweise auch einen lamellenartig dünnen Holzbelag. Deutlich erkennt man noch Spuren von Tiersehnen an der Bindung, die den Handgriff verstärkte. In ungespanntem Zustand hatte dieser Bogen einen deutlichen ›Ellbogen‹ in der Mitte und wirkte beinahe gegenläufig, entgegengesetzt gespannt.

Der zusammengesetzte Bogen war eine asiatische Erfindung. Ohne Zweifel war seine Einführung auf dem bronzezeitlichen Kreta Ergebnis von Kontakten mit Syrien und Ägypten.[21] Der Hornbelag verlieh der Waffe große Elastizität und Durchschlagskraft, machte es aber außerordentlich schwer, sie zu spannen.

Die einzige detaillierte Bogen-Beschreibung bei Homer schildert den Bogen des Pandaros (*Ilias* 4, 105–111), und sie ist nicht sehr aufschlußreich. Vier Zeilen lang wird die Jagd nach einem Steinbock geschildert, dessen 16 Handbreiten lange Hörner das Rohmaterial abgaben, dagegen nur zwei Zeilen die eigentliche Formgebung: »Diese«, nämlich die Hörner, »schnitzt' und verband der hornarbeitende Künstler, glättete alles umher und beschlug es mit goldenen Spitzen«. Verstand Homer überhaupt, wovon er da redete? Wenn man ihm übelwollte, könnte man ihm unterstellen, er habe sich einfach vorgestellt, der Bogen sei aus den beiden Hörnern und einem Verbindungsstück. Solch eine Konstruktion wäre unbrauchbar. Niemand könnte einen solchen Bogen spannen. Andererseits deuten die angeführten Verse auf eine gewisse Kenntnis der augenfälligsten und schwierigsten Prozesse bei der Herstellung eines zusammengesetzten Bogens hin, nämlich des Schneidens, Gestaltens, Anpassens und Glättens des Hornstreifens.

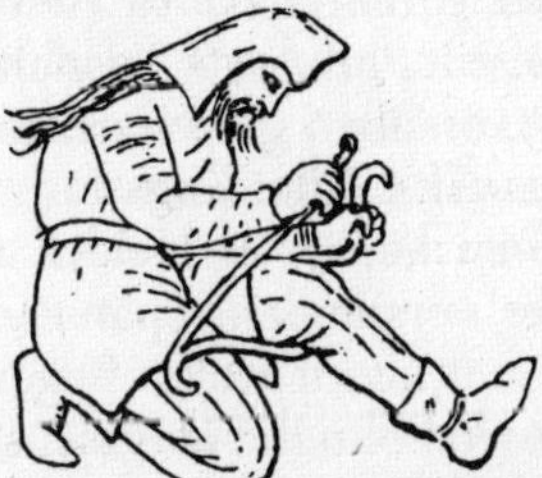

Bärtiger Skythe beim Bespannen seines zusammengesetzten Bogens

Eine bestimmte Einzelheit läßt den Schluß zu, daß auch Odysseus' berühmter Bogen ein zusammengesetzter Bogen war. Als die Freier vergeblich versucht hatten, den gegenläufig gekrümmten, reflexen Bogen zu spannen, wird er Odysseus übergeben, der ihn sorgfältig prüft, denn das Horn könnte wurmzerfressen sein (*Odyssee* 21, 395). Doch nachdem er sich überzeugt hat, daß alles in Ordnung ist, spannt er ihn ohne Anstrengung – so leicht, wie ein Musiker die Leier stimmt. Kannte Homer den Trick oder verbarg er sein Unwissen hinter einem anschaulichen Vergleich? Ein zusammengesetzter Bogen läßt sich nicht mit dem Arm allein spannen. Der Schütze muß vielmehr hocken, den Bogen *auf* einem Schenkel und *unter* dem anderen Knie. Von einigen, die es versuchten, aber erfolglos, z. B. Telemachos und Leodes, wird ausdrücklich gesagt, daß sie standen (124 und 149). Odysseus aber *sitzt*, als er den Bogen bekommt, und sitzend jagt er den Pfeil durch die Äxte (420). Dies heißt wohl: Er spannte den Bogen, ohne sich zu erheben, und wußte, wie man eine Waffe behandelt, die die Freier nicht kannten. Die Szene erfordert es: Der Bogen mußte unüblich und Odysseus ein außergewöhnlich tüchtiger Schütze sein. Und auf beides werden wir vorbereitet. An Alkinoos' Hof rühmte sich Odysseus, mit Philoktets Ausnahme sei er der beste Bogenschütze von allen gewesen, die nach Troja zogen (*Odyssee* 8, 215 ff.). Allerdings räumte er ein, in vergangenen Zeiten hätten es Helden wie Herakles und Eurytos besser verstanden. Später erfahren wir dann (*Odyssee* 21, 11 ff.), sein großer Bogen habe einst Eurytos gehört, dessen Sohn ihn Odysseus geschenkt habe.

Das Bild des tüchtigen Bogenschützen Odysseus beschränkt sich auf die *Odyssee* und kann zu jenem kretischen Einfluß gehören, der bisweilen dieser Dichtung Kolorit gibt.[22] In der *Ilias* kämpft Odysseus stets mit dem Speer und zeigt in bezug auf den Bogen nicht die mindeste Unternehmungslust. Für die Nachterkundung leiht er sich einen Bogen von dem Kreter Meriones, benutzt ihn aber nur, um damit Pferde anzutreiben (*Ilias* 10, 260 und 513 f.)! Dies paßt zur allgemeinen Tendenz der Überlieferung, Bogenschießen entweder mit Heldengestalten aus der Zeit *vor* dem Trojanischen

Krieg oder mit Fremdlingen in Zusammenhang zu bringen. Und dies entspricht durchaus dem archäologischen Befund. Die Mykener müssen den zusammengesetzten Bogen entweder durch Kontakte mit Vorderasien oder auf Kreta kennengelernt haben, und dennoch wurde diese wirksame Waffe nie auf griechischem Boden heimisch. Die mykenische Kunst stellt sie nie dar, ja selbst der einfache Bogen erscheint nach der Schachtgräberperiode nicht mehr. Etwa um die Zeit des Trojanischen Krieges mag sich eine rückläufige Tendenz der Bedeutung des Bogenschießens abgezeichnet haben.[23]

Die weitere Geschichte des Bogens im späteren Griechenland ist nicht leicht nachzuvollziehen. Pfeilspitzen protogeometrischer und frühgeometrischer Zeit fehlen auf griechischem Boden praktisch ganz, auf Kreta dagegen kommen sie weiterhin vor, und auch ein bronzezeitlicher Typus hält sich hier. Spätgeometrischen Wagendarstellungen zufolge gewann das Bogenschießen während des 8. Jahrhunderts wieder Bedeutung für die griechische Kriegführung: Es mag aus Kreta wieder eingeführt worden sein.[24] Doch diese Entwicklung im 8. Jahrhundert kommt wohl zu spät, um die epische Tradition noch nachhaltig zu beeinflussen. Vielleicht brachten die Verhältnisse des 8. Jahrhunderts Homers Gesamtbild noch ein wenig Farbe zu, doch daß man Helden wie Herakles, Paris und Odysseus mit Pfeil und Bogen kämpfen läßt, dies muß auf viel frühere Zeiten zurückgehen.

Über die Wagenstreitkräfte in der mykenischen Welt erfahren wir Einzelheiten aus den Täfelchen. So gebot der Herrscher von Knossos über mehr als 400 Wagen. Allerdings waren einige davon wohl zum zeremoniellen Gebrauch bestimmt. Seine Wagen hatte auch der König von Pylos.[25] Räder, Kasten und Riemenzeug wurden in Werkstätten neben dem Palast angefertigt und in Arsenalen aufbewahrt. In Knossos fand man eine Serie von 140 Täfelchen in einem kleinen Archiv des Palast-Westflügels. Chadwick hat sie als ›Musterrolle einer Wagenbrigade‹ identifiziert: »Jede Tafel enthält den Namen eines Mannes nebst einem kompletten Wagen mit Rädern, einem Harnisch und einem Zweigespann.«[26] Einige der Ideogramme, die die Schreiber benutzten, um den Begriff ›Harnisch‹ oder ›Küraß‹ festzuhalten, ähneln verblüffend dem Panzer (Thorax) aus Dendra (Seite 154.) Auf einigen Täfelchen steht anstelle des Zeichens für ›Brustpanzer‹ einfach ›Barren‹. Wie Sir Arthur Evans vermutete, deutet dies vielleicht darauf hin, daß man hier statt des Zeichens für ›Harnisch‹ einfach dessen Gegenwert in Bronze eingesetzt hat. Wie es scheint, konnten Herrscher eines gut organisierten mykenischen Königreichs ein schlagkräftiges, bewegliches Wagenkorps ins Feld führen. Die wohlbewaffneten Kämpfer auf ihren Wagen, hofiert von ihren Wagen-

Linear-B-Ideogramme für einen Harnisch des in Dendra gefundenen Typs mit Helm

lenkern, bildeten wohl eine besondere Elite. Man könnte sie mit den ›Gefolgsleuten‹ vergleichen, die unter den Streitkräften von Pylos eine Sonderstellung einnahmen (Seite 110 f.) und von denen wir gleichfalls wissen, daß sie Wagen besaßen.

Dieser Typ von Heeresorganisation scheint sich vor 1800 in Syrien und Kleinasien herausgebildet zu haben, insbesondere im Mitanni- und Hethiterreich, wovon ihn die Ägypter übernahmen. In der Schlacht bei Megiddo (1468) nahm Pharao Tuthmosis III. den Herrschern von Megiddo und Qadeš 924 Wagen ab.[27] Aufgabe dieser Wagen war es, durch massierte Angriffe die feindlichen Linien aufzubrechen sowie flüchtenden Feinden nachzusetzen, um sie niederzumachen. Die hethitischen Wagenkämpfer benutzten Stoßlanzen, während die Ägypter ihre Wagen als bewegliche Bogenschützen-Plattformen benutzten. Reliefdarstellungen der Schlacht von Qadeš (1275) in Abu Simbel zeigen Hethiterwagen mit Speerkämpfern im Angriff auf die ägyptischen Linien, der dann im Sperrfeuer ägyptischer Bogenschützen zusammenbricht.

Die erste Streitwagen-Darstellung auf griechischem Boden stammt aus den Schachtgräbern, und man hat Mykenes Aufstieg der Einführung dieser neuen Waffe aus Kleinasien zugeschrieben. Ein wohlbekanntes Dokument aus hethitischen Archiven, der Tawagalawas-Brief, gibt an, Aḫḫijawā-Prinzen hätten bei den Hethitern das Fahren gelernt.[28] Einen Wagen zu besitzen, muß Statussymbol des Adligen gewesen sein. Man benutzte den Wagen für die Jagd, für Reisen auf mykenischen Straßen, und er sicherte seinem Besitzer eine Vorzugsstellung im Heer. Wandbilder mit Streitwagen schmückten die Paläste in Mykene, Tiryns und Pylos. Laut Emily Vermeule war »der Einsatz von Pferden und des teuren Streitwagenkorps ein besonders charakteristischer Zug des von der Aristokratie getragenen Militarismus der Bronzezeit«.[29]

Nach Zusammenbruch des palastzentrierten Systems konnte man vermutlich keine Wagenbrigaden früheren Stils mehr unterhalten. Dies zeigen die Schrifttafeln. Doch mindestens bis zum Niedergang der mykenischen Welt müssen die Wagen noch im Einsatz gewesen sein. SH-III-C-Scherben aus Mykene und Tiryns zeigen Krieger in Wagen.[30] Danach gibt es bis zur spätgeometrischen Epoche in Griechenland keine Wagendarstellungen mehr.

Blieb der Streitwagen während des ›dunklen Zeitalters‹ in Griechenland im Gebrauch? Begleitete er die griechischen Kolonisten nach Ionien? H. L. Lorimer glaubt, der Wagen sei ohne wesentliche Veränderungen seit mykenischer Zeit der gleiche geblieben. Sobald er auf Darstellungen der geometrischen Epoche auftrete, zeige er noch immer drei typische Charakteristika des mykenischen Typs: das Vierspeichenrad, die Mittelachse und einen Balken zwischen der Wagen-Vorderkante und der Deichselspitze, wo die Pferde angeschirrt waren. Snodgrass hält es für wahrscheinlicher, daß die älteren Wagendarstellungen des 8. Jahrhunderts nicht nach der Natur angefertigt waren, sondern nur den Wagen heroischer Zeit wiedergaben, wie der Künstler ihn sich vorstellte. Die soeben erwähnten Züge seien, so meint er, entweder erhaltenen Darstellungen mykenischer Wagen entlehnt oder vierräderige zeitgenössische Wagen hätten als Vorbild gedient. Erst im ausgehenden 8. Jahrhundert sei der Wagen in Griechenland neu eingeführt worden – nun aber nur noch für Wettrennen und Prozessionen, nicht mehr für kriegerische Zwecke.[31]

Eines der Täfelchen aus Knossos mit den Ideogrammen für Harnisch, Streitwagen und Pferd

Scherbe aus Tiryns (12. Jh. v. Chr.). Sie zeigt zwei Krieger in einem Streitwagen. Einer ist mit Schild und Speer bewaffnet, der andere hält die Zügel.

Allerdings dürfen wir konstatieren: Die Schiffsbautechnik überlebte den Fall Mykenes. Gleiches könnte auch für den Wagenbau gelten.

Schon früh im 7. Jahrhundert wurden Wagenrennen anerkannte Disziplin bei den Olympischen Spielen, und dies läßt vermuten: Seit mindestens drei Generationen müssen damals Wagen in Griechenland verbreitet gewesen sein. Tatsächlich lassen auch alle einschlägigen Vergleiche (*Ilias* 22, 22 f.; 23, 517 ff.; *Odyssee* 13, 81 ff.) erkennen: Auch der Dichter muß schon im 8. Jahrhundert mit dem Wagen vertraut gewesen sein. Offenbar hat die Vermutung, seit mykenischer Zeit habe die Aristokratie ununterbrochen Wagen gefahren, mehr für sich als die Annahme, es habe einmal einen Bruch gegeben, und der Wagen sei dann neu wieder eingeführt worden. Dies ist der Hintergrund für die Äußerungen der *Ilias* über Wagen. Keiner größeren Schlachtszene fehlt der Hinweis auf ganze Wagenschwadronen[32], und doch ist nie von koordiniertem Einsatz die Rede. Nie greifen die griechischen Wagen geschlossen an, und auch die Trojaner unternehmen nur eine einzige Massenattacke (*Ilias* 15, 352 ff.). Dem entspricht, was über die einzelnen Wagen gesagt wird. Mit zwei bezeichnenden Ausnahmen[33] fahren alle bedeutenderen Helden in den Kampf, doch ein Zusammenstoß zwischen Wagen kommt nur sehr selten vor. H. L. Lorimer behauptet sogar, Homer schildere einen solchen nie, doch das trifft nicht zu. Buch 8 der *Ilias* (78 ff.) schildert ausführlich einen Zwischenfall: Nestor ist in Schwierigkeiten, denn eines seiner Rosse ist getötet worden. Hektor stürzt sich in seinem Wagen auf ihn, doch Diomedes hilft ihm, nimmt ihn in seinen Wagen und tötet Hektors Wagenlenker. Später (*Ilias* 8, 256 ff.) tötet Diomedes von seinem Wagen aus einen gleichfalls im Wagen daherkommenden Trojaner.[34] Normalerweise fahren die Haupt-Helden mit dem Wagen zum Kampf, steigen dann aber aus und schlagen sich zu Fuß. Nur zweitrangige Kämpfer bleiben im Wagen. Untergeordnete Trojaner tun dies oft und werden dann Beute eines griechischen Helden zu Fuß, der einen oder beide Wageninsassen tötet. Dreimal hintereinander vollbringt Agamemnon eine solche Heldentat (*Ilias* 11, 91–147), dagegen habe ich nur zwei Fälle eines solchen Kampfes notiert, wo ein Grieche das Opfer ist.[35] Ist der Krieger nicht im Wagen, ist es Pflicht des Wagenlenkers, das Fahrzeug ja nicht aus dem Auge zu verlieren, stets bereit, seinen Besitzer in Sicherheit zu bringen, wenn er verwundet wird oder sich nicht gegen eine überlegene Streitmacht behaupten kann.

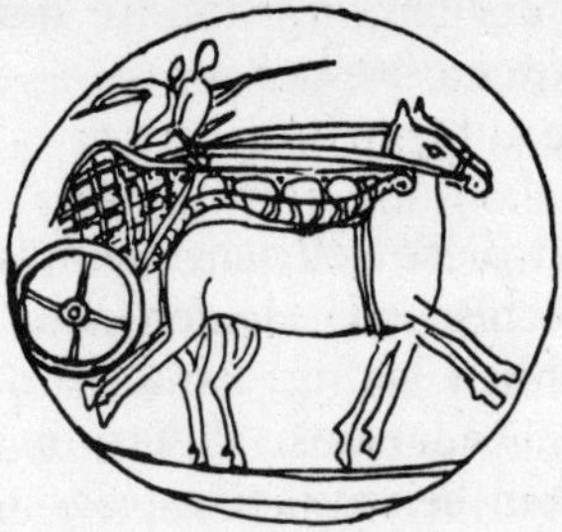

Geschnittene Gemme aus dem Kuppelgrab von Vapheio (um 1450 v. Chr.). Der Krieger hält die Lanze in der von Nestor empfohlenen ›altfränkischen‹ Art.

Einige Autoren bestritten einfach, daß sich dies durchführen ließe. Rhys Carpenter verstieg sich zu der Behauptung, Homer habe einfach nicht gewußt, wozu Streitwagen da seien.[36]

Beweis dafür, daß man Streitwagen tatsächlich so benutzen konnte und *benutzte,* ist Caesars Bericht über die keltischen Streitwageneinsätze, die er mit seinen Truppen bei seiner Invasion in Britannien kennenlernte. Er schreibt:

»*Auf ihren Wagen kämpfen sie folgendermaßen: Zuerst fahren sie überall umher und vollführen Lärm mit den Waffen. Oft verwirren sie schon dabei die Reihen des Gegners, dessen Pferde scheuen und den sie durch den Lärm ihrer Räder entnerven. Und wenn sie in die gegnerischen Reihen eingedrungen sind, springen sie vom Wagen und kämpfen zu Fuß. Inzwischen ziehen sich die Wagenlenker etwas zurück und stellen die Wagen so ab, daß die Krieger sich leicht zu ihren Leuten zurückziehen können, wenn eine feindliche Übermacht eine kritische Situation heraufbeschwört. So verbinden*

sie im Kampf die Beweglichkeit der Reiterei mit der Standfestigkeit des Fußvolks.«
(*Gallischer Krieg* 4, 33)

Diodor vergleicht diese keltische Kampfweise mit der »der alten griechischen Helden im Trojanischen Krieg.«[37] Tatsächlich ist die Parallele recht eng und rechtfertigt J. K. Andersons Äußerung, Homers Wagenkampf-Taktiken seien »keineswegs nur Phantasie und Fiktion«.[38] Auf mykenischen Vasen etwa aus der Zeit des Trojanischen Krieges sieht man Krieger mit Schild und Speer in Wagen fahren. Und heute liegt auch eine Veröffentlichung des Krieger-Freskos aus Pylos vor. Sie zeigt ebenfalls einen Krieger mit Speer und Eberzahnhelm, und dieser Krieger ist soeben vom Wagen abgestiegen.[39]

Homers Schilderungen beschränken sich meist auf Vorstöße einzelner Wagen, doch ein paar Stellen deuten darauf hin, daß seine Überlieferung bis zur Palastperiode zurückgeht, wo Wagenschwadronen eingesetzt werden. Im Schiffskatalog heißt es von Menestheus, er übertreffe alle anderen in der Aufstellung und Führung von Wagenabteilungen (*Ilias* 2, 554), und auch Nestor placiert, wenn er seine Truppen aufstellt (*Ilias* 4, 293 ff.), die Wagenlenker vor den Fußtruppen[40] und weist sie an, genau in Linie zu bleiben und einheitlich vorzurücken, bis sie nahe genug an den Wagen des Gegners wären, um ihre Speere einzusetzen. »Also«, fährt er dann fort, »gewannen die Alten dereinst viel Städte und Mauern.« Unklar bleibt, wie die Wagenkämpfer hoffen konnten, Troja einzunehmen. Vielleicht meint Nestor, das Wagenkorps werde die Feinde von der Stadt abschneiden (wie es auch Patroklos tut [*Ilias* 16, 394 ff.]) und könne dann vielleicht damit rechnen, sogar die

Tore zu stürmen, falls diese offen wären, um Versprengte einzulassen. Auf jeden Fall aber rühmt sich Nestor, der »gerenische Rossebändiger«, seiner Erfahrung im Umgang mit Streitwagen.[41] Allerdings wird sein Rat nie befolgt, und die Griechen führen nie eines der von ihm vorgeschlagenen Manöver aus.

Nestors Erwähnung bringt mich kurz von der Kriegführung ab und auf ein bemerkenswertes Trinkgefäß, das er mit sich nach Troja brachte. Fast sicher läßt sich dieses Gefäß – ebenso wie der Eberzahnhelm – als mykenisches Objekt klassifizieren, dessen Beschreibung einfach überliefert wurde. Es war

»ein stattlicher Kelch, den der Greis mitbrachte aus Pylos, welchen goldene Nägel umschimmerten, aber an Henkeln hatte er vier, und umher zwei pickende Tauben an jedem, schön aus Golde geformt, Doppelbasen unten am Boden. Mühsam hob ein andrer den schweren Kelch von der Tafel, wenn er gefüllt war, doch Nestor, der Greis, erhob ihn nur spielend«.
(*Ilias* 11, 632 ff.)

Taubenpaare finden sich an den Rändern von Kultgefäßen aus Zypern (um 2600–2100)[42], doch *mit einer Ausnahme* ist kein bisher gefundenes Gefäß aus dem mykenischen oder früheisenzeitlichen Griechenland derartig geschmückt. Diese Ausnahme ist der berühmte ›Nestorbecher‹, den Schliemann im Schachtgrab IV in Mykene fand. Aus Gold bestehend und 14,5 cm hoch, hat er eine ungewöhnliche Form, die H. L. Lorimer der Tatsache zuschreibt, daß man hier ein typisch minoisches, flachbödiges Gefäß nachträglich auf einen Ständer montiert habe. Die ›Tauben‹ geben ihm wohl etwas Religiöses – als Zeremonial- oder Hochzeitskelch (nach neuerer Ansicht handelt es sich überhaupt nicht um

Tauben, sondern um *Falken [der Übersetzer]*). Man hat gezögert, das Stück mit Nestors Becher in Verbindung zu bringen, denn er ist relativ klein und hat nur *zwei* Henkel, während Homer von *vier* spricht. Doch diesen Abweichungen stehen die »Tauben« (?) und die »doppelten Basen« gegenüber. Ob damit die Seitenstützen oder die Duplizität von natürlicher Gefäßgrundfläche und Gefäßfuß (wie bei dem Exemplar aus dem Schachtgrab) gemeint waren, bleibt offen. Doch beides ist ungewöhnlich, und die Verbindung mit dem »Tauben«(?)-Ornament macht es nicht ganz unwahrscheinlich, daß dies jener Gefäßtyp ist, auf den letztlich Homers Beschreibung zurückgeht. Kein anderes Trinkgefäß ist bei Homer so detailliert beschrieben, und so stark prägte Nestors Becher sich den Griechen ein, daß eine frühe griechische Inschrift auf Ischia auf ihn anspielt. Sie befindet sich an einer Tonschale ostgriechischen Stils, vor 700 datiert und in einem Grab gefunden.[43] Eine ihrer möglichen Lesungen lautet: »Nestor hatte einen herrlichen Becher, aber wer immer aus dem Becher dieses Mannes trinkt, spürt sofort Verlangen nach der hellgelockten Aphrodite«. Damit dürfte diese Inschrift, wohl die zweitälteste bekannte griechische Alphabeteninschrift, zugleich die früheste schriftliche Anspielung auf die *Ilias* und zudem auf eine Passage darstellen, die den Goldschimmer mykenischer Paläste spiegelt. Trifft dies zu, dann bildet die Schale aus Ischia ein lebendiges Zeugnis der Kontinuität griechischer Tradition über das ›Heroen‹-Zeitalter.

Doch zurück zu den Wagen! Im allgemeinen treten trojanische Wagen mehr in Erscheinung als griechische. So ist ausdrücklich von Wagen die Rede, wenn das trojanische Heer im Freien biwakiert (*Ilias* 8, 542 f.), und alle bedeutenderen Trojaner fahren einen Wagen. Im

Gegensatz dazu benutzen zwei prominente Griechen, Aias und Odysseus, den Wagen nie. Außerdem gibt es ein paar Ungereimtheiten in der Darstellung Achills und seines Wagens. So wird viel von seinen Pferden Xanthos und Balios geredet, und er betrauert seinen Wagenlenker Patroklos (*Ilias* 16, 145 ff.; 23, 280), doch bei allen Kämpfen, die er ab Buch 20 vollbringt, gibt es nur *eine* Anspielung auf seinen *Wagen* (*Ilias* 20, 498 ff.). Auch hier mag Geschichte die Überlieferung mitgeprägt haben. Von den Trojanern mit ihrer Ebene und ihrer Pferdezucht erwartet man starke Wagenabteilungen zur Verteidigung ihrer Stadt. Den Griechen muß es schwergefallen sein, wenn es auch nicht unmöglich war, Wagen und Pferde übers Meer zu befördern. Man muß auch Homers Vorliebe für den ›heroischen‹ Zweikampf in Betracht ziehen. Bei keinem bedeutenderen Duell (Menelaos/Paris, Hektor/Aias, Achill/Hektor) ist von Wagen auch nur die Rede.

Man wird annehmen dürfen: Auch zu Homers Lebzeiten benutzten die Griechen Streitwagen. Spätgeometrische Vasenbilder stellen Räderfahrzeuge mit zwei Insassen dar: einen Krieger und einen Lenker. Selten jedoch sieht man diese Fahrzeuge im Einsatz – in der geometrischen Kunst scheint es nur zwei Wagenkampfszenen zu geben –, doch liegt dies wohl an der Verwendung der Vasen für Bestattungsriten. Schwer zu glauben, daß die athenischen Ritter und Wagenbesitzer, die diese Vasen in Auftrag gaben, ihre Wagen nur für Wettkämpfe und Prozessionen benutzten.[44]

Eine jüngere Quelle bewahrt die Truppenaufstellung von Eretreia gegen Ende des 8. Jahrhunderts: 3000 Hopliten, 1500 Reiter und 60 Wagen.[45] Auch die damaligen Führungsstädte Ioniens dürften neben der Reiterei auch Wagenkämpfer angemustert haben. Aristoteles definiert Ritter *(hippeis)* der Prä-Hoplitenzeit als »solche, die im Krieg ... Pferde benutzen«, und dies kann sich ebenso auf Wagenkämpfer beziehen (*Politik* 1289 b 38). Mit dem Aufkommen der Hopliten-Phalanx waren die Wagen veraltet. Nur auf Zypern benutzte man sie noch in klassischer, ja in Kyrene – zumindest für Transporte – sogar noch in hellenistischer Zeit. Daraus ergibt sich: In allen Phasen der Herausbildung und Weitergabe heroischer Dichtung muß Dichtern und ihrer Zuhörerschaft der Streitwagen bekannt gewesen sein. Homers Blick schweift zurück bis zur mykenischen Palastzeit mit ihren Wagenbrigaden, aber auch zu der Phase nach 1200, als mykenische Krieger noch immer Wagen benutzten, aber wohl ohne in geschlossener Formation zu kämpfen. Im ›dunklen Zeitalter‹ können Kriege nur noch zusammenhanglose Geplänkel zwischen isolierten Bevölkerungs-Restgruppen gewesen sein. Im 9. und mehr noch im 8. Jahrhundert müssen sich dann die Städte Griechenlands und Kleinasiens wieder für längere Kriege größeren Formats gerüstet haben. All diese Jahrhunderte hindurch dürfte der Besitz eines Wagens den Adligen vom ›gemeinen Fußkämpfer‹ unterschieden haben. Insofern also die Heldensage in bestimmten Floskeln und Bildern die Erinnerung an die achäischen Wagenbrigaden wachhielt, dürfte sie keineswegs unzutreffend oder veraltet gewirkt haben. Freilich: Zu Homers Zeit entschied der wohlgerüstete Fußkämpfer die Schlacht. Homer trägt dem in seiner Vorliebe für Einzelkämpfe zu Fuß Rechnung, die für ihn Bewährungsprobe heldischer Qualitäten sind. Dennoch gibt es genug Wagenkämpfer in seinen Schlachtszenen: teils ein Erbe der Vergangenheit, teils Bezug zur zeitgenössischen Praxis. Was Homer über den Wagen im Krieg sagt, ist sinnvoll, keineswegs nur fiktiv.[46]

In materiellen Details stimmer Homers Schilderungen gut mit mykenischer Realität überein. Zwar weiß er von Vierspännern zum Rennen (*Ilias* 11, 699 und *Odyssee* 13, 81), doch im Kampf und bei Patroklos' Leichenspielen gibt es nur Zweispänner, gelegentlich mit einem Ersatzpferd (vgl. *Ilias* 16, 466–475 u. *Odyssee* 4, 590). Dies entspricht durch Abbildungen und Schrifttafeln attestierter mykenischer Praxis. Der mykenische Wagenkörper war sehr leicht. Er bestand aus einem zurechtgebogenen Holzrahmen, mit Rindsleder oder Flechtwerk umgeben. Den Boden bildeten wohl geflochtene Lederriemen. Manche Wagen müssen einen farbenfrohen Anblick geboten haben: karmesinrot bemalt, wie sie waren, und mit Elfenbeinarbeiten besetzt. Die Pylos-Tafeln verzeichnen Räder mit Bronzereifen, ja sogar ein Reifenpaar aus Silber.

All dies nimmt bei Homer bisweilen bizarre Formen an. Diomedes überlegt, ob er Rhesos' Wagen einfach davontragen soll (*Ilias* 10, 504 f.), eine feste Floskel für Wagen ist »schöngeflochten« (*Ilias* 23, 335 und 436), und bei Heras Wagen bestehen die Riemen wunderbarerweise aus Gold und Silber (*Ilias* 5, 727 f.). Wagen sind »bronzebeschlagen« (*Ilias* 4, 226; 10, 322 und 393), ja Diomedes' Wagen ist mit Gold und Zinn verziert (*Ilias* 23, 503), Rhesos' Wagen mit Gold und Silber (*Ilias* 10, 438). Einmal ist – völlig unverständlich – gar von Zügeln »schimmernd von Elfenbein« die Rede (*Ilias* 5, 583).

Überwiegend setzen sich die Schlachtszenen der *Ilias* aus Zweikämpfen zusammen. Hauptsächlich rühmen sie den Einzelkämpfer. Die verschiedensten Helden beherrschen lange Passagen, die von ihrer Kühnheit und ihren Siegen künden. So führt Diomedes im 5., Agamemnon im 11., Patroklos im 16., Menelaos im 17. Gesang und Achill dann ab Buch 20. Der Held ist der Kämpfer, der vorzutreten und seinen Mann zu stehen wagt. Als beide Parteien vor dem ersten Treffen der *Ilias* einander begegnen, tritt Paris hervor. Die Leopardenhaut über der Schulter und zwei Lanzen schwingend, fordert er die besten der Achäer heraus. Doch sein Mut ist von kurzer Dauer, denn als Menelaos vom Wagen springt, zieht er sich zu seinen Freunden zurück (*Ilias* 3, 15 ff.). Selbst die tapfersten Krieger fliehen dann und wann vor gegnerischer Übermacht, oder wenn sie die Götter gegen sich glauben. Schon bald aber zieht es sie wieder an die Front. Die Verpflichtung zum Vorkämpfertum erwächst aus dem sozialen Rang. Klar zeigen dies Sarpedons Worte an Glaukos, als er sich zum Angriff auf den griechischen Lagerwall rüstet. Nachdem er an Ehren- und Besitzvorteile erinnert hat, fährt er fort:

»Darum gebührt uns jetzt, in der Lykier Vordergetümmel dazusteh'n und hinein in die flammende Schlacht uns zu stürzen.«
(*Ilias* 12, 315 f.)

Hier haben wir deutlich den Kodex militaristischer Aristokratie. Der Kriegerfürst mit seinem Grundbesitz (s. Seite 115 f.) aber gehört eher in die Spätbronzezeit *vor* deren Niedergang als ins ›dunkle Zeitalter‹ der Wanderungen und ersten Kolonisation. Damit soll nicht bestritten werden, daß auch die Früheisenzeit ihre ›heroischen‹ Anführer hatte. Doch auch deren Taten hätte man entsprechend dem Muster gepriesen, das in früheren Jahrhunderten vorgeformt wurde, als Waffen noch aus Bronze und das Wagenkorps eine eigene Waffengattung waren.

Homers Schilderung des Kriegswesens durchmißt viele Jahrhunderte. Über die Speerwurftechnik des 9. und 8. Jahrhunderts blickt er zunächst bis zu den Stoßlanzen des 12. und 13. Jahrhunderts. Der achäische Krieger gegen Ende der Bronzezeit mit Bronzehelm, Bronzeharnisch *(thórax)*, bronzenen Beinschienen und langer Stoßlanze war in Ausrüstung und Kampfweise dem klassischen Hopliten schon recht nahe. Aber er kämpfte allein, nicht als Glied einer Phalanx, und seine Vereinzelung erhöhte die Aura des Heroischen. Hinter ihm zeigt sich noch ein wenig vom Kämpfer eines älteren Typs, vom Krieger der Schachtgräberperiode, der viel einfacher mit Bogen oder Speer und Körperschild sowie Eberzahnhelm bewaffnet war. Der riesige Schild machte Harnisch und Beinschienen unnötig, und Aias mit seinem »türmenden Schild« muß auf diese frühe mykenische Periode zurückgehen. Bezeichnenderweise wird von ihm als einzigem Achäer nie der Brustpanzer erwähnt. Passenderweise ist sein Bruder Teukros Bogenschütze, und zusammen bilden die beiden einen Kampfverband fast urtümlichen Typs: Teukros verschießt seine Pfeile, durch Aias' Turmschild gedeckt (*Ilias* 8, 266 ff.). Nirgendwo sonst in der *Ilias* gibt es ein solches Zusammenwirken.

Zweikampf fasziniert den Dichter am meisten. Größere Truppenbewegungen tut er summarischer mit vorgefertigten Floskeln und Bildern ab, so die Aufstellung der Truppen mit ihren Führern, so das Blitzen der Bronze beim Vorrücken, das Aufbrechen der Reihen, die Flucht »wie das Wild«, das Sammeln, den Gegenangriff. Freilich – all das mag Konvention sein, widerspricht aber nicht der Wirklichkeit. Nicht umsonst fanden Militärs Homer immer wieder wirklichkeitsnah.[47] Hier zeigt sich etwas von der höheren Wahrheit der

Dichtung, die uns eher sagt, was immer wieder ist, als das, was in irgendeinem bestimmten Fall einmal war. Aber wie dem auch sei – unser Kapitel hat zu zeigen versucht: Was Waffen und Kriegführung angeht, vermittelt uns die epische Tradition nicht zuletzt auch durchaus zutreffende Informationen.

6. TROJA UND DER TROJANISCHE KRIEG

Am Anfang des 13. Gesangs der *Ilias* beobachtet Poseidon das Geschehen vom höchsten Punkt der bewaldeten Insel Samothrake aus:

»Dort erschien mit allen Höh'n ihm der Ida, auch erschien ihm Priamos' Stadt und der Danaer Schiffe.«

Samothrake liegt zwischen 64 und 80 km vor der Mündung des Hellespont, und direkt zwischen der Troas-Ebene und Samothrake liegt die bergige Insel Imbros. Allem Anschein nach war somit Poseidons Blick ein Ding der Unmöglichkeit. So kam es auch William Kingslake vor, als er vor seinem Besuch der Troas die Karte zur Hand nahm. Doch hinterher wußte er es besser, wie seine Äußerung in *Eothen* (1844) zeigt:

»Nun war ich da: Dort im Süden lag Tenedos, rechts Imbros, nun gut, das stimmte mit der Karte überein. Aber hoch über Imbros, fern und hoch in den Äther ragend, lag Samothrake, Neptuns Aussichtspunkt!«

1406 m hoch erhebt sich das Fegari-Massiv, Samothrakes Zentralgipfel, hoch genug, um selbst in 64 km Entfernung Imbros zu überragen. Ich habe Troja öfters besucht. Eines Tages hatte auch ich das Glück, bei besonders klarer Sicht bis Samothrake blicken zu können. Der Anblick der ragenden Pyramide, die sich in zartem Blau über den ausladenden Flanken von Imbros türmte, war überwältigend. Ich fand es schwer, Kingslakes Behauptung zu widersprechen, Homer müsse dies gesehen haben, so zwingend war die »Übereinstimmung zwischen Dichtung und Realität«.

Für Homer wäre es ein leichtes gewesen, in Chios oder Smyrna ein Schiff zu nehmen und die Küste über Lesbos hinauf bis zur Troas zu segeln. Daß er dies tatsächlich tat, deutet vielleicht eine andere Passage an, die eine Seefahrt längs der Troas-Küste beschreibt, wobei der Anbick eines Grabhügels die Seefahrer an die gefallenen Helden denken läßt. Wirklich erblickt man auf dem flachen Höhenkamm südlich von Kap Sigeion Grabhügel. In einer sonst akzentlosen Küstenlandschaft ziehen sie einfach den Blick auf sich:

»Künftig sagt dann einer der spätgeborenen Menschen, im vielrudrigen Schiffe zum dunklen Meer hinsteuernd: ›Seht das ragende Grab des längst gestorbenen Mannes, der einst tapfer im Streit hinsank dem göttlichen Hektor!‹ «
(*Ilias* 7, 76 ff.)

Wäre Homer gelandet und hätte er seinen Weg über die Ebene hin zum Hügel von Hissarlik genommen, müßte er eigentlich von Dornengestrüpp überwucherte, formlose Trümmerhaufen gesehen haben. Etwa 300–400 Jahre vergingen zwischen der endgültigen Zerstörung des bronzezeitlichen Troja und der Stadtneugründung durch griechische Kolonisten.[1] Die als Troja VIIa bekannte, gut befestigte Zitadelle brannte in der 2. Hälfte des 13. Jahrhunderts nieder. Heute bringt man die betreffende Zerstörungsschicht fast allgemein mit der Belagerung und Eroberung durch die Achäer zusammen. Nach Plünderung der Stadt sollen die Griechen heimgesegelt sein, und tatsächlich gibt es keine Hinterlassenschaft mykenischer Siedler in Troja. Die Stadt wurde wieder aufgebaut und neu besiedelt – doch wohl von ihren früheren Bewohnern, denn die Keramik und andere Produkte von Troja VIIb stimmen, zumindest eine Zeitlang, mit den entsprechenden Typen von VIIa überein. Erst in der 2. Phase von Troja VIIb deutet plötzliches Auftauchen von Keramik eines völlig anderen, gröberen, ohne Töpferscheibe gefertigten Typs auf das Eindringen von Barbaren aus dem Donauraum hin. Unter ihrer Fremdherrschaft kümmerte Troja noch 1–2 Generationen dahin, doch nach einer weiteren Brandkatastrophe gab man die Stadt um 1100 gänzlich auf. Neues Leben brachten aiolische Griechen um 700. Sie nannten ihre Neugründung *Ilion* (= der häufigere der homerischen Namen): ein klarer Hinweis, daß man die Stätte mit dem alten Troja/Ilion der Epen in Verbindung brachte.

Homer und seinen Hörern war diese Überlieferung vertraut. In der *Ilias* wird die Landschaft weniger beschrieben, sondern als bekannt vorausgesetzt. Leicht überschaubar sind ihre wenigen Hauptzüge: ein Stück Strand am Hellespont, eine Ebene, ein größerer und ein kleinerer Fluß und eine hochaufragende Zitadelle. Dies war die einfache Bühne, auf der sich das Drama abspielte. Wie Leaf sagte: »Die Ebene von Troja ist keineswegs malerisch«.[2] Sie ist flaches Schwemmland, etwa 3 km breit und landeinwärts an die 8 km zwischen profil- und akzentlose Vorberge hineinreichend. Voll von Sümpfen und Tümpeln, im Winter oft überschwemmt, ist sie kaum bewohnbar.[3] Wer hier Land bebaut, wohnt fast immer in Dörfern weiter oben. Der größere der beiden Flüsse, heute der *Küçük Menderes*, ist einer der 3 Hauptflüsse der Troas – ein kräftiger Bach, knapp 70 km im Südosten vom Ida herabfließend. Der kleinere Bach,

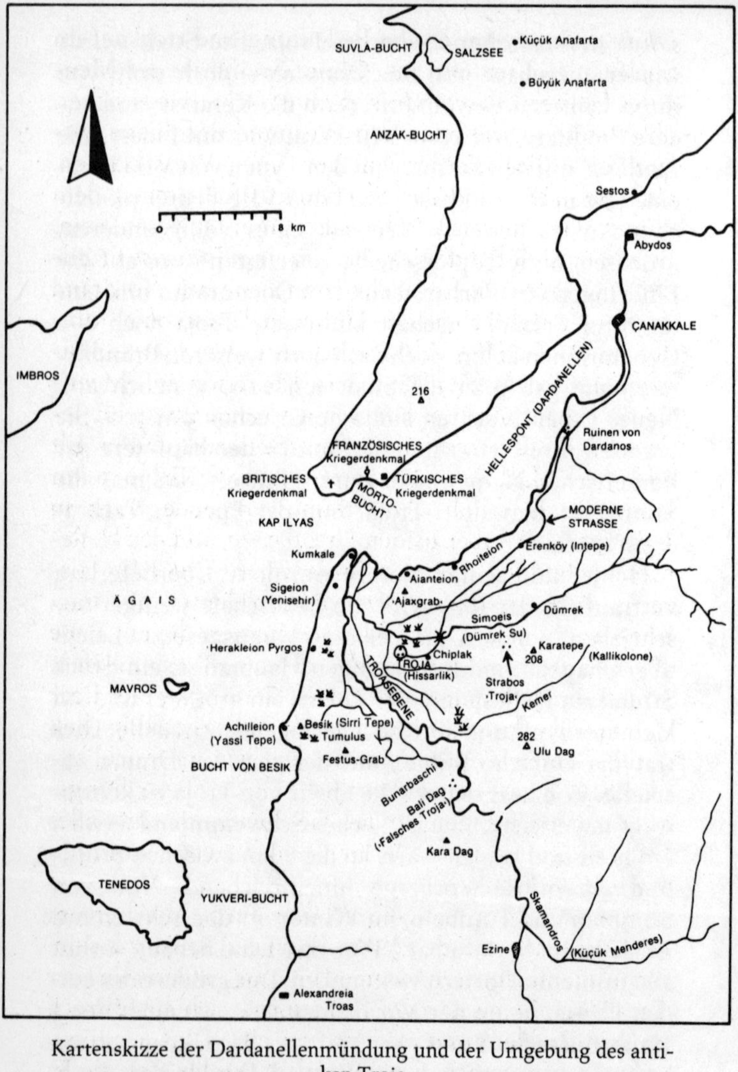

Kartenskizze der Dardanellenmündung und der Umgebung des antiken Troja

Dümrek Su, ist kaum von Bedeutung und trocknet im Sommer größtenteils aus. Ohne Zweifel ist der Menderes Homers *Skamandros*, doch ist keineswegs sicher, ob er stets so wie heute am Westrand der Ebene entlangfloß. Alles ist hier voll von toten Wasserläufen, alten Kanälen, und der Skamandros kann einst dem Hügel von Hissarlik sehr viel näher gewesen sein. Beim Dümrek handelt es sich um den *Simoeis*. Er bildet eine eigene kleine Schwemmebene am Nordrand des bei Hissarlik endenden Höhenausläufers und mündet am Ostrand des Küstenabschnitts zwischen Kap Sigeion und dem Hügelzug von Rhoiteion ins Meer.[4] Dieser Küstenstreifen bot sich als Landepunkt für jeden Angreifer Trojas an, der zur See kam, und er gilt allgemein als Lagerplatz der Griechen.[5] Knapp 5 km landeinwärts erhob sich Priamos' ragende Burg in günstiger Lage über beiden Flußebenen und der Hellespont-Mündung. Wenn es Troja je gab, *muß* es in Hissarlik gelegen haben. Der Name bedeutet ›Festung‹ und bezieht sich auf die Mauertrümmer, die am Ende der Anhöhe vom Dorf Chiplak aus nach Westen liefen. Nur etwa 15 m ragt der Naturfels der Klippe hier über die Ebene, doch jahrhundertelange Besiedlung ließ darüber einen weitere 17 m hohen Trümmerhügel anwachsen. Heute ist der größte Teil der Besiedlungsschichten abgetragen, so daß die Städte der einst alles beherrschenden Zitadelle längst nicht mehr so imponierend wirkt.

Ebenso wie in der Neuzeit war auch im Altertum der Anspruch dieses Platzes, Homers Troja zu sein, nicht unangefochten. Demetrios aus Skepsis in der Troas (ca. 200 bis 130 v. Chr.) äußerte sich ausführlich zu dem Problem und plädierte für ein »Dorf der Ilier« knapp 5 km östlich von Hissarlik. Strabo, der nie in der Troas war, schloß sich dieser Ansicht an, für die allerdings nichts spricht.[6]

Einige interessante Details über die Geschichte der Diskussion in neuerer Zeit trug T. J. B. Spencer in *Fair Greece, Sad Relic* zusammen.[7] So mißdeuteten Reisende des 16. Jahrhunderts die römischen Ruinen von *Alexandria Troas* als Troja. Erst als Anfang des 18. Jahrhunderts besser unterrichtete Reisende zum Kap Sigeion kamen und von hier aus die ›Ebene von Ilion‹ besichtigten, wurde dieser Irrtum endgültig ausgeräumt. Unter diesen Besuchern befand sich Lady Mary Wortley Montagu, die ihre Eindrücke in einem Brief wiedergibt: »Indem ich diese berühmten Gefilde und Flüsse betrachtete, bewunderte ich die exakte Geographie des Homer, den ich in meiner Hand hielt.« Ihre Begeisterung veranlaßte Pope, mit liebenswürdiger Selbstironie den »Verlust« zu beklagen, »den es für Homer bedeutet haben muß, daß er in Asien meine Übersetzung nicht bei sich hatte«. In seinem wegweisenden *Essay on the Original Genius of Homer* (1767) sprach Robert Wood seine Überzeugung aus, die *Ilias* gewänne »neue Reize an den Ufern des Skamander, und die *Odyssee* ergreift einen am meisten dort, wo Ulysses reiste und Homer sang«. Wood ging es hauptsächlich um einen allgemeinen Abriß der Troas, und über Trojas Lage äußert er nur zurückhaltend: Troja sei wohl »tiefer als die Quellen des Skamander, wenn auch höher als die Ebene« zu suchen.

Die nächste Generation Griechenlandbegeisterter befaßte sich intensiver mit dem Problem. Ergebnis: Im letzten Jahrzehnt des 18. Jahrhunderts war Trojas Lage zum bitter umkämpften Zankapfel geworden. Zwei Franzosen, Choiseul-Gouffier und Le Chevalier, plädierten für einen Ortsansatz auf dem *Bali Dag* oberhalb des Dorfes *Bunarbaschi*. Für wichtig hielt man Choiseul-Gouffiers Behauptung, er habe hier die heißen und kalten ›Quellen des Skamandros‹ gefunden, die Homer bei Trojas Mauern entspringen läßt (*Illias* 22, 147–156). Die Quellen sind lau, reichhaltig und werden noch heute von den Dörflerinnen als Waschbassin benutzt. Doch kein späterer Reisender konnte zwischen ihnen je Temperaturunterschiede feststellen.[8] Ein Engländer, Jacob Bryant, veröffentlichte eine Zurückweisung, verstieg sich aber zu der Behauptung, Troja habe nie existiert. Bekannte Topographen des frühen 19. Jahrhunderts wie Gell, Clarke, Dowell und Leake – sie alle äußerten sich zu dem Problem. Byron blies zum Angriff gegen die Skeptiker:

»*Wir zerbrechen uns den Kopf wegen der ›Authentizität der Troja-Erzählung‹. 1810 habe ich mehr als einen Monat lang tagtäglich dort auf der Ebene gestanden, und wenn etwas meine Stimmung dämpfte, dann dies, daß dieser Schuft Bryant ihre Wirklichkeit bestritt ... ich schätze das große Original als wirkliche Geschichte ... und wirklichen Ort; sonst hätte ich überhaupt keine Freude daran.*«

Balı Dag, das ›falsche Troja‹, ist eine felsige Akropolis am linken Rande der Schlucht, aus der der Menderes in die Küstenebene tritt. Der Platz ist sehr malerisch und eindrucksvoll, doch gibt es keinerlei antike Überreste von einiger Tragweite, und auch die strategische Bedeutung ist in der Tat gering. Überdies läßt sich die zu große Entfernung vom Meer nicht mit Homers Angaben vereinbaren, und auch vom Ida aus ist Bali Dag nicht sichtbar.

Der erste ›moderne‹ Autor, der sich mit guten Argumenten für Hissarlik aussprach, war Charles MacLaren. Seine *Dissertation on the Topography of the Plains of Troy* (Edinburgh 1822) fußte auf dem homerischen Text und einer Analyse der im Streit vorgebrachten Argumente, nicht auf persönlicher Kenntnis der Troas.[9] MacLarens Ansicht gewann die Unterstützung Frank Calverts, dessen Familie schon viele Jahre vor Schliemanns Eintreffen in der Troas Grundbesitz hatte. Calvert war an den Altertümern der Troas interessiert und hatte einen Teil des Hügels von Hissarlik erworben. 1865 unternahm er hier eine kleine Sondierung, wobei er römische, hellenistische und prähistorische Keramik fand.[10] Von der Hilfe, die er Schliemann gewährte, war bereits (s. Seite 22 f.) die Rede.

Schliemann war überzeugt, seine Grabungen hätten die homerische Tradition voll und ganz bestätigt, und im großen und ganzen stimmte das auch. Zwar konnten einige homerische Geländepunkte wie Batieia (*Ilias* 2, 811 ff.), das Ilos-Grab (*Ilias* 10, 415; 11, 166 und 371 f.; 24, 349) und die Skamandros-Furt (*Ilias* 14, 433; 21, 1) noch nicht lokalisiert werden. Das macht aber nichts. Batieia und das Ilos-Grab waren künstliche Hügel, die längst durch Fluten abgetragen sein können, und auch eine Furt durch einen Fluß wie den Skamandros ist nicht von Dauer. Schliemann wies darauf hin, es gebe zwischen Hissarlik und der Küste eine ganz leichte Bodenwelle und identifiziert diese mit der »Schwellung des Bodens«, von der oft in Schlachtszenen die Rede ist (z. B. *Ilias* 10, 100; 11, 56; 20, 3). Weniger Beständiges wie die Eiche (*Ilias* 11, 170) und ein Feigenbaum (*Ilias* 22, 145) kann man sich immerhin an geeigneten Plätzen gut vorstellen.

Allerdings gibt es ein bestimmtes Landschafts-Detail, das sich hartnäckig jedem Identifikationsversuch durch die Homerianer widersetzt; angeblich sollen zwei Quellen, eine heiße und eine kalte, bei der Stadtmauer entsprungen sein, die steinerne Waschtröge speisten (*Ilias* 22, 147 ff.). Doch keine Quellen mit deutlichen Temperaturunterschieden fanden sich beim Hügel von Hissarlik. Man könnte irgendein vergessenes Erdbeben für diese Diskrepanz verantwortlich machen, denn Erdbeben lassen oft Quellen versiegen. Doch es gibt eine andere Erklärung. Man bemerkte, daß Homer diese Quellen als »Quellen des Skamandros« apostrophierte, und tatsächlich fand man nicht weit vom Ursprung des Flusses zwei Quellen, die eine erheblich wärmer als die andere. Allerdings lagen diese Quellen an den Hängen des Ida, an die 50 km von Troja entfernt. Leaf räumt ein, immerhin könne dieses eine Quellenpaar Homer beeinflußt haben. Doch zieht er eine Erklärung vor, die auch mir plausibler erscheint. Er hebt hervor: Was Homer beschriebe, sei »sehr charakteristisch für die Troas im ganzen, nicht notwendigerweise für die unmittelbare Umgebung Trojas. Die heißen Quellen der Troas sind ebenso charakteristisch wie die kalten am Ida. Der Dichter hat nichts anderes getan, als beides im Brennpunkt der Ereignisse zu konzentrieren«.[12] Für einen größeren Bereich Gültiges in einigen wenigen, inhaltsschweren Epitheta zu komprimieren, ist geradezu Kennzeichen epischen Stils, und Leaf unterstellt einfach, der Dichter habe eben dieses Verfahren angewandt, um etwas Charakteristisches zu schildern. Die Alternative wäre, daß die Quellen von Bunarbaschi ihn zu seiner Schilderung anregten. Schließlich beachte man, daß sogar eine Art archäologischer Bestätigung für diese Angaben Homers vorliegt. Und zwar entdeckte Schliemann etwa 137 m südwestlich der Zitadelle von Hissarlik Überreste eines Waschplatzes. Ein Stollen war hier in den Fels getrieben, und Leitungen führten aus drei Quellen Steinbekken Wasser zu.[13]

Einige der homerischen Epitheta für Troja wie »lieblich«, »heilig« und »wohlgegründet« werden auch auf viele andere Städte angewandt und sind in keiner Weise spezifisch. Fünf Epitheta jedoch und eine längere Floskel finden ausschließlich auf Troja Anwendung. Die Floskel lautet »mächtige Festung«, und die Epitheta sind »festgebaut«, »wohlummauert«, »schöntürmig«, »ragend« und »rossereich«. Sie alle sind durch die Lage des Platzes und die Beschaffenheit der Ruinen voll gerechtfertigt, insbesondere durch Troja VI und VIIa. Die Mauern waren so gut gebaut, daß beachtliche Strecken Mauerwerk noch immer in bedeutender Höhe stehen. Noch immer erkennt man Spuren von mindestens vier Türmen. Pferdeknochen fanden sich nur in Schicht VI und VIIa, dafür dort aber sehr häufig. An der Nord- und Nordwestflanke ist der Höhenzug steil genug, so daß der Mauerring, der ihn krönte, von der Ebene aus einen imponierenden Eindruck gemacht haben muß. Wie Bowra bemerkt, deutet diese Gruppe von Beiwörtern auf »echte Beobachtung und Ortskenntnis« hin, und »sie wurden sicherlich im Hinblick auf dessen« – nämlich: Trojas – Erscheinungsbild und Charakter ausgewählt«.[14] Trifft dies zu, so heißt das: Diese Beiwörter müssen vor dem Ende der Bronzezeit in die bardische Tradition Eingang gefunden haben.

Außerdem gibt es eine Gruppe von Epitheta, die auf Troja angewandt werden, wenn auch nicht ausschließlich. So erfahren wir, Troja sei »windig« gewesen, es habe »ragende Tore« und »breite Straßen« gehabt. Alle Besucher des Platzes klagen über den starken Nordwind, der fast das ganze Jahr über dort weht. Die Grabungen haben Reste von mindestens 7 Toren freigelegt, obwohl nicht alle 7 zur gleichen Zeit benutzt wurden. Breite Straßen schrieb man auch Athen und Mykene zu, und hier führten wie in Troja VIIa bemerkenswert gut angelegte Straßen zur Zitadelle und durch diese hindurch. Trojas wohlgebaute Straßen werden gerühmt, als Hektor von seinem Haus zum Skäischen Tor geht (*Ilias* 6, 391).

Das Skäische Tor wird von allen Toren am häufigsten erwähnt. Für die Trojaner war es das Tor zum Schlachtfeld. Auch Wagen fuhren hier durch und zur Ebene hinab (*Ilias* 3, 263). Flankiert wurde es vom »großen Turm Ilions« (*Ilias* 6, 386; 21, 526). Wahrscheinlich hat man es mit dem ›Westtor‹ der Archäologen zu tun, das sich auf den griechischen Lagerplatz hin öffnet. Ein Turm konnte freilich hier noch nicht nachgewiesen werden. Zwei der noch nachweisbaren Tore, das Nordost- und das Südtor, werden von Türmen flankiert. Dreimal erwähnt die *Ilias* das Dardanische Tor (5, 789; 22, 194 und 413), nach Dörpfeld das Tor, durch das die Straße von Dardania in der oberen Skamandrosebene hereinführte, also wohl das Südtor.

Den höchsten Punkt der Zitadelle nannte man Pergamos (*Ilias* 4, 508; 24, 700). Hier standen der Apollotempel (*Ilias* 5, 446) und Priamos' Palast. Leider wurde der Hügel-Gipfel beim Bau des römischen *Ilium* vollständig abgetragen, und es gibt hier keine bronzezeitlichen Überreste mehr, die man mit Homers Zeugnis vergleichen könnte. Neben dem Gipfel gab es andere große Häuser, so die des Hektor und des Paris (*Ilias* 6, 317). Paris hatte sein Haus von den besten Handwerkern Trojas bauen lassen (*Ilias* 6, 314 ff.), und Überreste schöner freistehender Häuser aus behauenen Mauerblöcken, von Könnern erbaut, gehören zu den Charakteristika von Troja VI.

Schließlich verlangt ein Detail der Befestigungen, die Homer schildert, nach einem ausführlicheren Kommentar. Und zwar gibt einmal sogar Andromache Hektor einen militärischen Rat:

»*Stelle das Heer dorthin bei dem Feigenbaume, denn dort ist leichter die Stadt zu ersteigen und frei die Mauer dem Angriff.*«
(*Ilias* 6, 433 f.)

Sie erinnert ihn: Schon dreimal hatten die Achäer zuvor hier Angriffe unternommen. Der Feigenbaum und ein Späherposten waren nahe am Skäischen Tor (*Ilias* 22, 137 und 145), demnach hat Andromache fast sicher den Mauer-Westabschnitt im Auge. Hier haben die Ausgrabungen ein Mauerstück von knapp 35 m Länge freigelegt, das sehr viel weniger massiv ist als die Abschnitte im Osten. Es steht sehr schräg, stammt aus einer älteren Bauphase und sollte gewiß bei den Renovierungsarbeiten, die aus irgendwelchen Gründen nie fertig wurden, eines Tages erneuert werden. Darunter lag ein kleines Plateau – bequemer Sammelplatz für einen massierten Angriff. Leaf sagt mit Recht: »Eigentlich wollte Andromache wohl sagen, ›wie seltsam, daß gerade dort, wo man am besten an die Stadt herankommt, dieses verwundbare Mauerstück liegt‹ – und so unwahrscheinlich dies klingt: Durch heutige Befunde wird es bestätigt.«[15]

Patroklos stieg bis zur ›Beuge‹, zum ›Knick‹ der Mauer empor (*Ilias* 16, 700). Dies erklärt sich eindeutig aus der Bauweise. Der untere Mauerabschnitt mit seiner Abschrägung war zwar steil, aber nicht unerklimmbar. Der obere Mauerteil dagegen war vertikal in die Höhe gezogen. Dies alles scheint echte Erinnerungen an Kämpfe rings um bestimmte Wehrmauern zu bewahren. Hier geht es wohl nicht um allgemeine Floskeln. Nachdem Troja in Trümmer gesunken und verlassen war, waren diese Mauerzüge kaum noch wahrnehmbar. Daß die Griechen Details von ihnen wußten, erklärt sich am besten wohl so: Sie hatten dieses Wissen von den Achäern, die selbst an der Belagerung teilgenommen hatten.

Selbst am Punkt ihrer größten Ausdehnung war das ummauerte Oval Trojas nur knapp 183 (Ost-West-) mal 160 m (Nord-Süd-Achse) groß. Auf dieser Fläche lag eine Zitadelle, keine Stadt. Die Mauern schützten den Königspalast und Adelshäuser, doch die Mehrzahl der Bevölkerung muß *vor* den Mauern auf dem Plateau nach Osten hin gewohnt haben.[15a]

Selbst nach stärkerer Bebauung in der Phase VIIa (s. Seite 23 f.) kann die Garnison nie mehr als ein paar tausend Mann umfaßt haben. Doch wie Mykene, war Troja das Hauptbollwerk eines blühenden Königreiches. Es war der Schlüssel zur Troas, und es beherrschte den Hauptseeweg durch den Hellespont sowie den Landweg durch das Skamandrostal. Mit Trojas Eroberung gewannen die Achäer eine an sich schon reiche Beute und öffneten außerdem Tür und Tor für ihre politische und ökologische Expansion in Nordwest-Kleinasien. Hier lag wohl das Haupt-Kriegsmotiv. Rache für Helenas Entführung rechtfertigt dagegen kaum eine Strafexpedition dieses Ausmaßes. Mag sein, daß verletzter Fürstenstolz hinzukam. Unter damaligen Verhältnissen wäre er als Kriegsgrund nicht völlig undenkbar, aber uns fehlt jede Möglichkeit, seine Geschichtlichkeit zu überprüfen. Hethitische Dokumente, die, wie Page zeigt, uns eine Möglichkeit anbieten, den Achäerüberfall auf Troja in den Rahmen der anatolischen Geschichte des 13. Jahrhunderts einzufügen, haben jeden-

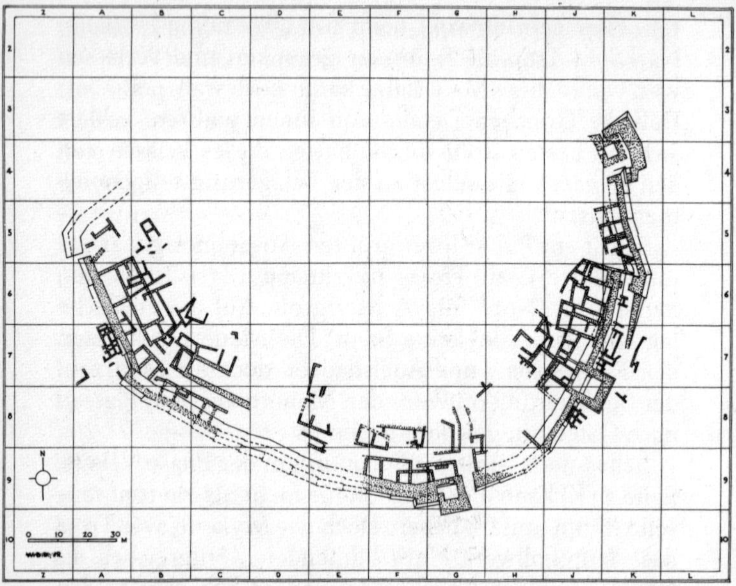

Plan der Überreste der Zitadelle von Troja VI und VIIa

falls nichts mit der entsprechenden griechischen Fürstenzorn-Tradition zu tun.[16]

In der ersten Hälfte des Jahrhunderts beherrschten die Hethiter fast ganz Kleinasien bis nach Westen und Nordwesten hin, doch seit 1250 wurde ihre Vormachtstellung fortwährend untergraben. Der Hethiterkönig Tuthalija IV. (um 1250-1230) hatte sich eines Aufstandes zu erwehren, den das mächtige Königreich Assuwa anzettelte. *Assuwa* entspricht wohl dem griechischen *Asia,* bei Homer mit dem Flußtal des Kaystrios verbunden (*Ilias* 2, 461). Tuthalijas Annalen informieren uns: Der Bund um Assuwa umfaßte 22 Ländernamen von

Luqqã (Lykien) im Süden bis *Truisa* im Norden. Es gibt keinen philologischen Einwand gegen eine Gleichsetzung von *Truisa* und *Troia*. Wir dürfen es daher mit Page für wahrscheinlich halten, daß »Troja mit Assuwa gegen die Hethiter zog«. Tuthalija will den Aufstand niedergeschlagen haben, doch der hethitische Supremat sollte nicht lange dauern. Unter Tuthalijas Nachfolger Arnuwandas (um 1220 bis 1190) brach das Hethiterreich zusammen und hinterließ in West-Kleinasien ein Machtvakuum.

Genau dies aber bildet für Page den historischen Hintergrund des Trojanischen Krieges. Der Hethiter-Rückzug, so vermutet er, führte zum direkten Zusammenstoß zwischen Achäern und den Bundesgenossen von Assuwa. Im ganzen leuchtet dies ein, auch wenn Einzelheiten revisionsbedürftig sind.[16a] Hethitische Quellen und archäologische Befunde lassen uns folgern: Die Achäer hatten im 13. Jahrhundert an der Südwestecke Kleinasiens einen bedeutenden Brückenkopf errichtet. Auch ihre Handelskontakte mit Troja in der Nordwestecke waren von langer Dauer, dagegen waren sie wohl vom Küstenstreifen zwischen Milet und der Troas praktisch ausgeschlossen. Grund dafür war vielleicht die Macht des ihnen feindlichen gesinnten Assuwa. Möglicherweise hofften die Achäer, Assuwa im Norden von der Flanke packen und es durch einen Sieg über seinen nördlichen Bundesgenossen schwächen zu können. Doch nach Ausweis des homerischen Bundesgenossen-Katalogs aus West-*Asia* (bis nach Lykien hin) unterstützt, leisteten die Trojaner zäh Widerstand, und obwohl die Achäer Troja schließlich zerstörten, erreichten sie ihr strategisches Ziel nicht, dort ständig Fuß zu fassen.

Nach Mylonas bedeutet das hethitische Material, daß

der Trojanische Krieg »nach 1230 v. Chr., möglicherweise nach 1220 v. Chr.« stattfand.[17] Dies bringt Trojas Fall in die Nähe des Jahres 1200 – ein Ansatz, den eine Reihe moderner Gelehrter auch aus anderen Gründen vorzieht.[18] Blegen freilich ist damit nicht einverstanden. Er setzte den Fall von Troja VIIa zunächst um 1240 an, später ging er sogar auf 1270 hinauf.[19] Bei all dem geben Klassifikation und Datierung der mykenischen Scherben aus den Schichten Troja VI, VIIa, VIIb 1 und VIIb 2 den Ausschlag. Mehr oder weniger vollständige mykenische Gefäße sind selten, kleine Bruchstücke dagegen sind schwer zu datieren. Außerdem sind mykenische Scherben keineswegs gleichmäßig verbreitet. Dies gilt besonders für die Schichten nach Troja VI. Und schließlich besteht immer die Möglichkeit, daß man das Schichtenbild verunklärt hat, als in hellenistischer und römischer Zeit neue Fundamente gelegt wurden. Dennoch sind die Experten sich weitgehend einig, daß der III-B-Stil aufgekommen war, bevor ein Erdbeben Troja VI verwüstete, und daß in Troja VIIa der III-C-Stil nicht anzutreffen ist.[20] III-C-Scherben erscheinen vielmehr erst in Troja VIIb 1, allerdings läßt sich nicht mehr feststellen, ob schon früh oder erst spät in dieser Phase. Eine Komplikation bedeuten Meinungsverschiedenheiten über das absolute Datum des Übergangs zwischen dem III-B- und dem III-C-Stil. Furumarks wegweisende Arbeiten über mykenische Keramik (1941) setzten diesen Übergang um 1230 an. Trifft dies zu, wird Blegens Ansicht überzeugender. Neue Funde von III-B-Keramik in Palästina deuten jedoch darauf hin, daß Furumarks Datierung um 30 oder mehr Jahre zu hoch gegriffen ist. Gleiches gälte dann für die Datierung von Troja VIIa.[21]

Das erste schriftliche antike Troja-Datum findet sich

bei Herodot. Im Rahmen einer chronologischen Untersuchung mit den Mitteln und Methoden seiner Zeit bemerkt er, der Trojanische Krieg habe zwischen 900 und 800 Jahren »vor der heutigen Zeit« (also etwa zwischen 1350/1330 und 1250/1230 v. Chr.) stattgefunden (*Herodot* 2, 145). Besonders nachhaltige Wirkung hatte der Zeitansatz des Eratosthenes (3. Jh. v. Chr.). Er berechnete für den Trojanischen Krieg die Zeitstellung 1193-1183 v. Chr. Verblüfft stellt man fest, wie nahe dies heutigen Zeitansätzen kommt, die auf archäologischem Material beruhen!

Man sollte nicht vergessen, daß die griechischen Überlieferungen über Troja und die Troas sich keineswegs auf den Trojanischen Krieg beschränken.[22] So soll Laomedon Poseidon und Apoll dazu gebracht haben, ihm die mächtigen Mauern der Zitadelle zu erbauen. Ein Sterblicher, Aiakos von Aigina, der spätere »Totenrichter« half ihnen dabei, brachte aber nur minderes Mauerwerk zuwege. Nach Pindar führte diese schwache Mauerstelle dann zur Eroberung (*Olympien* 8, 42; s. Seite 191 und entsprechenden Überlieferung bei Homer). Als die Mauern fertig waren, wollten die Götter ihren Lohn, doch Laomedon zahlte nicht. So machte er sich Poseidon zum Feind.[23] Auch den Herakles betrog Poseidon bei einem Pferdehandel (*Ilias* 5, 650 f.) – vielleicht eine Erinnerung an wirklichen Pferdehandel zwischen Trojanern und Mykenern –, und Herakles rächte sich, indem er die Stadt verwüstete. Mehrmals spielt Homer hierauf an (*Ilias* 5, 640 ff.; 14, 250 f.): Herakles habe nur sechs Schiffe und eine kleine Schar von Gefährten bei sich gehabt. Andererseits hatten ihm die Trojaner einen Deich als Zufluchtsort vor einem Meerungeheuer errichtet (*Ilias* 20, 145 ff.). Poseidon soll ein solches Ungeheuer aus Rache für Laomedons Ungerechtigkeit geschickt haben, und vermutlich riefen die Trojaner Herakles als Experten herbei und hofften, er werde ihnen diese Gefahr vom Halse schaffen.

Derartige Legenden setzten voraus: Vor der großen Belagerung gab es Griechen in Troja, die mit Trojanern Handel trieben, und dies paßt durchaus zu den archäologischen Ergebnissen aus Troja VI.[24] Viele mykenische Erzeugnisse fanden im 14. Jahrhundert ihren Weg nach Troja: Pfeilspitzen, Bronzedolche, Schwertknäufe aus Marmor und Alabaster, Steatit und Perlen aus Karneol, Elfenbeine und schöne Keramik. Was die Trojaner dafür gaben, ist nicht belegt, doch kann man sich vorstellen, daß es sich um Textilien und Pferde handelte.[25] Wohl alle Griechen aber waren damals von den glänzenden Festungsanlagen beeindruckt, die natürlich nur Götterwerk sein konnten. Dann wurde diese uneinnehmbare Festung von einem Erdbeben erschüttert. In der Ägäis stellten sich damals oft Seebebenwogen ein. Wenn solche Wogen die Troas überschwemmten – konnte dann nicht die Sage aufkommen, Poseidon in seinem Zorn habe ein Seeungeheuer losgelassen? Und vielleicht lag damals eine kleine Flottille griechischer Schiffe im Hellespont, deren Kommandant in der verwüsteten Stadt lange Finger machte – wurde daraus eine Plünderung durch Herakles? Jedenfalls hatte schon vor Agamemnon Troja seinen festen Platz in griechischen Legenden. Bereits im 14. Jahrhundert besang man diese Stadt, und so manche feststehenden Floskeln, die bei Homer auf sie gemünzt sind (vgl. S. 188f.), wurden vielleicht schon damals geprägt.[26]

Man datiert die Zerstörung von Troja VI durch ein Erdbeben von 1300 bis 1275. In der Folgezeit – Troja VIIa – ging der Handel mit der mykenischen Welt zurück. Die Stadt traf Vorkehrungen gegen Angriffe, wurde aber dennoch schließlich geplündert und niedergebrannt (vgl. Seite 24f.). Ob Knossos, Theben oder Troja – das Muster mykenischer Aggression ist nur allzu bekannt: Handle mit deinem Nachbarn, beneide ihn, überfalle ihn. Doch sie unterschätzten Trojas Stärke. Vielleicht lieferte schließlich ein Streit zwischen den Königshäusern um Helena halb einen Grund, halb einen Vorwand für offenen Krieg (ein Zwist zwischen König Dermot McMurrough und seinen Peers brachte die Normannen nach Irland, wobei die schöne Königstochter Eva keine unwichtige Rolle spielte). Der Kriegszug wurde dann zum Brennpunkt aller griechischer Traditionen über Troja, wohl weil es ein Kriegszug nach Übersee war, vielleicht der erste so großen Stils, und weil der Sieg so teuer erkauft wurde. Außerdem blieb er im Gedächtnis haften: Es war der letzte große militärische Sieg in mykenischer Zeit.

Mit der Zerstörung von Troja VIIa war die Geschichte des bronzezeitlichen Troja noch nicht zu Ende. Nach Plünderung der Priamos-Stadt segelten die Achäer heim. Von mykenischer Besiedelung Trojas keine Spur. Träger der ›Vorkriegskultur‹ bauten die Häuser wieder auf, flickten die Mauern und harrten auf dem Grund und Boden ihrer Väter aus – dies etwa eine Generation lang. Diese Phase, Troja VIIb 1, hinterließ auch Spuren in der griechischen Tradition, denn auf Priamos' Troja folgte, so heißt es, das Troja des Aineias. Laut Homer regierten nach dem Sturz der Dynastie Priamos' Aineias und seine Nachfahren über die Trojaner (*Ilias* 20, 306ff.). Aber laut archäologischem Befund hatten Trojaner nicht mehr lange das Sagen in Troja. Es kam ein plötzlicher Kulturbruch, es kam Troja VIIb 2 – eine ärmliche Siedlung, beherrscht von Barbaren aus dem Donaubecken mit grober, schwarzer Tonware.

Nahm eine Trojaner-Restgruppe ein Schiff, um in Italien eine neue Heimat zu suchen? Die Römer glaubten es, aber dieser Überlieferung kann hier nicht nachgegangen werden. Immerhin: Auch moderne Gelehrte schließen eine derartige Auswanderung aus der Troas in den zentralen Mittelmeerraum heute keineswegs aus.

Wie so viele seiner Vorfahren brannte auch Troja VIIb 2 ungefähr um 1100 nieder. Nun erst wuchs Korn, wo Troja einst war. Den alten Siedlungsplatz gab man auf. An die 400 Jahre lag er verlassen, bis gegen Ende des 8. Jahrhunderts eine kleine Schar aiolischer Griechen hier eine neue Ansiedlung gründete.

Insgesamt passen die griechischen Überlieferungen über Troja und seine Herrscher gut zu den aufeinanderfolgenden Phasen der Bronzezeit, die archäologisch nachgewiesen wurde. Doch Ausgrabungen können dem Historiker nicht mehr in die Hand geben als eine Periodeneinteilung in großen Zügen und den Nachweis von Katastrophen. Was die Einzelheiten des Trojanischen Krieges angeht, so kann die Archäologie darüber kaum Auskunft geben, abgesehen von sporadischen Details, wie in diesem Fall der schwache Mauerabschnitt (s. Seite 191). Anderes wie die Heerschau in Aulis und Lage oder Befestigung des griechischen Lagers lassen sich nur aufgrund innerer Wahrscheinlichkeit erschließen. ›Äußere‹ Möglichkeiten, sie zu überprüfen, gibt es nicht. Wahrscheinlich erwies sich der Kriegszug als viel länger und teurer, als man erwartet hatte. So behalfen sich die Achäer wohl damit, kleine Zentren wie Thebe und Lyrnessos auszunehmen.[27] Nicht unwahrscheinlich ist es auch, daß sie aus Lemnos Wein bezogen (*Ilias* 7, 467 f.). Alle weiteren Spekulationen aber sind unergiebig.

Betrachten wir schließlich die Einnahme Trojas selbst, so sehen wir allerdings unser Vertrauen in die Tradition arg strapaziert. Jeder weiß: Troja fiel durch ein hölzernes Pferd, doch viele wird es überraschen, daß in der *Ilias* davon nicht ein Wort steht. Die *Ilias*-Handlung spielt im letzten Belagerungsjahr, doch das Gedicht endet mit Hektors Tod. Trojas Fall wird vorausgesagt, aber nicht beschrieben. In der *Odyssee* dagegen beweist Homer seine Vertrautheit mit der Überlieferung von Trojas Fall: Er läßt Odysseus den Barden Demodokos um ein Lied über das Pferd bitten und faßt dann die Hauptpunkte zusammen (*Odyssee* 8, 492-520; weitere Details *Odyssee* 4, 271-289; 11 523-532). Die Achäer, so heißt es, verbrannten ihr Lager und segelten angeblich nach Hause. Zurück ließen sie ein großes hölzernes Pferd auf dem ›Versammlungsplatz‹ außerhalb Trojas. Epeios hatte das Pferd geschaffen, und eine auserwählte Schar von Kämpen unter Odysseus' Kommando verbarg sich im hohlen Innern. Die Trojaner zogen das Pferd in die Zitadelle und debattierten, was damit geschehen solle. Einige wollten es in Stücke hauen oder vom Fels herabstürzen, doch am Ende ließ man es als große Opfergabe an die Götter unversehrt. Später brachen dann die Helden aus ihrem Versteck hervor. Troja wurde erobert. Vergil schmückt dies alles noch aus (*Aeneis* 2, 13 ff.). Vor allem führt er den trügerischen Sinon ein, der sich als Überläufer ausgibt und die Trojaner überredet: Es läge in ihrem Interesse, das Pferd in die Stadt zu bringen.[28] Da es nicht durch die Tore paßt, reißt man ein Stück Mauer ein. Während dann die Trojaner die Nacht durchzechen, öffnet Sinon die Luke am Bauch des Pferdes und läßt die eingeschlossenen Griechen heraus. Vergil gibt mehr Details und macht den ganzen Hergang plausibler. Homerisch aber ist auch bei ihm noch der Rahmen. Nach der im Altertum wie heute beliebtesten Standard-Erklärung war dieses ›Pferd‹ eine Belagerungsmaschine – entweder ein mit einem Tierkopf geschmückter ›Widder‹ oder ein Holzturm. Doch dagegen erheben sich ernste Einwände. Es gibt keine Belege für Belagerungsmaschinen aus der Bronzezeit. Ägyptische Reliefs stellen oft Belagerungen von Städten dar, doch die Belagerer haben immer nur Sturmleitern, Picken und eine Art Enterhaken. Die ersten, die ›Widder‹ und Belagerungstürme einsetzten, waren die Assyrer des 9. und 8. Jahrhunderts. Noch vor Homer kann die Kunde davon nach Ionien gedrungen sein. J. K. Anderson zweifelte nicht: »Das hölzerne Pferd der Epen beruht auf Gerüchten darüber, wie die Könige von Assur mit Hilfe hölzerner Ungeheuer voll Bewaffneter Städte einnahmen.«[29] Doch ist es nicht sehr wahrscheinlich, daß ein so wesentlicher Punkt der Troja-Sage erst so spät in die epische Tradition Eingang fand, und der ganze Witz bei diesem Pferd ist ja auch: Es diente der Täuschung, nicht der Gewalt. Es rammte keine Bresche in die Stadtmauer, sondern schlich sich ein, sogar mit Hilfe der Trojaner. Nach einer altägyptischen Erzählung wurde einst Joppa durch einen Geniestreich eingenommen. Die Bürger ließen zwei Fußgänger herein, die an Tragstangen Säcke hereinbrachten. Man glaubte, in den Säcken seien Geschenke, doch es verbargen sich Soldaten darin. So kamen 200 Krieger in die Stadt. J. W. Jones vermutete, ein frühgriechischer Barde habe eine Erzählung des Joppa-Typs gekannt (bei der dann wohl Packpferde eine Rolle spielten) und dann die Variante einer hölzernen Pferde-Nachbildung als Vehikel für die ›Danaergeschenke‹ erfunden. So gesehen, spiegelt die Geschichte des Trojanischen Pferdes wohl keine historische Tatsache, sondern ist eher eine

Erfindung mit der Pointe, daß die rossezwingenden Trojaner nun selbst von der Pferdeattrappe bezwungen wurden.[30]

Man hat nach anderen Erklärungen gesucht. So werden Schiffe als ›Rosse des Meeres‹ bezeichnet (*Odyssee* 4, 708 f.), und Van Leeuwen spekuliert in seinem Kommentar: Irgendein Orakel habe vielleicht den Fall Trojas ›hölzernen Rossen‹ zugeschrieben, damit aber die griechische Flotte gemeint, worauf dann diese Floskel in die literarische Tradition eingegangen sei. W. F. J. Knight vermutete, die Griechen hätten irgendein magisches Ritual angewandt, um den Götterschutz für das ›heilige‹ Ilios zu brechen, und diese Zeremonie habe nur das Vorspiel zu einem herkömmlichen Angriff mit Sturmleitern gebildet. Nach einer antiken Auffassung wurde Troja von Antenor verraten: Es habe den Griechen ein Tor geöffnet, auf das ein Pferd gemalt war ... Man kann nur W. B. Stanfords Äußerung zustimmen: »Der Ursprung der Kriegslist mit dem Pferd liegt im Dunkeln«.[31] Ich möchte eigentlich durchaus glauben, daß der Geschichte doch irgendein ungewöhnliches Ereignis zugrunde liegt – irgendeine List der Griechen, vielleicht im Zusammenwirken mit einem Verräter auf trojanischer Seite, aber keine der bisher vorgebrachten Erklärungen vermag gänzlich zu überzeugen. Dennoch – obwohl wir Laokoons Rat folgen wollen, dem *Pferd* nicht zu trauen –: Unser Vertrauen zur griechischen *Tradition,* die so oft archäologische Bestätigung erfuhr, ermutigt uns, auch der berühmten Troja-Erzählung Geschichtlichkeit zuzugestehen.

Die neuen Ausgrabungen in der Besik-Bucht und das Problem des Liegeplatzes der Achäerschiffe (1994)

Die Besik-Bucht (s. Karte Seite 203) ist in heutiger Zeit nur schwer als Hafen zu erkennen, doch die Geländevermessung hat gezeigt, daß sie zur Zeit des Trojanischen Kriegs viel tiefer eingeschnitten gewesen war. Ein Großteil des Schwemmlands, das die frühere Einbuchtung heute bedeckt, hat sich erst in den letzten 3000 Jahren abgelagert. Um 1200 v. Chr. lag der innere Teil der Buch wohl östlich zur heutigen Küstenlinie, was einen geeigneten Liegeplatz für Schiffe bot, die aus Richtung Süden die Küste entlangfuhren und auf Grund von Wind und Strömung die Einfahrt in den Hellespont aufschieben mußten. Die starke südliche Strömung der Meerenge und die stürmischen Nordwinde selbst im Sommer sind ständige Merkmale, die mit den traditionellen Epiteta ›strömungsreicher Hellespont‹ und ›windiges Troja‹ treffend wiedergegeben sind. Die Probleme, mit denen sich Schiffe konfrontiert sahen, die die Meerenge durchfahren wollten, sind über die Jahrhunderte hinweg gut dokumentiert. Im Bronzezeitalter hatte der Hafen einen sandigen Strand und war gut geschützt durch den niedrigen Gebirgskamm, der in der schmalen, doch deutlich hervorragenden Landzunge ausläuft, die früher als Besik-Burnu bekannt war und neuerdings wieder Yassitepe heißt.

Das Yassitepe-Kap (auf älteren Karten Troja-Kap) hat drei Steilküsten zum Meer hin, und die Verbindung zum Land ist ebenfalls steil. Das ovale Plateau auf der Spitze bot einen mit einer Fläche von etwa 75 mal 50 Metern engen, aber leicht zu verteidigenden Standort und erlaubte es, die Hafeneinfahrt zu überwachen. Es liegt 27 Meter über dem Meeresspiegel und steigt land-

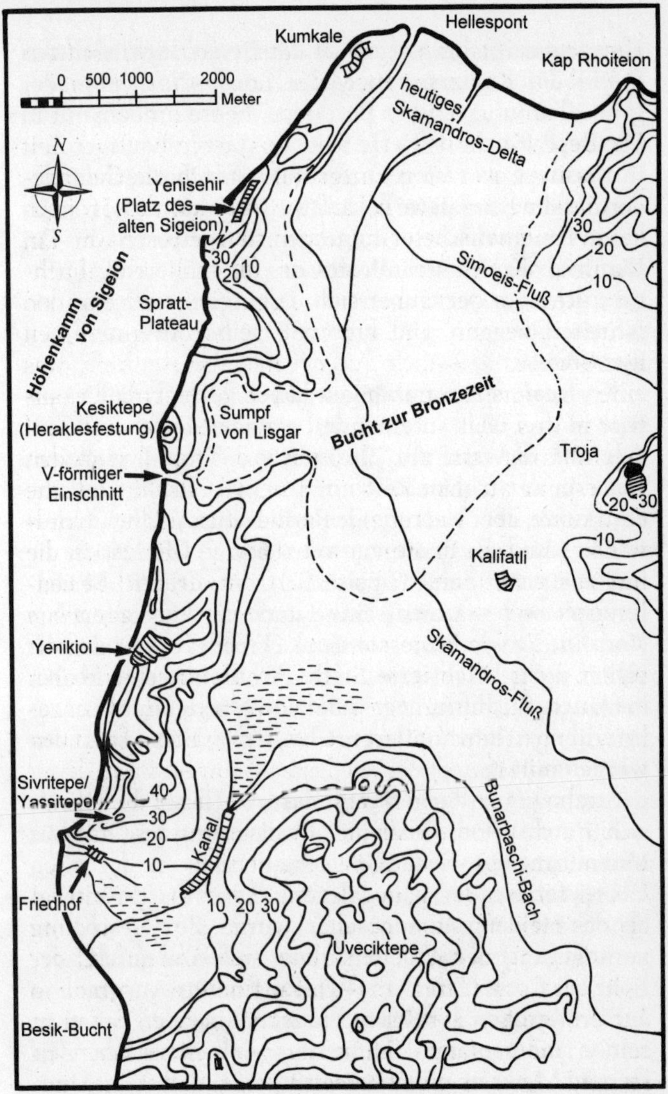

Kartenskizze der Skamandros-Schwemmebene und des Höhenkamms von Sigeion

einwärts sanft bis auf ca. 50 Meter an. Am höchsten Punkt des Kamms, 750 Meter nordöstlich, steht der große Tumulus, früher Besiktepe, heute umbenannt in Sivritepe.[32]

Yassitepe war lange aufgrund von Oberflächenfunden als alte Fundstätte bekannt, aber es hatten dort noch keine systematischen Grabungen stattgefunden, bis Dr. Manfred Korfmann, Professor für Ur- und Frühgeschichte an der Universität Tübingen, 1982 mit den Arbeiten begann und bis 1988 seine Ausgrabungen fortsetzte.[33]

Korfmanns Ausgrabungen haben gezeigt, daß Yassitepe in drei weit auseinanderliegenden Epochen besiedelt war: die erste zur Blütezeit von Troja I, vielleicht sogar in der frühen Zeit um 3000 v. Chr.; die zweite, eine kurze, aber bedeutende Periode im 13. Jahrhundert v. Chr., und die dritte von etwa 600 v. Chr. bis in die hellenistische Zeit. Hinsichtlich der dritten Besiedlungsphase bestätigen seine Funde die klug gemachte Vermutung von Professor Cook (Troad, 185–6), daß die bisher nicht lokalisierte Stätte Achilleion, eine kleine, befestigte Siedlung, gegründet von Mitylene auf Lesbos im frühen 6. Jahrhundert v. Chr., in Yassitepe gefunden werden müßte.

Strabo (13, 1, 600 C) sagt, das ›Achillesgrab‹ befinde sich in Achilleion, so daß die Lokalisierung des Ortes die Vermutung zu bestätigen scheint, daß in der alten Überlieferung der nahegelegene Tumulus (Sivritepe) als das Heldengrab angesehen wurde. Zur Geschichte vorangegangener Arbeiten findet sich eine gute Übersicht bei Cook (Troad 173–4). Korfmanns Ausgrabung auf dem großen konischen Hügel hat gezeigt, daß er in seiner momentanen Form aus hellenistischer Zeit stammt. Aber es gibt Hinweise dafür, daß es sich um den künstlichen Ausbau eines weitaus früheren Hügelgrabes handelt. Es befindet sich auf einem Felshügel und weist einen Umfang von ungefähr 235 Metern auf mit einer Höhe von 14 Metern. Der Naturfels darunter läßt Spuren eines spätneolithischen beziehungsweise chalkolithischen Siedlungshügels erkennen; auch in der Ära LH III B/C scheint es hier eine Niederlassung gegeben zu haben. Daß Achilles mit Sivritepe in Verbindung gebracht wird, was, wie es bei Cook heißt, ›das Ende des Hügelzugs von Sigeion markiert‹, ist von Bedeutung für die oben behandelte Frage der Lokalisierung des Liegeplatzes der Achäerschiffe.

Doch zunächst schlage ich vor, die Bedeutung der zweiten Belagerungsphase auf und unter Yassitepe zusammen mit den nahegelegenen, 1984 entdeckten Gräbern zu untersuchen. Korfmann vermutet, daß diese Funde die Belagerung in die Epoche Troja VI datieren, während das grauminysche und mykenische Material sie etwas später datieren. Das würde die Gräber in einen Grenzbereich zwischen Troja VI und Troja VIIa verlagern, eine Periode, in die manche wohl aus anderen Gründen gerne den Trojanischen Krieg datieren würden. Korfmanns Funde könnten, wie er selbst erkennt, neue, wichtige Beweise für die Historizität der homerischen Überlieferung beibringen. Der Bestand von mykenischem Material in den Gräbern zusammen mit aus der Troas selbst stammenden Funden könnte ebenfalls dazu beitragen, die absolute Chronologie von Troja VIh und Troja VIIa zu klären, die nach Korfmann immer noch grundsätzlich ungesichert ist.

Der Friedhof wurde in einer Schicht in Höhe des Meeresspiegels rund 300 südöstlich des Yassitepe-Hügels gefunden. Die weißen Sandschichten, die bei der Ausweitung einer der Grabungsflächen gefunden wurden, zeigt, daß sie ursprünglich direkt am Meer, nur 15 Meter von einem steilen Sandstrand entfernt, lag. Sie wurde vom Strand über eine dreistufige Treppenflucht erreicht. Insgesamt sind es an die 200 Gräber, umgeben von einem einfachen Wall. Viele Bestattete lagen in großen Pithoi (Grabgefäßen) auf der Seite, den Mund mit einer Steinplatte bedeckt. Überreste von Männern und Frauen und zwei Kindern wurden identifiziert. Einige der Toten waren feuerbestattet, doch die meisten in der Erde beigesetzt. Eine Steinkiste enthielt ein Skelett in ausgestreckter Lage.

Bemerkenswert ist, daß einige Gräber Ehrengrabmäler zu sein scheinen. Korfmann vermutet, sie könnten zum Gedenken an auf See vermißte Personen errichtet worden sein. Eine andere Möglichkeit, die ich vorschlage, ist, daß sie vorübergehende Ruhestätten für die sterblichen Überreste von im Kampf gefallenen Kriegern waren, deren Asche später wieder ausgegraben und zurück nach Hellas gebracht wurde. Nestor schlägt genau dieses Verfahren für Gefallene im Kampf vor, wenn er den Achäern mitteilt: »Und selbst wollen wir ... die Leichen ... verbrennen ..., etwas entfernt von den Schiffen, daß die Gebeine für die Kinder ein jeder nach Hause führt, wenn wir wieder heimkehren zur väterlichen Erde.«[34]

Das kunstvollste Grabmal war ein »megaroides« Grabhaus in einer Größe von 4 mal 3 Metern, im Zentrum einer Gruppe von umliegenden Toten, wenn nicht des gesamten Friedhofs. In der inneren Kammer stand eine Urne mit den Überresten von drei verschiedenen Feuerbestattungen. Fragmente einer oder zweier teils verschmolzener Bronzegegenstände, die Schwerter oder Dolche gewesen sein könnten, sowie die Reste eines Kamms aus Knochen oder Elfenbein wurden ebenfalls gefunden. Die Grabbeigaben umfassen ein feingearbeitetes mykenisches Mischgefäß und Geschirr zusammen mit Fragmenten von Schmuck aus Edelsteinen und Gold, den Resten ehemals reicher Beigaben, die Grabräuber übriggelassen haben. Ein großer Pithos in der Vorhalle, wahrscheinlich eine Intrusivbestattung, zeigt den ersten Siegelstein, der in Kleinasien *in situ* gefunden wurde. Es ist ein Siegel aus schwarzem Stein mit einem eingravierten menschlichen Kopf. Es wurde von den Plünderern übersehen, die die Grabstätte ansonsten sorgfältig und systematisch ausgeraubt zu haben scheinen.

Korfmann weist auf die mißliche Tatsache hin, daß die Gräber keinem in der Nähe ausfindig zu machenden Siedlungspunkt zuzuordnen seien. In seinem ersten Bericht stellt er Vermutungen an, es könnte sich um Pestgräber gehandelt haben. Soweit mir bekannt ist, hat er diese Vermutung nicht weiter verfolgt, aber ich bin geneigt, die Gräber explizit dem pestbefallenen achäischen Heer im zehnten Kriegsjahr gemäß der Überlieferung zuzuordnen (Ilias, 1, 43–52). Aber abgesehen von solchen Spekulationen war die Gräberstätte zweifellos ein reicher, hochentwickelter, homogener und kurzlebiger Sammelplatz für Bestattungen. Er befand sich so nahe an der bronzezeitlichen Küstenlinie des Hafens, daß die Wellen wohl später in einige der Gräber eingedrungen sind, denn man hat Scherben aus Troja VIIa gefunden, die von Wasser umspült und ausgewaschen waren. Es muß eine Erklärung für diese Funde gesucht werden, und ich halte es nicht für zu abwegig, wenn man diesen Friedhof als wichtige Bestätigung für den Handel und wahrscheinlich auch für militärische Aktivitäten der Mykener in nächster Nähe von Troja wertet und daß die Stadt, die wir als Troja VIIa bezeichnen, von einer achäischen Macht belagert wurde. In anderen Worten: Sie bringen wichtige neue archäologische Erkenntnisse als möglichen Beleg für den Trojanischen Krieg in der griechischen Überlieferung.

Walter Leaf nannte die Besik-Bucht das Meerestor zur Troasebene, aber in Übereinstimmung mit Schliemann nimmt er an, das Achäerlager (der Schiffsanlegeplatz) habe auf der Schwemmlandebene des Skamandros gelegen, dort, wo sich jetzt am Hellespont vom Kap Sigeion (Kumkale) bis zum Kap Rhoteion ein Sandstrand entlangzieht. Das war die anerkannte Meinung (die ich wie viele andere hinnahm), bis die Ergebnisse einer neuen Geländeuntersuchung der Troasebene vor fünfzehn Jahren zum ersten Mal veröffentlicht wurden.[35]

Ein türkisch-amerikanisches Team legte sieben Bohrlöcher in einer Tiefe zwischen 30 und 50 Metern an verschiedenen Punkten an den Achsen der beiden Flüsse entlang an. Die Bohrproben enthielten Sand, Lehm, Schlamm und Schalentiere (Austern und Muscheln, charakteristisch für den seichten Saum einer Meereseinbuchtung). Eine dreidimensionale Analyse des Profils der verschiedenen Sedimente hat definitiv ergeben, daß die heutige Ebene im Laufe der letzten siebentausend Jahre nach und nach vom Fluß angeschwemmt wurde. Daher gilt heute als gesichert, daß Troja I ursprünglich an der Spitze einer von Meer umgebenen Landzunge lag und selbst noch zu Ende der Bronzezeit (Troja VI/VIIa) eine tiefe Bucht vom Hellespont aus bis auf eine Linie südlich der Stadt ins Land ragte (s. Kartenskizze). Die genaue Lokalisierung der inneren Küstenlinie zu verschiedenen Epochen bleibt weiterhin Gegenstand wissenschaftlicher Diskussion, doch selbst wenn das Skamandrosdelta sich während des Angriffs

273

Der Palast von Knossos. Nordeingang, vom Mittelhof aus gesehen

Vorherige Seite: Ritualgefäß aus Gold in Form eines Löwenkopfes, Mykene

Palast von Knossos. Megaron der Königin mit Säulenhalle und Lichtschacht

Der Thronsaal. Thron und Sitzbänke sind aus Alabaster gearbeitet (15. Jh. v. Chr.)

Knossos, Tempelgrab. Obere Säulenhalle, darunter sog. Pfeilergruft, im Hintergrund Vorhof und Eingangshalle

Ein Teil der Magazine im Westen des Palastes mit großen Gefäßen (Pithoi)

◀ Weiblicher Kopf, sog. Pariserin. Fresko aus dem Palast von Knossos

Die stark befestigte Burg von Tiryns. Blick aus der »Großen Kasematte« nach Süden

Die Buchten von Buphras und von Pylos, dem sichersten Ankerplatz der Peloponnes

Pylos. Das königliche Tholosgrab nahe dem sog. Palast des Nestor bei Eglianos (Kuppel wiederhergestellt)

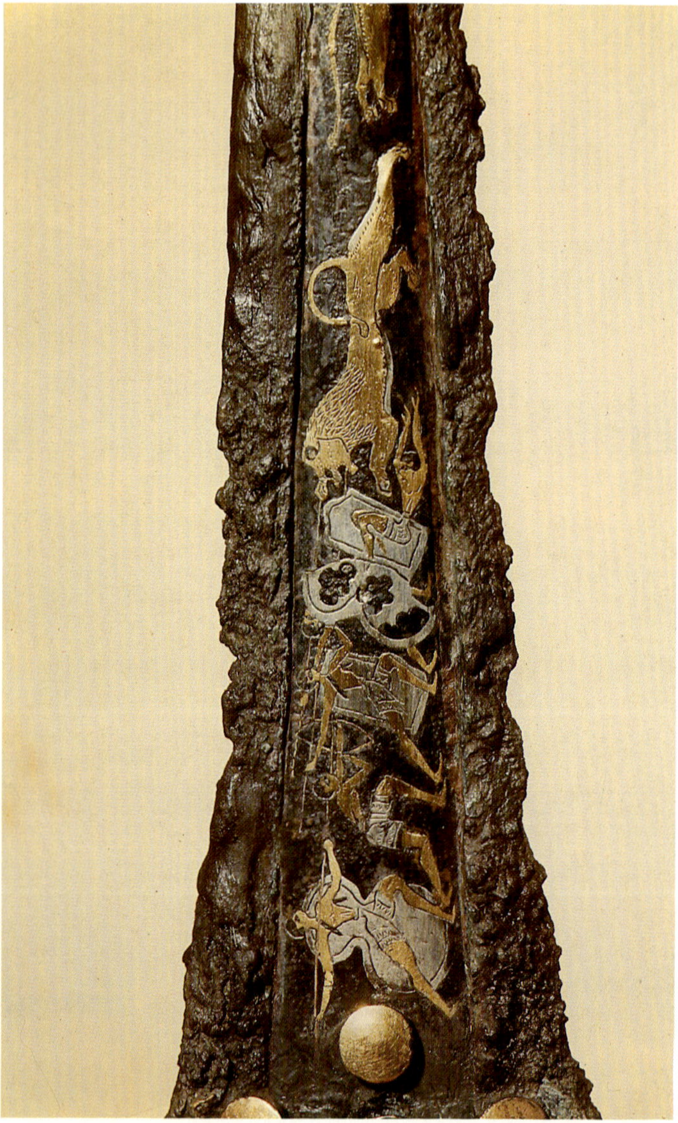

Bronzeklinge eines Dolches mit Einlagen aus Gold, Silber und schwarzem Niello mit Darstellung einer Löwenjagd (um 1570/1550 v. Chr.), Mykene

der Achäer allmählich von Troja aus nordwärts verlagerte, hätte der Küstenstreifen noch immer zu nahe an der Stadt gelegen, um den Invasoren als möglicher Lagerplatz zu dienen.

Diese neuen Kenntnisse der Bodenbeschaffenheit der Skamandrosebene weist eine genaue Übereinstimmung mit dem auf, was wir von anderen Flußtälern entlang der türkischen Küste wissen.[36] Das bedeutet, daß die Hypothese von Schliemann und Leaf bezüglich der Stelle des Achäerlagers revidiert werden und eine neue Lokalisierung gemacht werden muß. Damit ist der Weg offen für die Hypothese, die Alfred Brückner als erster 1912 bei einer Vorlesung in Berlin aufstellte, daß der Schiffliegeplatz sich in der Besik-Bucht befand.[37]

Brückner hatte in Zusammenarbeit mit Dörpfeld Ausgrabungen in Troja vorgenommen und die spätere Publikation *Troja und Ilion* (1902) verfaßt. Dann gewann er ihn für die Besik-Bucht-Theorie, die unabhängig davon auch von einem bayrischen Geschäftsmann, Oskar Mey[38], geäußert worden war. Im Oktober 1924 leiteten Dörpfeld und Mey gemeinsam eine Ausgrabung in der Besik-Bucht, wobei Mey auf der Ebene grub und Dörpfeld an den beiden Hügelgräbern arbeitete, die sie überragen (Sivritepe und Üveciktepe). Ihre kurze Aktion hat allerdings keine endgültigen Resultate erbracht, und aufgrund verstärkter militärischer Sicherheitsvorkehrungen waren sie außerstande, sie fortzusetzen. Folglich geriet die Hypothese von der Besik- Bucht später in Vergessenheit, bis sie durch die neuen paläogeographischen Funde und die oben beschriebenen Unternehmungen Korfmanns von 1983–86 wieder aktiviert wurde.

Diejenigen, die an einen realen Trojanischen Krieg glauben, müssen Homer als Grundstein für ihre Meinung akzeptieren, und ich muß sagen, daß Homers Hinweise meiner Ansicht nach gegen die Besik-Bucht als tatsächlichen Standort für das Achäerlager sprechen.[39] Es wird allgemein akzeptiert, daß einige der alten Urheber der epischen Tradition zu starren Formeln neigen. Sprechende Beispiele dafür sind »silberbeschlagenes Schwert«, »Schild wie ein Turm« und »goldreiches Mykene« (S. 137–8, 1143, 26). Und fragt man nach einer Formel für die Lokalisierung des Achäerlagers, findet man die Antwort in einer dreimal wiederholten Floskel, wo die Krieger zurückkehren »zu den Schiffen und zum Hellespont« (*Ilias* 15, 233; 18, 150; 23, 2; vgl. 17, 432) Anhänger der Besik-Bucht-Theorie müssen, wenn sie Homers Glaubwürdigkeit aufrechterhalten wollen, argumentieren, daß sein ›Hellespont‹ sich sowohl auf das Meer außerhalb der Meerenge als auch auf den Wasserweg, der heute als ›Dardanellen‹ bekannt ist, beziehen kann. Doch Ebelings maßgebliches *Lexicon Homericus* schließt einen derartigen Gebrauch bei Homer aus, und G. S. Kirk, ein neuerer Herausgeber der Ilias, stimmt mit dieser Auffassung überein. Wenn das zutrifft, muß der Anhänger Homers nach einem Lagerplatz Ausschau halten, der direkt zum heutigen Hellespont führt, in einer Art, die niemals für die Besik-Bucht gegolten haben kann. Da wir heute wissen, daß ein Arm des Hellesponts zwischen dem Troja der Bronzezeit und dem Höhenkamm von Sigeion liegt, schlage ich vor, daß die Rückkehr des Achäerheers von den Mauern Trojas ›zu den Schiffen und zum Hellespont‹ im Sinne eines Rückzugs um den Kopf der Bucht zu einem Lager an den Osthängen des Höhenkamms verstanden werden könnte. Ich habe schon oben auf eine Reihe wichtiger Hinweise verwiesen, die in der *Ilias* dafür sprechen, daß das Lager auf einer Anhöhe westlich von Troja lag und die Kampflinie eher von Osten nach Westen verlief als von Norden nach Süden.[40]

Nachdem ich kürzlich den Höhenkamm von Sigeion besucht habe, möchte ich nun meine obige Vermutung präzisieren und eine neue Lokalisierung des Achäerkamps im Bereich unmittelbar unterhalb des herausragenden Hügels, bekannt als Kesiktepe (oder Demetriostepe), vorschlagen. Am westlichen Rand fällt der Höhenzug, dort, wo sich Kesiktepe befindet, steil zum Meer ab, doch nach Osten hin gibt es ein sanftes Gefälle von etwa 750 Metern bis zum Lisgar-(Ilica-)Sumpf (s. Kartenskizze S. 203). Der Sumpf ist auf früheren Karten als morastig gekennzeichnet, heute aber durch einen Kanal zum Skamandros trockengelegt. Er wird zum Teil von zwei Ausläufern des Hügelkamms eingeschlossen, die sich über etwa eineinhalb Kilometer erstrecken, bis sie sich in der großen Schwemmebene verlieren. Bruckner glaubte, dadurch könnte ein ›Südhafen‹ für Sigeion entstanden sein. Im Licht der neuen geophysikalischen Erkenntnisse hege ich keinen Zweifel mehr, daß dieses Gebiet zur Zeit des Trojanischen Krieges überflutet gewesen sein muß und so ein gut geschützter Meeresarm entstand, der einen offenen Zugang zur großen Bucht von Troja bot.[41] Die Einbuchtung zwischen den flachen Landzungen dürfte eine Breite von 700 Metern betragen und der umlaufende Strand eine Länge von insgesamt ungefähr 3000 Metern gehabt haben. In seiner ausführlichsten Beschreibung des griechischen Lagers heißt es bei Homer (*Ilias*, 14, 33–6): ›Denn ganz und gar nicht, so breit er war, vermochte der Strand alle Schiffe zu fassen, sondern eingeengt (zwischen den Landzungen) waren die Völker. Deshalb drehten sie die Schiffe eins hinter dem anderen in Reihen und füllten die lange kurvige Küste zwischen den Landzungen aus.[42]

Wenn man, sagen wir, 15 Meter pro Galeere annimmt, hätten ungefähr 200 Schiffe in dichter Reihe Platz gefunden, und die (gemäß der Überlieferung) 1186 Schiffe hätten sechs Reihen ergeben. Die meisten Historiker halten diese Zahl für weit übertrieben, doch selbst wenn man sie auf die Hälfte reduziert, hätte man immer noch drei Reihen benötigt. Aristarchos schrieb eine (inzwischen verlorengegangene) Abhandlung über das Problem des Schiffsliegeplatzes, und der Kommentator der von mir gerade übersetzten Passage leitet daraus zwei Beschreibungen der Schiffsreihen ab – als aufsteigend ›wie die Sprossen einer Leiter‹ und ›wie die Sitzreihen eines Theaters‹. An den Hängen darüber, ebenfalls in aufsteigenden Reihen, könnte man sich die Hütten der verschiedenen Truppenkontingente vorstellen. Die Einbuchtung von Lisgar könnte in der Tat die *cavea* eines eindrucksvollen Kriegsschauspiels gewesen sein, sollte meine Vermutung zutreffen. Kesiktepe, das den Sumpf von Lisger überragt, wurde häufig mit dem Grab des Antilochos gleichgesetzt. Es sieht, besonders vom Meer aus, sehr nach einem von Menschenhand aufgeschütteten Hügel aus, aber tatsächlich handelt es sich um einen natürlichen Hügel mit einem steinigen Gipfel. Wir können, anders als bei den meisten anderen herausragenden Grabhügeln, die derzeit die Ebene umschließen, mit Sicherheit annehmen, daß er bereits zur Zeit des Trojanischen Krieges bestand. Läßt sich im Epos irgendein Hinweis dazu finden? Mir scheint der Hügel gut zu dem ›Wall, dem rings aufgeschütteten‹ nach Homer (*Ilias* 20, 144–8) zu passen, wo Herakles seine Zuflucht vor dem Meeresungeheuer zu suchen pflegte.[43]

Der Zufluchtsort des Herakles war auch der Platz, wo sich die Götter auf seiten der Griechen postierten, um die entscheidende Schlacht, die Hektor den Tod bringen sollte, zu beobachten. Auf der anderen Seite der Ebene ließen sich die Götter, die die Trojaner unterstützten, ›auf den Brauen der Kallikolone‹ nieder (*Ilias* 20, 151), die mit umfassenden Argumenten als die steile Anhöhe von Karatepe, circa 9 Kilometer ostwärts von Troja festgelegt wurde (Cook, *Troad*, 110, 111). Ein Blick auf die Kartenskizze (vgl. Kartenskizze der Dardanellenmündung, Seite 182) verdeutlicht, daß Karatepe genau gegenüber von Kesiktepe liegt, und zwar so, daß die Verbindungslinie exakt durch Hissarlik verläuft.

Die Beschreibung der Schlacht auf der Ebene bei Homer setzt voraus, daß das Lager der Griechen und Troja in Sichtweite voneinander entfernt lagen (am deutlichsten vielleicht *Ilias*, 8, 553 ff.), was aber nicht zuträfe, wenn das Lager sich an der Besik-Bucht befunden hätte. Die Bucht ist durch eine Bodenerhebung geschützt, die die Sicht verdeckt, und die Entfernung des alten Küstenstreifens der Bucht von Besik bis Hissarlik beträgt 8 Kilometer, von Lisgar hingegen nur 5,5 Kilometer. Der Unterschied ist vielleicht nicht wesentlich, doch die kürzere Entfernung deckt sich wiederum mit vielen Hinweisen bei Homer, daß Belagerer und Belagerte nur durch eine relativ kurze Entfernung voneinander getrennt waren.

Mein letztes Argument zugunsten einer Lokalisierung des Schiffsliegeplatzes betrifft die heiß diskutierte Frage der Befestigungsmauer oder der Mauern um das Lager herum.[44] Homers Bericht (*Ilias* 7, 433–41) legt die erste Errichtung einer gut gebauten Befestigungsanlage in das zehnte Kriegsjahr, als die Achäer ihre anfängliche Übermacht zu Land verloren hatten und durch Ausfall des Achilles und die Ankunft der trojanischen Verbündeten in die Defensive gezwungen waren.

Eine solche Befestigung ergibt auch militärisch einen Sinn im Fall eines am Höhenzug von Sigeion befindlichen Lagers. Eine derart kurze Befestigungslänge von der inneren Bucht bis zur äußeren Klippe wäre, berücksichtigt man den V-förmigen Einschnitt 500 Meter südlich von Kesiktepe (s. hierzu Cook, *Troad*, 166–7), eine weitere Bestätigung für diese Lokalisierung. Allerdings muß ich zugeben, daß das Achäerheer, hätte der Schiffsliegeplatz tatsächlich an der Besik-Bucht gelegen, in unvertretbarem Maße angreifbar gewesen wäre und die Bucht an der landeinwärts, speziell nach Süden gerichteten Peripherie keinen ausreichenden Schutz geboten hätte.

Wie sind die neuen Erkenntnisse von Besik aus meiner Sicht demnach zu deuten? Man könnte vermuten, daß die mykenische Niederlassung auf dem Yassitepe, die in die abschließende Phase von Troja VI fällt, in Friedenszeiten zur Erleichterung des Handels zwischen Troja und der Welt von Mykene diente und bei Ausbruch des Krieges in der Periode von Troja VIIa verlassen wurde. Der nur etwas später datierte Friedhof könnte dann in Verbindung gebracht werden mit der Bedeutung der Besik-Bucht als Haupthafen und Ersatzbasis für die Achäertruppen, die weiter nördlich auf dem Höhenzug lagerten. Der gut geschützte Hafen, natürlich von Militärpatrouillen bewacht, böte einen idealen Zugang für Handelsschiffe, wie die von Homer beschriebenen Schiffe, die Wein aus Lemnos bringen (*Ilias* 7, 467). Die Überreste lassen vermuten, daß der Friedhof teilweise für in der Schlacht Gefallene benutzt wurde, doch die Bestattung von mindestens einem Händler, ganz zu schweigen von Frauen und Kindern, lassen eher auf eine Gefolgschaft des Lagers als auf Krieger schließen.

Und was ist schließlich davon zu halten, das Achillesmonument mit Sivritepe gleichzusetzen? Das Vorhandensein eines solchen Grabmals wird von Homer eindeutig belegt als speziell vom Meer aus weithin sichtbarer Grabhügel zur Verewigung des Ruhms dieses Helden (*Ilias* 7, 86–90). Mit seiner Erhebung über einen wichtigen Hafen zum Agäischen Meer und gleichzeitig von jedem Standort der Troasebene aus sichtbar sowie von Troja selbst und vom Hellespont und schließlich von Sivritepe aus, könnte es kaum besser liegen, um die bei Homer genannten Voraussetzungen zu erfüllen.

Die neuen Ausgrabungen in Troja (1994)

Das 1988 begonnene Troja-Projekt ist eine längerfristige, interdisziplinäre Forschungsarbeit zu allen Aspekten von Zivilisation in der Troas mit seinem Zentrum in der Zitadelle von Troja und der unmittelbaren Umgebung. Es wird unter Schirmherrschaft der Universitäten von Cincinnati und Tübingen durchgeführt und beschäftigt Archäologen aus den Vereinigten Staaten von Amerika, aus Deutschland, der Türkei und anderen Ländern. Das Ausgrabungsteam ist in zwei Hauptsektionen unterteilt: Eine unter Leitung von Professor Manfred Korfmann aus Tübingen befaßt sich speziell mit dem Troja der Bronzezeit, die andere unter Professor Brian Rose aus Cincinnati erforscht die Überreste des Novum Ilium, der griechisch-römischen Stadt, die ihr an gleicher Stelle nachfolgte.[45]

In diesem Nachtrag will ich meine Aufmerksamkeit auf zwei der letzten Funde richten, die eine unmittelbare und wichtige Bestätigung für die Historizität des Trojanischen Krieges liefern: 1. die ausgedehnten Verteidigungsanlagen von Troja VI/VII; 2. eine verbrannte Besiedlungsschicht der prähistorischen Stadt, die im Bereich der Heiligtümer gefunden wurde.

1. Meine Behauptung, daß die ummauerte Fläche ›eine Zitadelle, keine Stadt‹ war (s. oben Seite 191) wurde durch eine höchst bedeutsame Entdeckung bestätigt, die das Team des Troja-Projekts 1993–94 machte, obwohl ich mit der Annahme irrte, daß die Stadt sich nach Osten hin ausdehnte. Die neuen Funde wurden auf dem vorgelagerten Gebiet gefunden, das sich ungefähr 600 Meter südlich des Hauptabschnitts der Mauer von Troja VI befindet (s. Kartenskizze Seite 217). 1992 fand eine geomagnetische Bodenprospektion die Umrisse von etwas, das als massive Mauer interpretiert wurde, die von zwei Punkten des nördlichen Umkreises der Zitadelle aus südwärts verlief. Die ›Mauer‹ wies eine Krümmung auf, die in einem ausgedehnten Oval die Bewohner der Untersiedlung umschlossen zu haben scheint. Die magnetischen Daten wurden 1993 durch eine Aushebung an einem 500 Meter südlich der Zitadelle selbst gelegenen Punkt überprüft (in der Kartenskizze Punkt A). Überraschenderweise erwies sich die ›Mauer‹ als ein über drei Meter breiter, U-förmiger, tief in den Felsen eingeschnittener Graben mit Auffüllschutt. Von einer Mauer, die mit diesem Graben in Verbindung gebracht werden könnte, wurde keine Spur gefunden, aber es ist unwahrscheinlich, daß eine so ausgefeilte Befestigungsvorrichtung keine gehabt haben sollte. Korfmann vermutet, daß die Steine einer inneren Mauer bei einer Wiederverwertung in hellenistischer oder römischer Zeit entfernt wurden.

Die eigentliche Bedeutung dieser neuen Erkenntnis besteht darin, daß sich der befestigte Bereich von Troja VI/VII wesentlich vergrößert. Die Fläche dessen, was

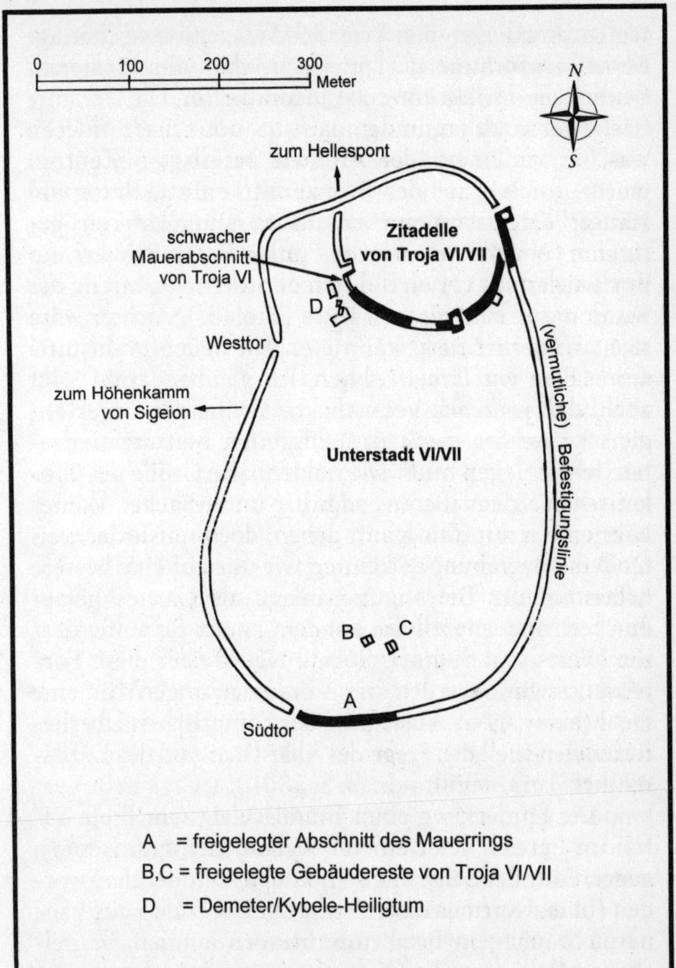

Kartenskizze der Befestigungen von Troja VI/VII,
nach Abb. 4, Studia Troica 3 (1993)

wir nun als die Zitadelle ansehen müssen, beträgt 20 000 Quadratmeter. Die Fläche der umschlossenen Unterstadt umfaßt 180 000 Quadratmeter. Die Gesamtfläche der Stadt ergibt demnach 200 000 Quadratmeter, was sie zu einem der größten befestigten Zentren macht, das wir aus der Bronzezeit kennen. Reste von Häuserbauten wurden ebenfalls im neuen Umkreis gefunden (in der Kartenskizze Punkte B, C). Schliemann war wiederholt verwirrt durch den kleinen Umfang der Stadt, die er ausgegraben hatte (Troja II), doch er wäre nicht länger irritiert, könnte er den neuen prähistorischen Plan von Troja I sehen. Ich glaube, darauf folgt auch, daß jeglicher Versuch, die Größe des Unterfangens der Achäer, die Stadt anzugreifen, herunterzuspielen, fehlschlagen muß. Die heldenhafte Größe des Trojanischen Kriegs wurde endgültig untermauert. Weiter können wir zur Zeit kaum gehen, doch mit fortschreitenden Ausgrabungen können wir uns auf eine bessere Erfassung der Befestigungsanlage als Ganzes gefaßt machen, und speziell des auf dem neuen Plan markierten West- und Südtors. Sobald Neues über diese Tore bekannt wird, werden die Voraussetzungen für eine fruchtbarere neue Auslegung der homerischen Überlieferung, speziell der Frage des Skäischen und des Dardanischen Tors, erfüllt sein (s. S. 189f.).

2. Die Entdeckung einer Brandschicht von Troja VI/VII im Bereich des Demeter/Kybele-Heiligtums 1993, gegen Ende der Saison ist sehr knapp kommentiert worden (in der Kartenskizze Punkt D). Bis Ende 1994 habe ich noch nicht in Erfahrung bringen können, in welchem Maße diese Entdeckung weiter ausgeführt oder bestätigt wurde, doch scheint sie von großer Wichtigkeit zu sein. Im Laufe der letzten Jahre hat Brian Rose unsere Kenntnis vom Bereich der Heiligtümer in helle-

nistischer und römischer Zeit erheblich erweitert. Das Sanktuarium scheint um 700 v. Chr. gegründet worden zu sein und war für das Leben in Novum Ilium von entscheidender Bedeutung. Die Leser werden feststellen, daß es knapp außerhalb und unterhalb des ›schwachen‹ Mauerabschnitts der Zitadelle liegt, dessen Bedeutung weiter oben bereits besprochen wurde. Der Sinn von Homers Begriff ›Knick‹ wird nun in Zusammenhang mit der inneren Mauer und der äußeren Befestigung klar, die in diesem Bereich ebenfalls einen Knick zu bilden scheint. Doch es bleibt dabei, daß dieser spezielle Abschnitt von der unterhalb liegenden Ebene einen auffälligen Angriffspunkt bieten mußte, und man kann sich nur fragen, ob sich hier auch während der Bronzezeit ein Sanktuarium befand, und wenn nicht, ob die spätere Errichtung durch die griechischen Kolonisten eventuell mit Absicht geschah, um an die erfolgreiche Attacke der Achäer an dieser Stelle zu erinnern.

Mit ebensolcher Spannung wird man die Auswertung der Keramikfunde in Zusammenhang mit der Brandschicht abzuwarten haben. Es ist sehr zu hoffen, daß neue Klarheit in den höchst umstrittenen Fragen hinsichtlich der Datierung und Art der Zerstörung erlangt wird, die Troja VIh bzw. Troja VIIa ein Ende setzte, und welche Schicht mit größerer Wahrscheinlichkeit dem Troja des Priamos entspricht.[46] Ich bin bisher Blegen gefolgt mit seiner Ansicht, daß VIIa mit dem Troja des Priamos identisch ist, doch wenn das Ende von Troja VIh auf 1250 datiert werden kann oder noch später, muß man es ernsthaft als die von Agamemnon geplünderte Stadt in Erwägung ziehen, eine Auffassung, die vom ersten Ausgraber Dörpfeld vertreten wurde. Troja VIIa könnte dann mit dem ›Troja der Äneas‹ gleichgesetzt werden. (s. S. 199).

7. ITHAKA

Britische Ausgrabungen auf Ithaka bewiesen in den dreißiger Jahren: Die Insel war in der Spätbronzezeit Teil der mykenischen Welt.[1] Der Haupt-Siedlungsbrennpunkt lag im Nordabschnitt bei Stavros und der Polis-Bucht. An sechs Stellen fand man hier mykenische Scherben, die größte Menge auf einmal in Pelikata auf dem Höhenkamm nördlich von Stavros. Auch Spuren einer Befestigungsmauer kamen hier zum Vorschein, W. A. Heurtley, der Grabungsleiter, hielt Pelikata für den günstigsten Platz, um einen mykenischen Palast zu errichten. Allerdings wurden keine Überreste eines solchen Bauwerks *in situ* gefunden. Wenn es aber je einen Odysseus-Platz gab: Diese Anhöhe hätte sich bestens für ihn geeignet. Der Gipfel beherrscht das kultivierbare Land nördlich des Anogi-Massivs und gewährt guten Ausblick auf die beiden geschützten Häfen der Phirkes- und der Polis-Bucht.

Eine ergiebige Grabung wurde auch auf der Anhöhe unterhalb vom Aetos-Berg auf dem Zentralisthmos von Ithaka durchgeführt. Ruinen auf dem Aetos-Gipfel hatten lange als ›Odysseus-Burg‹ gegolten, und auch Schliemann suchte den Palast dort, fand jedoch keine Bestätigung dieser Annahme. Die britische Grabung zeigte: Das Aetos-Gebiet war eine bedeutende Siedlung der Früh-Eisenzeit. Allerdings gab es keine Besiedlungsspur vor etwa 1200. Möglicherweise zogen sich die Bewohner Ithakas, als das Leben im 12. Jahrhundert immer gefährlicher wurde, aus den Gebieten im Norden der Insel zurück und befestigten den Aetos als Fluchtburg.

Ein sehr wichtiges Grabungsergebnis war die Feststellung: Es hat auf Ithaka seit spätmykenischer Zeit und das gesamte ›dunkle Zeitalter‹ hindurch immer Bewohner gegeben. Überlieferungen über die Teilnahme von Leuten aus Ithaka am Trojanischen Krieg könnten sich daher an Ort und Stelle gehalten haben.

Unmittelbar westlich von Ithaka liegt die viel größere Insel Kephallenia, weiter im Süden dann Zakynthos. Vier mykenische Plätze wurden auf Zakynthos nachgewiesen, und die Keramik deutet auf Besiedlung während des 14. und 13. Jahrhunderts hin. Auch Kephallenia war damals ein wichtiges mykenisches Zentrum mit mindestens einem Dutzend Plätzen, meist in der Nähe von Argostolion.[2] Und nach den Zerstörungen am Schluß des 13. Jahrhunderts scheint es hier einen großen Flüchtlingsstrom vom Festland her gegeben zu haben.

Laut Schiffskatalog herrschte Odysseus über die Inseln Ithaka, Zakynthos oder ›Samos‹ (oder Same); seine Untertanen werden Kephallener genannt (*Ilias* 2, 631 ff.). Es gibt guten Grund, ›Samos‹ mit der Insel gleichzusetzen, die heute Kephallenia heißt. Der alte Name lebt noch im Ortsnamen *Sami* an der Insel-Ostküste weiter. Odysseus' Reich erstreckte sich aber auch über Festlandsgebiete hinter den Inseln – entweder nach West-Aitolien oder Akarnanien oder nach Nordwest-Elis, wo ein Ithaker namens Noemon ein Gestüt gehabt haben soll (*Odyssee* 4, 634 ff.). Auch Odysseus hatte Rinder- und Schafherden auf dem Festland (*Odyssee* 14, 100). Für die Inselbewohner war es einfach lebensnotwendig, zusätzliche Weiden auf dem Festland zu besitzen. Im Zusammenhang damit ist es interessant, daß man enge Berührungen zwischen mykenischer Keramik aus der Polis-Bucht auf Ithaka und aus Astakos auf dem Festland nachgewiesen hat.

Ithaka ist viel kleiner und zerklüfteter als Zakynthos oder Kephallenia, nimmt jedoch an den Seewegen des dortigen Küstengebiets eine strategische Position ein. Ein energischer Herrscher auf Ithaka kontrollierte den Seehandel längs der akarnanischen Küste und durch das ihr vorgelagerte Inselgebiet. Außerdem beherrschte er die Seestraßen zwischen Ithaka, Kephallenia und Leukas. Schiffe aus dem Golf von Korinth in Richtung Adria fahren gewöhnlich nahe an Ithaka vorbei. In der Spätbronzezeit muß die Insel eine bedeutende Etappe auf der mykenischen Seehandelsroute nach Süditalien und Sizilien gewesen sein. Für einen findigen und beweglichen Herrscher empfahl sie sich daher als Basis, und im Machtkampf auf den Inseln des Westens muß eine gut geführte Flotte mehr als eine Ebene voll Weizenfelder aufgewogen haben. Somit ist nichts Unwahrscheinliches an der Überlieferung, daß Odysseus von der kleinsten aus die größeren Inseln beherrschte. Vielleicht hatte er die Herrschaft seines Vaters Laertes gefestigt, dem man die Einnahme der Stadt Nerikos zuschrieb – wohl die gleichnamige klassische Stadt an der Nordspitze von Leukas (*Odyssee* 24, 377 f.). Auch Spuren einer älteren Dynastie bewahrt die Überlieferung in den Namen Ithakos, Neritos und Polyktor, die als Erbauer eines öffentlichen Brunnens gefeiert werden (*Odyssee* 17, 207). Die Pylos-Täfelchen bestätigen: Neritos war ein mykenischer Name, und der Historiker Akusilaos aus Argos (um 500 v. Chr.) berichtet, Ithakos und Neritos seien aus Kephallenia gekommen, um die Stadt Ithaka zu gründen. Setzt man Odysseus' ›Blütezeit‹ um 1200 an, Ithakas Gründung aber um 1300, so paßt dies gut zu der Überlieferung einer Folge von vier bis fünf Herrschern ab Ithakos, gleichzeitig aber auch zu der archäologischen Tatsache, daß auf Ithaka keine mykenische Keramik aus der Zeit vor 1300 gefunden wurde.

Die Gleichsetzung des homerischen Ithaka mit der heutigen Itháki genannten Insel wurde Anfang dieses Jahrhunderts von Dörpfeld angezweifelt. Ab 1901 führte er in der Nidri-Ebene auf Leukas ausgedehnte Grabungen durch, um zu beweisen, daß Leukas das wahre Ithaka Homers war. Er entdeckte eine Anzahl interessanter Gräber und Siedlungsreste, doch die Keramik und andere Artefakte waren alle aus früh- oder mittelhelladischer Zeit. Ganz wenig mykenische Scheren kamen zutage, weit weniger als die Briten später auf Ithaka fanden. Mag sein, daß eine ergiebige mykenische Fundstätte auf Leukas noch der Entdeckung harrt, doch bisher fand Dörpfeld keine Bestätigung.

Dörpfeld behauptete auch, seine These passe besser zu Homers Beschreibungen Ithakas, insbesondere zu der Angabe, Ithaka läge »am höchsten hinauf an das Festland gegen den Norden« (*Odyssee* 9, 25 f.). Außerdem glaubte er, damit eine Lösung des Ortsansatzes von Dulichion gefunden zu haben, das in einem Atemzug mit Same und Zakynthos als »rings« um Ithaka liegend erwähnt wird: Dulichion – so Dörpfeld – sei Kephallenia, und Same sei Ithaka. Doch dieses Jonglieren mit Inselnamen schafft mehr Probleme als es löst. Ein Blick auf die Karte zeigt: Man kann von Leukas nicht sagen, es habe Inseln »ringsumher«, dagegen paßt dies gut zu Ithaka. Außerdem wird Ithaka von Homer als »deutlich sichtbar« geschildert (*Odyssee* 9, 21; vgl. 13, 234), was auf Leukas durchaus nicht zutrifft. Ja Leukas ist – strenggenommen – nicht einmal eine Insel, denn ein schmaler Isthmos verbindet es mit dem akarnanischen Festland. Gäbe es keinen Durchstich durch diese Landenge, wäre Leukas nur Halbinsel. Freilich – die Griechen nannten es dennoch *nesos*, was zwar ›Insel‹ heißt, aber auch auf Halbinseln angewendet werden kann. Mir scheint es praktisch sicher, daß man Leukas mit einer der vier Inseln gleichzusetzen hat, die zusammen in der *Odyssee* (9, 21 ff.) erwähnt werden, nämlich: Ithaka, Dulichion, Same und Zakynthos. Allerdings sollte man wohl T. W. Allen folgen, der es mit Dulichion gleichsetzt.[3] Wie konnte Homer dann aber behaupten, Ithaka läge »am höchsten hinauf gegen den Norden«, und die anderen Inseln seien »östlich und südlich entfernt«? Mir scheint: Die britischen Grabungen, die im Norden Ithakas das mykenische Haupt- Siedlungsgebiet nachwiesen, haben die Möglichkeit einer Lösung gezeigt. Geht man nach dem Norden Ithakas, erblickt man nach Nordwesten hin nur das offene Meer. Die Insel-Hauptmasse liegt ein gutes Stück im Süden, und die Gipfel von Leukas scheinen nach Nordosten hin mit dem Festland zu verschmelzen. Man glaubt sie am Nordwestrand der gesamten Inselwelt, und das war es wohl, was Homer uns an der umstrittenen Stelle durch Odysseus' Worte sagen will!

Weiterhin bezeichnet Homer Ithaka als »niedrig«, »schmal« und untauglich, um »Rosse zu tummeln« (*Odyssee* 9, 25; 13, 242 f. und 4, 607 f.). Auf Ithaka trifft all dies besser zu als auf Leukas. Leukas, das bis zu 1158 m Höhe emporragt, ist fraglos »höher« als Ithaka mit seinen knapp 804 m Maximalhöhe. Dörpfeld sah sich daher genötigt, das Wort für »niedrig« *(chthamale)* als »nahe am Festland« zu deuten, doch hat es in diesem Sinn sonst nirgendwo eine Parallele, weder bei Homer noch in der übrigen antiken Literatur. Leukas ist größtenteils etwa 13 bis 15 km breit, Ithaka dagegen nie mehr als ca. 5 bis 6 km, und gar im Mittelabschnitt schrumpft es zu einem ganz schmalen Isthmos zusammen. Schließlich gibt es auf Ithaka praktisch gar kein ebenes Gelände, auf Leukas dagegen findet man rings um Nidri und ganz im Norden recht ausgedehnte Ebenen. Kurz: Für Dörpfelds Hypothese spricht wenig, gegen sie aber um so mehr. Man muß also wohl bei der überlieferten Gleichsetzung des homerischen Ithaka mit der heute Itháki genannten Insel bleiben. Freilich möchte man sich gern vergewissern, wie genau Homer einzelne Punkte der Insel beschreibt. Insbesondere drei Partien erregen unsere Aufmerksamkeit: die Phorkys-Bucht mit der Nymphengrotte, der Weideplatz Eumaios' »nahe beim Rabenfelsen, am arethustischen Borne« und die Umgebung des Odysseus-Palastes. Die Schilderung dieser Stellen gibt der Erzählung Lokalkolorit, außerdem handelt es sich um wichtige Punkte der letzten Heimkehr-Etappe des Helden. Es empfiehlt sich, sie in der Reihenfolge zu betrachten, in der Odysseus sie berührt.

Das Phaiakenschiff, das Odysseus von Scheria herbeibringt, setzt ihn und seine Schätze in der Bucht von Phorkys ab:

»Phorkys, dem Greise des Meeres, ist eine der Buchten, geheiligt, gegen der Ithaker Stadt, wo zwei vorragende, schroffe Felsenspitzen der Reede sich an der Mündung begegnen. Diese zwingen die Flut, die der Sturm lautbrausend heranwälzt, draußen zurück; inwendig am stillen Ufer des Hafens ruhn unangebunden die schöngebordeten Schiffe. Oben grünt am Gstad ein weitumschattender Ölbaum. Eine Grotte, nicht fern von dem Ölbaum, lieblich und dunkel, ist den Nymphen geweiht, die man Naiaden benennet. Steinerne Becken stehn und zweigehenkelte Urnen innerhalb; und Bienen bereiten sich drinnen Honig. Aber die Nymphen

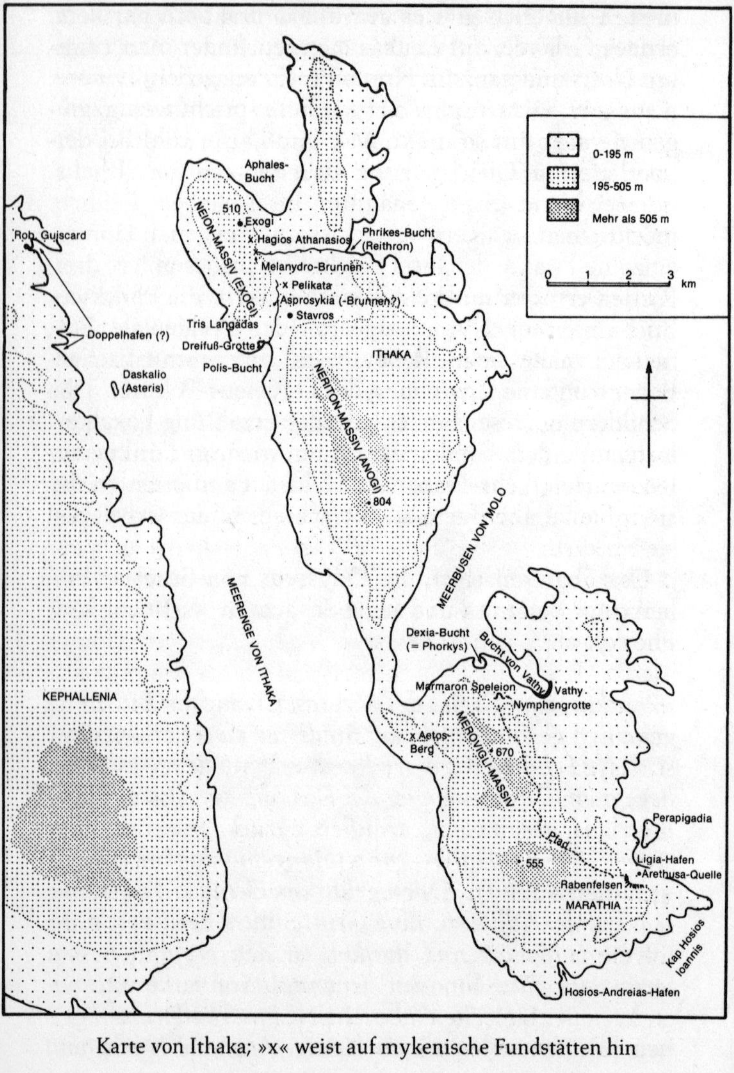

Karte von Ithaka; »x« weist auf mykenische Fundstätten hin

weben auf großen steinernen Stühlen Feiergewande, mit Purpur gefärbt, ein Wunder zu schauen. Unversiegende Quellen durchströmen sie. Zwei sind der Pforten: Eine gen Mitternacht, durch die die Menschen hinabgehn, mittagswärts die andre, geheiligte: Diese durchwandelt nie ein sterblicher Mensch – sie ist der Unsterblichen Eingang.«
(*Odyssee* 13, 96 ff.)

Odysseus wird schlafend am Strand zurückgelassen, und als er erwacht, erkennt er seine Umgebung nicht wieder, bis Athene in der Gestalt eines Hirtenjungen erklärt, daß er auf Ithaka sei. Es gibt gute Gründe, die Phorkys-Bucht mit der heutigen Dexia-Bucht gleichzusetzen, und die ›Nymphengrotte‹ mit einer Höhle bei Marmarospilia, etwa 180 m oberhalb der Bucht in der Bergflanke. Die Dexia-Bucht ist ein geschützter Winkel mit plötzlich abbrechenden ›Wellenbrechern‹ an ihrer Mündung, die ziemlich genau dem homerischen Bild entspricht. Das schlagendste Argument liefert jedoch die Marmarospilia-Höhle, die – genau wie von Homer geschildert – zwei Öffnungen hat. Der ›Menschen‹-Eingang öffnet sich, wie bei Homer, nach Norden. Er ist 1,55 m hoch und 0,46 m breit. Ein großer, einzelner Rollstein, so wie Athene ihn aufstellt (*Odyssee* 13, 370), könnte den Eingang verschlossen haben. Vom Eingang her läuft ein knapp 2 m breiter Sims innen zu einer Felsplatte, die tischartig vorspringt und mit beckenartigen Eintiefungen übersät ist. Diese Leiste liegt etwa 4,60 m über dem Höhlenboden. Stufen führen von ihr in die Hauptkammer herab. Die Haupt-Höhlung hat etwa 18 m Durchmesser, ist annähernd rund und besitzt an der Südseite eine weite Nische. Die Decke ragt – wie in einem ›Bienenkorb‹-Grab – regelmäßig vor, und die Grotte ist tatsächlich »groß und gewölbt« (*Odyssee* 13, 349).

Blickt man nach oben, öffnet sich am Gipfelpunkt ein enger Schacht, durch den Tageslicht eindringt. Er liegt vom ›Mencheneingang‹ aus im Süden, und es erfordert nicht viel Einbildungskraft, sich ihn als Homers »Göttereingang« vorzustellen. Jeder Sterbliche, der versuchen wollte, hier einzudringen, würde sich zu Tode stürzen. Die Wände sind mit bizarren Stalaktitenformationen übersät – der »große steinerne Webstuhl« der Nymphen. Kurz: Die Marmarospilia-Höhle entspricht Punkt für Punkt Homers Beschreibung und bekräftigt: Odysseus landete in der Dexia-Bucht. Jenseits des Wassers beherrscht die ausladende Pyramide des Anogi-Massivs, bei Homer »Neritons walddichter Gipfel« (*Odyssee* 13, 351), den Horizont. Heute ist der Berg kahl, doch im Altertum könnte er bewaldet gewesen sein: Noch heute ist das Ainos-Gebirge für seine Pinienwälder berühmt.

Nachdem Odysseus in der Höhle gebetet und seine Schätze versteckt hat, begibt er sich, von Athene begleitet, auf die Suche nach Eumaios – »nahe beim Rabenfelsen, am arethusischen Borne« (*Odyssee* 13, 408). Um die Behausung des Schweinehirten zu erreichen, ging er »den rauhen Pfad vom Hafen über die waldbewachsenen Gebirge« (*Odyssee* 14, 1 f.). Dies bezieht sich auf einen Fußpfad, der aus der Umgebung der Höhle längs der Merovigli-Osthänge zum Marathia-Plateau führte. Homers Verläßlichkeit voraussetzend, sah ich mich um und fand prompt einen solchen Pfad. In alten topographischen Studien über Ithaka war er nicht erwähnt, aber er stellt eine bequeme Route für jeden dar, der vom Golf von Molo nach Marathia will, ohne in das tiefere Gelände rings um den Scheitel der Vathy-Bucht hinabsteigen zu müssen – und ich zweifle kaum: Er wurde schon im Altertum benutzt.

Den Rabenfelsen kann man weder verfehlen noch vergessen. Am Nordostrand des Marathia-Plateaus fällt er auf einer Länge von 550 m etwa 60 m tief senkrecht ab. Noch immer gibt es hier viele Raben, und die Stelle heißt: *Stefani tou Korakou* (›Rabenfelsen‹). Vom Felsenfuß läuft eine mit Kräutig und Gestrüpp bewachsene Schlucht steil zum Meer hinab. Auf halber Höhe entspringt hier eine ganzjährig fließende Quelle, der ›Aret-husa-Brunnen‹, unter einem Felsblock. Die Schlucht bietet Weide und Wasser für Viehherden, und hoch oben auf der Klippe beherbergt eine der sehr raren Hütten auf Süd-Ithaka einen Ziegenhirten mit Familie. Hier etwa stand Eumaios' »Hof« mit seiner Feldsteinumfriedung, »oben mit Dornen umflochten« (*Odyssee* 15, 5-10). In all den Jahrhunderten seither hat sich hier das Leben kaum geändert: Auch vor der heutigen Hütte gibt es einen ovalen Pferch, dessen mörtellose Trockengemäuer von Dornzweigen gekrönt wird. Einige ganz zufällig aufgegriffene Kleinigkeiten bestätigen, wie genau Homer die Lage beschrieben hat. So liegt das bescheidene Gehöft »hoch, auf weitumschauendem Hügel« (*Odyssee* 14, 6). In der Tat erhebt sich das Gelände hier etwa 240 m über dem Meeresspiegel, und man genießt einfach herrliche Ausblicke auf Berge, Inseln und Meer von Leukas bis hin nach Zakynthos im Süden. »Laß mich vom Felsen werfen«, fordert Odysseus sinngemäß den Schweinehirten auf, »wenn ich die Unwahrheit rede« (*Odysee* 14, 398 ff.). Und wenn das Geschichtenerzählen für den Abend vorbei ist, geht Eumaios, um bei den Schweinen zu wachen: »Sie lagen unter dem Hange des Felsens, geschirmt vor dem Nordwind (*Odyssee* 14, 532 f.). Felsüberhänge, auf die diese Beschreibung genau paßt, gibt es am Fuß des Rabenfelsens genug.

Eumaios' schlichtes »Gehöft« nimmt eine Schlüsselstellung im Aufbau der *Odyssee* ein. Nicht nur, daß es Odysseus als sichere Basis dient: Es ist auch der Punkt, wo Odysseus sich Telemachos zu erkennen gibt. Vater und Sohn treffen hier – aus verschiedenen Richtungen kommend – zusammen: Odysseus, wie wir sahen, auf dem Fußmarsch aus der Dexis-Bucht, und Telemachos auf der Rückfahrt aus Pylos. Die Route, die Telemachos einschlug, hatte einen Landeplatz an der Südostecke Ithakas zum Ziel. Er fuhr längs der elischen Küste und quer über die Mündung des Golfs von Korinth zu den »scharfen (bzw. ›spitzen‹) Inseln« (*Odyssee* 15, 298). Sie sind wohl identisch mit jener Insel, die noch immer *Oxeida* (etwa: ›spitze‹ Insel) heißt, und der pyramidenförmigen Landzunge Kutsilaris. Vielleicht war in homerischer Zeit Kutsilaris selbst noch eine Insel, denn die Küste wurde hier durch Ablagerungen des Acheloos beträchtlich meerwärts verlagert. Von hier fuhr Telemachos auf Athenes Rat zum »nächsten Gestade« Ithakas (*Odyssee* 15, 36), wohl Kap Hosios Ioannis, und lief in eine Bucht unweit der Eumaios-Hütte ein. Als Landepunkt kommt wohl am ehesten der schmale Strand des Ligia-Hafens am Fuß der Schlucht zum Rabenfelsen in Frage.

Nach Ankunft in der Hütte schickte Telemachos Eumaios zum Palast, um Penelope seine Rückkehr melden zu lassen. Der Palast lag wohl (s. oben!) bei Stavros und somit am Marathia entgegengesetzten Inselende. Selbst auf gradestem Wege waren dies noch immer etwa 24 km Entfernung. Dies stimmt mit Homers Angaben überein, denn Eumaios bricht früh auf, verliert im Palast keine Zeit und kommt doch erst nach Dunkelwerden wieder zurück (*Odyssee* 16, 2 und 452-467).

Es gibt auch noch weitere Hinweise darauf, daß für Homer Palast und Hauptstadt im Stavros-Gebiet lagen. Vom Palast-Vorhof erblickt man zwei Häfen: »unseren« Hafen und »Rheithron unter dem waldigen Neion« (*Odyssee* 16, 351 ff. mit 473; 1, 185 f.). Der letztgenannte Hafen soll ein wenig von der Stadt entfernt liegen, der andere lag ihr dann vermutlich näher. *Rheithron* bedeutet ›Fließ‹, und der längste Wasserlauf auf Ithaka entspringt an den Osthängen des Exogi-Massivs und mündet bei dem geschützten Ankerplatz der Phrikes-Bucht. Im Unterlauf fließt er, kanalisiert, mitten durch den Ort Phrikes, der somit den Namen »Bachheim« vollauf verdient. Der »Rheithron«-Hafen wäre dann wohl die Phrikes-Bucht (und »Neion« dann das Exogi-Massiv). Der andere Hafen dagegen wäre die Polis-Bucht (die Aphalis-Bucht im Norden ist kein sicherer Ankerplatz). Beide Häfen kann man von dem bei Stavros nach Norden hin verlaufenden Höhenrücken sehen, und am Schnittpunkt beider Blicklinien, dem heutigen *Pelikata*, müßte demnach Odysseus' Palast gelegen haben. Wirklich fand Heurtley hier mykenische Siedlungs- und Befestigungsspuren. In der Frühbronzezeit lag das Haupt-Siedlungszentrum weiter südlich an den Hängen des Aetos-Berges, doch die Überlieferung erinnert sich an eine bronzezeitliche *polis* »am Neion«, »dicht am hermaiischen Hügel« (zweifelsohne der bucklige Kamm zwischen Stavros und Pelikata) und in Sichtweite eines noch heute ›Polis‹ genannten Hafens (*Odyssee* 3, 81; 16, 471 ff.).

Wie gut Homer Ithakas Topographie kennt, zeigt auch die Erzählung von der Absicht der Freier, Telemachos aufzulauern. Telemachos war in der Polis-Bucht nach Pylos abgesegelt und hatte die Straße von Ithaka genommen. Natürlich glaubten die Freier, er werde auf gleichem Wege wieder zurückkehren. Sie brauchten daher nur einen passenden Geländepunkt, um die Straße von Ithaka zu kontrollieren und abzuriegeln. Am besten eignet sich hierzu das Nordende von Kephallenia gegenüber der Polis-Bucht. Die betreffende Homerstelle hat beträchtliche Diskussionen hervorgerufen:

»*Mitten im Meere liegt ein kleines, felsiges Eiland in dem Sunde, der Ithaka trennt und die bergige Samos. Asteris wird es genannt, wo ein sicherer Hafen die Schiffe mit zwei Armen empfängt. Hier lau'rten auf ihn die Achaier.*«
(*Odyssee* 4, 844 ff.)

Es gibt nur eine einzige Insel in der Straße von Ithaka. Homers Angaben über den Ort des Hinterhalts sind also klar und eindeutig. Es ist das heutige *Daskalio*-Inselchen westlich der Polis-Bucht vor der Küste Kephallenias: ein Kalksteinriff, etwa 180 m lang und knapp 30 m breit. Asteris, »die Sternenhafte«, war ein passender Name dafür, denn im Morgenlicht schimmert es hell vor der dunkleren Flanke Kephallenias. Doch wie stand es mit dem »Doppelhafen«?

Für ein homerisches Langschiff bot dieses Inselchen keineswegs einen sicheren Anlegeplatz. Man hat den »Doppelhafen« also an der nahen Küste Kephallenias zu suchen, wo man ihn auch findet. Außerdem gewährt gerade an diesem Küstenabschnitt eine Reihe felsiger Landvorsprünge ausgezeichneten Blick über den gesamten Ithaka-Kanal, und es heißt ja bei Homer:

»*Tags stellen wir Späher umher auf luftigen Höhen,*

immer andre nach andern; und wenn die Sonne sich senkte, ruhten wir nimmer die Nacht auf dem Lande, sondern im Meere kreuzten wir mit dem Schiff und harrten der heiligen Frühe ...«
(*Odyssee* 16, 365 ff.)

Diese Stelle kann nur Kephallenia als Basis des Anschlags auf Telemachos voraussetzen, denn Daskalio/Asteris erhebt sich nur ganze 3 m aus dem Wasser; das ist keine »luftige Höhe« für Späher. Zusammen beschreiben beide Stellen den Platz des Hinterhalts ganz vorzüglich: Es war die Küste Kephallenias, und man patrouillierte im Kanal zwischen Daskalio und der Polis-Bucht. Homer hat sich die kleine Freiheit herausgenommen, den »Doppelhafen« nach Asteris zu verlegen: Dies drängt die Schilderung etwas zusammen, ohne der Wahrheit schwerwiegend zu widersprechen. Auch neuzeitliche Erzähler, angefangen von Sir Walter Scott, leisten sich bei der Beschreibung wirklich existierender Landschaften ähnliche Freiheiten.[3a]

Auf Athenes Rat hin vermied Telemachos bei seiner Rückkehr die Straße von Ithaka (*Odyssee* 15, 27-39). Sein Kurs führte ihn »von der Insel ab«, d. h.: Er folgte der peloponnesischen Küste bis Kap Araxos, hielt dann auf Oxeia zu und näherte sich von Osten her der Südostspitze Ithakas. Auf diesem Umweg entging er der Gefahr, von den Spionen in der Straße von Ithaka ausgemacht zu werden. Außerdem landete er so nahe bei Eumaios' Gut, wo er sich mit seinem Vater traf, bevor er sich auf dem Landwege zum Palast zurückbegab. Sein Schiff fuhr indessen wohl weiterhin die Küste entlang und stahl sich hinter dem Rücken der Späher in die Polis-Bucht. So gesehen, ergeben die von Homer beschriebenen »Schachzüge« der einzelnen Parteien zusammen mit Ithakas Topographie (und der seiner Umgebung) einen guten Sinn.

H. L. Lorimer bemerkt: »Der Erzähler, der vor uns einen komplizierten Stoff mit häufigem Szenenwechsel ausbreitet, muß, wenn er glaubhaft wirken will, eine Kartenskizze sämtlicher Operationen im Kopf haben.«[4] Homer muß sich über die Topographie Ithakas völlig im klaren gewesen sein, als er Odysseus und Telemachos aus verschiedenen Richtungen zu Eumaios' Gehöft und dann schließlich zum Palast kommen ließ. Standardbeschreibungen Ithakas als »meerumschlungen«, »felsig« und »rauh«, dazu die Namen prominenter Geländemarken wie etwa des Neriton-Massivs, waren wahrscheinlich schon lange fester Bestandteil der Tradition. Doch Homer wiederholte solche Details keineswegs nur des Lokalkolorits wegen. Er läßt vielmehr die Handlung gleichsam auf einer Naturbühne spielen, und seine Originalität, sein Realismus drängen uns förmlich die Frage auf: Woher kannte er das alles?

Korinthische Keramik des späten 8. Jahrhunderts vom Aetos-Massiv bestätigt: Ithaka war damals Anlaufhafen für Schiffe auf der Route nach den neugegründeten griechischen Kolonien auf Kerkyra (Korfu), Sizilien und in Italien. Sogar ein paar Fragmente ionischer Keramik kamen bei der Polis-Bucht zum Vorschein. Nach 750 muß es in Ägäis-Häfen eine Menge Seeleute gegeben haben, die genau über Ithaka Bescheid wußten. Homer kann seine Informationen aus dieser Quelle haben, so wie angeblich Shakespeare das Lokalkolorit in seinem ›Sturm‹ aus der Erzählung von einem authentischen Schiffbruch auf den Bermudas bezogen haben soll. Doch im Ithaka-Bild der *Odyssee* untermalen Beschreibungen wie Anspielungen die Handlung so realistisch, daß die Hypothese einer Information aus zweiter

Hand wohl kaum ausreicht. Konnte Homer nach Angaben anderer so wirklichkeitsnah die Geländeverhältnisse am Neriton-Massiv und der Dexia-Bucht, der Marmarospilia-Höhle und dem Pfad nach Marathia schildern? Konnte er nur nach Gesprächen mit Seeleuten so genau wissen, wie es bei Stavros aussah und daß man von Pelikata zur Polis- und Phrikes-Bucht hinabblickte? Eine solche genaue Kenntnis Ithakas nur vom Hörensagen? Wohl unwahrscheinlich! Wir müssen daher die Möglichkeit in Betracht ziehen, daß Homer Ithaka besuchte und sich hier aufgehalten hat.

Schon im Altertum vermutete man dies, und einige antike Homerbiographien berichten davon. Auch heutige Schilderer der Landschaft Ithakas sind überzeugt: Homer müsse gesehen haben, was er schrieb.[5] Die Schwierigkeiten, die zwei *Odyssee*stellen (9, 21 ff. u. 4, 844 ff.) zu bieten schienen, lassen sich, so meine ich, lösen, und sie sind nicht groß genug, um auszuschließen, daß Homer sah, was er schilderte. Man halte ihnen andere Passagen entgegen, wo Homer ein überzeugendes Bild Ithakas entwirft. Alles in allem gibt Homer die Realität so vorzüglich wieder, daß wohl nur persönliche Kenntnis der Insel Grundlage dafür sein kann.

Und eine solche Vermutung ist keineswegs abwegig. Als Berufs-Barde kam Homer wohl viel herum. Er sah wohl die Troas (s. Seite 179), und es gab eine alte Tradition von einem Wettstreit zwischen ihm und Hesiod auf Euboia. Nach H. L. Lorimer kannte er außerdem Attika.[6] In Korinth konnte er ohne Schwierigkeiten ein Schiff nach Westen nehmen, das rings um die Peleponnes oder die kürzere Strecke durch den Golf von Korinth fuhr. Und als er sich entschlossen hatte, ein großangelegtes Gedicht über Odysseus zu verfassen, genügte wohl der Wunsch, die angebliche oder wirkliche Heimat seines Helden zu sehen, um ihn zu einer solchen Reise zu veranlassen.

Eine Entdeckung der britischen Archäologen auf Ithaka bestätigte ganz unerwartet, daß Homer hier gewesen sein muß. Zwischen 1930 und 1932 grub S. Benton eine interessante Stätte am Nordrand der Polisbucht aus. Im Altertum war hier ein Höhlenheiligtum, doch in frühchristlicher Zeit war die Decke eingestürzt, und der Platz war vergessen, bis 1868 und 1873 ein Ithaker namens Loizos hier Grabungen durchführte. Er fand ein Bronzeschwert, einen Speer und einen bronzenen Dreifuß-Kessel. Vollgraf stieß hier 1904 auf einige mykenische Scherben, aber S. Benton war die erste, die den Platz gründlich durchforschte. Ihre Funde stratifizierter Keramik und Votivgaben zeigten ihr: Von der Bronzezeit bis zum 1. Jahrhundert n. Chr. war die Höhle Kultstätte.[7] Man verehrte hier die Nymphen, und ein Fragment einer Terrakottamaske trug die Aufschrift: ΕΥΧΗΝ ΟΔΥΣΣΕΙ (»Gebet zu Odysseus«). Das Fragment stammt aus dem 2. oder 1. Jahrhundert v. Chr. und deutet an, daß damals auch ein Odysseus-Kult mit der Grotte verbunden war.

Außerdem förderten S. Benton und ihr Team die Überreste von 12 Dreifußkesseln aus Bronze zutage, wohl die eindrucksvollsten Weihgeschenke in der Höhle. Von bester Verarbeitung, hatten sie stehend eine Höhe von ca. 90 cm. Hunde- oder Pferdefigürchen zierten ihre kreisrunden Henkel, außerdem waren Füße und Henkel mit aneinandergereihten Spiralen und anderen geometrischen Motiven verziert. Sie stammten aus dem 9. oder 8. Jahrhundert und sind zwar erheblich jünger als Odysseus' Zeitalter, aber älter als die vermutliche Abfassungszeit der *Odyssee*. In Anbetracht der Tatsache, daß die Votivkeramik seit der frühen Eisen-

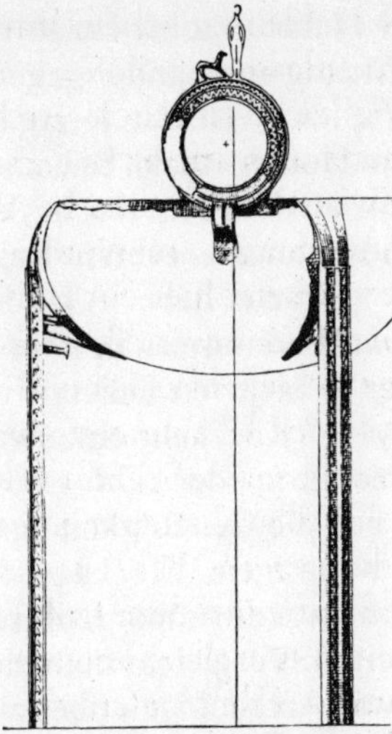

Rekonstruktion eines der Dreifußkessel auf der Dreifuß-Höhle

zeit verbreitet war, ist es durchaus möglich, daß es zumindest im frühen 9. Jahrhundert in der Höhle eine kultische Verehrung des Odysseus gab, und es scheint tatsächlich eine gewisse Verbindung zwischen den Dreifußkesseln und der *Odyssee* bestanden zu haben. Denn unter den Schätzen, die Odysseus von den Phaiaken mit nach Hause brachte, befanden sich 13 Bronzekessel und Dreifüße: ein Geschenk des Alkinoos und seiner 12 Fürsten (*Odyssee* 8, 390f. und 13, 13f.). Die Zahl 13 stimmt genau mit den Funden in der Höhle überein (12 Kessel fand S. Benton, einen entdeckte Loizos). Dies kann kaum noch Zufall sein. War es eine fromme Stiftung, um genau die Zahl der Odysseus-Tradition zu treffen? Oder hat Homer diese Dreifußkessel gesehen? Hatte er von ihnen nur gehört? Und arbeitete er die Zahl 13 nur in seine Erzählung ein, so daß Erzählung und Stiftung aneinander gegenseitig bekräftigen mußten? Vielleicht ist das letztgenannte wahrscheinlicher. Wenn Homer Ithaka besuchte, dann sah er bestimmt die Höhle an der Polis-Bucht. Vielleicht sagte man ihm sogar, dies seien die ›echten‹ Kessel, die Odysseus nach Hause gebracht habe. Als Meister der Erzählung, der er war, bereitete es ihm wohl Freude, die Bekräftigung einer so bizarren Legende in die Überlieferung über Odysseus' Rückkehr einzuweben. Genug – eingehende Betrachtung der *Odyssee*-Stellen über Ithaka trägt dazu bei, die Genauigkeit des homerischen Ithaka-Bildes zu bestätigen. Die Lage des Odysseus-Palastes läßt sich in etwa aus topographischen Angaben im Text allein ableiten. Vergleicht man diese Textinformation mit dem, was Archäologen über die mykenische Besiedlung ergraben haben, so verblüfft die Übereinstimmung beider Evidenz-Linien und bestärkt die Überzeugung: Die epische Tradition war wohlfundiert.

8. AN DER PERIPHERIE DER WELT HOMERS

Homers Welt hat ihr Zentrum in der Ägäis. Er besitzt klare Vorstellungen von den See- und Landgebieten zwischen Samothrake und Kreta. In der *Odyssee* (3, 169ff.) zeichnet er einige achäische Anführer, die aus Lesbos über den Heimweg nach Griechenland beraten. Sollten sie die lange, offene Kreuzfahrt nördlich von Chios wagen, Psyra an Backbord liegen lassen, oder sollten sie sich dicht an die Küste halten, die Meerenge zwischen Chios und dem Festland durchfahren, nach Samos hin, und dann über die Kykladen nach Hause? Auf ein Götterzeichen hin entschließen sie sich für die direktere Route und erreichen wohlbehalten Kap Geraistos im Süden Euboias, wo sie Poseidon ein Dankopfer für die glückliche Überfahrt über »das ungeheure Gewässer« darbringen. Hinter der Debatte stehen die Realitäten einer Reise über die Ägäis in kleinen Booten[1], und wahrscheinlich kannte Homer die Seewege, um die es ging, recht gut.

Da die *Ilias* in der Troas spielt, enthält sie natürlich detaillierte geographische Angaben über dieses Gebiet. Über den Rest der kleinasiatischen Küste berichtet sie nur wenig, doch die Erwähnung der »weinenden Niobe«, einer Felsformation am Sipylos-Massiv deutet auf Homers Vertrautheit mit dem Gebiet östlich von Smyrna hin (*Ilias* 24, 614ff.).

Der Schiffskatalog legt Griechenlands politische Gliederung dar, von der der Dichter im gesamten Rest seiner Werke ausgeht. Er beweist eine außerordentliche Kenntnis von Städten, Distrikten, Bergen und Flüssen.

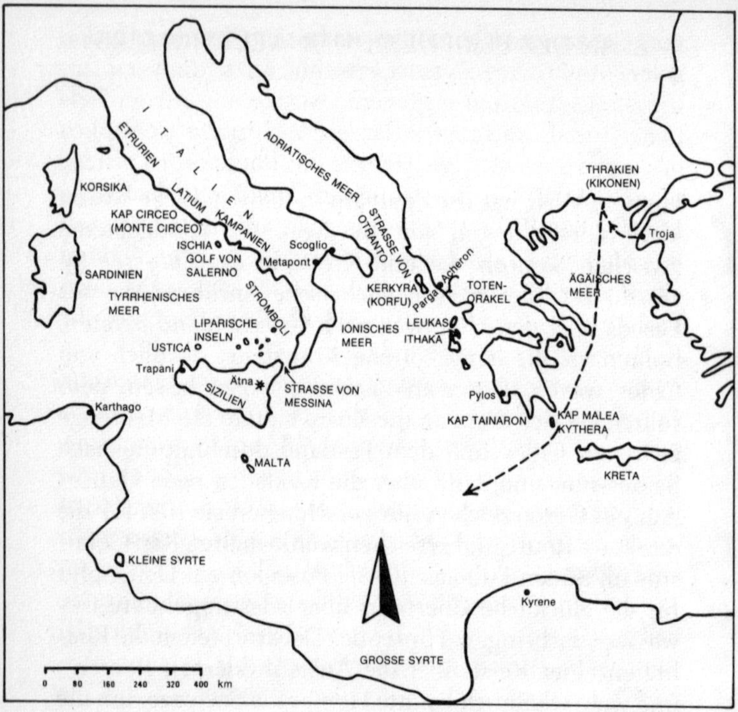

Karte des zentralen Mittelmeerraumes zur Illustration der Wanderungen des Odysseus

Standardbeiwörter geben Charakteristisches wieder. So ist Lakeidamon »hohl« und »schluchtenreich«, Ithaka »felsig« und »schmal«, der Taygetos ist »lang« und Dodona »frostig«. Auch auf Besonderheiten geht die Überlieferung ein, so auf den Zusammenfluß des klaren Titaressos mit dem schlammigen Peneios (*Ilias* 2, 752 ff.).

Über Gebiete außerhalb der Ägäis und deren Küstenland liegen nur verhältnismäßig karge Informationen vor. Das Innere Kleinasiens ist fast ein »weißer Fleck«, gelegentlich wird Zypern erwähnt (z. B. *Ilias* 11, 21; *Odyssee* 4, 83), und es gibt eine Anspielung auf den heiligen Bezirk und den Altar der Aphrodite in Paphos (*Odyssee* 8, 362 f.). Als Heimat der Phöniker ist »Sidonia« bekannt: Von dort kommen Textilien und silberne Mischgefäße. Diese Tradition mag auf die Bronzezeit zurückgehen: Zwischen 1400 und 1200 gab es einen ausgedehnten mykenischen Levantehandel. Dennoch beziehen die Angaben Homers über die Phöniker ihr Kolorit aus einem späten Zeitalter.

Bezeichnend für die Herausbildung der Tradition sind die sporadischen Erwähnungen Ägyptens, denn sie spiegeln griechische Ägyptenkontakte in der Spätbronzezeit. In der *Ilias* (9, 381 ff.) spielt Achill auf den großen Reichtum des »ägyptischen Theben« mit seinen »hundert Toren« und seinen Streitwagenschwadronen an. Dies muß eine Erinnerung an Thebens Glanzzeit im 14. und 13. Jahrhundert gewesen sein. Keramikfunde aus dem 14. und dem beginnenden 13. Jahrhundert (III A 2 und III B 1) an zahlreichen Stellen attestieren mykenische Handelsbeziehungen mit Ägypten, und die Legende von Menelaos' Ägyptenaufenthalt und seinem von dort herrührenden Reichtum ist wahrscheinlich Resultat derartiger Handelsbeziehungen (*Odyssee* 4, 83 ff.; vgl. S. 75). Später, im ›dunklen Zeitalter‹, verloren die Griechen jeden Kontakt mit Ägypten. Erst um 650 wurden neue Beziehungen aufgenommen.

Die Erzählung von Menelaos' Ägyptenaufenthalt birgt ein paar aufschlußreiche Details: Helena erhielt von einer Ägypterin namens Polydamna, der Gattin des Thon, eine schmerzstillende Droge, vielleicht Opium (*Odyssee* 4, 227 ff.). Von einer anderen Ägypterin aus Theben bekam sie einen silbernen Arbeitskorb auf Rädern mit goldausgelegtem Rand, während der Gatte dieser Dame, Polybos, Menelaos »zwei Badewannen aus Silber, zwei dreifüßige Kessel und zehn Talente des Goldes« schenkte (*Odyssee* 4, 125 ff.). Solche ›Geschenke‹ passen zu den bekannten Handelsbeziehungen zwischen der Peleponnes und dem Mittleren Osten der Bronzezeit. So fand sich eine Schale aus der 5. Dynastie auf Kythera, wo vielleicht schon um 2300 in Kastri eine minoische Kolonie gegründet wurde.[2] Um 1450 gaben die minoischen Kolonisten die Siedlung wieder auf, und wahrscheinlich übernahmen damals mykenische Kaufleute aus der Peleponnes den Levantehandel. Eine jüngst entdeckte ägyptische Inschrift (um 1400) erwähnt Kythera und Knossos (möglicherweise auch Mykene, Nauplia und Messene) in einer Art Liste ägäischer Ortsnamen, und es kann dabei nur um Handelsbeziehungen gegangen sein.[3] Und außer den berühmten minoischen Goldbechern enthielt das Grab in Vapheio Alabasterkrüge und einen Silberlöffel ägyptischer Herkunft.

Auch die Legende von Odysseus' Irrfahrten mag teilweise auf Erinnerungen an mykenische Seefahrten in Gewässern westlich von Griechenland zurückgehen. Seit dem Zweiten Weltkrieg haben Ausgrabungen auf Sizilien, den Liparischen Inseln und in Süditalien unser Wissen über das Vordringen der Mykener in den westlichen Mittelmeerraum erheblich erweitert.[4] Ein Seeweg führte von der Peleponnes über Ithaka nach Kerkyra (Korfu) und dann über die Straße von Otranto zum ›Absatz‹ Italiens. In Scoglio del Tonno an der Einfahrt zum Hafen von Tarent deuten mykenische Überreste auf das Vorhandensein eines seit etwa 1400 ständig besiedelten, wichtigen Handelspostens hin. Von dort führte die Route längs der ›Sohle‹ Italiens zur

Straße von Messina und weiter zu den Liparen, wo mykenische Kaufleute in Schiffsverbindung mit Sardinien gestanden haben dürften. Und zwar fand man auf Sardinien Kupferbarren ägäischen Typs (um 1200), doch bisher keinerlei mykenische Töpferware. Auch längs der italienischen Westküste segelten Mykener herauf – mindestens bis nach Ischia, vielleicht auch bis Etrurien, wo kürzlich mykenische Keramik gefunden wurde. Eine weitere Route führte zur Ost- und Südküste Siziliens mit Anschluß nach Malta. Bisher gibt es noch keinen Beweis für das Auftreten von Mykenern an der französischen Südküste oder auf der Iberischen Halbinsel, doch gewissen Anhaltspunkten zufolge, scheinen sie ein wenig in den adriatischen Raum vorgedrungen zu sein.

Offensichtlich erkundeten ab etwa 1600 kühne mykenische Handelspioniere Routen, die sie mehr als 800 km weit in unbekannte Seegebiete westlich von Griechenland brachten. Es wäre seltsam genug, wenn diese wagemutigen Reisen in der griechischen Überlieferung nicht ihre Spuren hinterlassen hätten. Untersuchen wir Odysseus' Abenteuer vor diesem Hintergrund, so lassen sich in der Tat ein oder zwei Stellen aufzeigen, wo ganz sicher nautisches Wissen der Bronzezeit eingeflossen ist. Eine dieser Stellen ist die Segelanweisung, die Kirke Odysseus bei seinem Abschied gibt (*Odyssee* 12, 37ff.). Sie läßt ihm die Wahl der Route, die er einschlagen will, und man hat oft geäußert, die Stelle enthalte Elemente eines alten Segelhandbuchs. Eine Route führte durch eine schmale Seestraße zwischen den beiden Ungeheuern Skylla und Charybdis. Im Altertum nahm man allgemein an, Charybdis symbolisiere die gefährlichen Fahrwasser der Straße von Messina. Tatsächlich war die Passage hier nicht ohne Risiko. Selbst heute noch warnt der *Admi-*

ralty Pilot: »Strömungen und Strudel, seit der Antike berühmt, erfordern einige Vorsicht beim Durchfahren der Meerenge.« Am engsten ist die Passage am Nordende (von Kap Peloro zur Festlandsküste sind es nur 3 km), und von dort bis nach Messina hin sind die Wirbel und Strömungen am stärksten. Es gibt hier einen Gezeitenstrom, der viermal in 24 Stunden seine Richtung ändert und eine Geschwindigkeit von 4 Knoten (7,41 km/h) erreicht. Einem Seemann aus der gezeitenlosen Ägäis müssen derartige Fahrwasserverhältnisse einen enormen Respekt eingeflößt haben. Gezeiten und Wirbel stehen miteinander in Verbindung, und die Mischung der Gewässer beider Meere nördlich und südlich der Straße läßt den Seespiegel oft geradezu ›aufkochen‹. Mykenische Seefahrer müssen sich nur mit Todesangst dieser Passage anvertraut haben, und Homers Beschreibung der Charybdis, der »wasserstrudelnden Göttin, dreimal gurgelt sie täglich es aus und schlurfet es dreimal schrecklich hinein« (*Odyssee* 12, 104f.), scheint diese Angst zu spiegeln.

Wenn aber eine der Routen Kirkes durch den *Stretto di Messina* führte, wie stand es dann um die andere, an der die »irrenden Klippen« lagen? Hier ist von Rauch, Brandung, Feuer und Getöse die Rede – eine ungewöhnliche Kombination, die einen Ortsansatz im Gebiet der Liparen nahelegt (*Odyssee* 12, 68 und 202). Diese Inselgruppe ist vulkanisch und war im Altertum noch tätiger als heute. Als Odysseus die »Irrenden« erblickte, ließ er an seinen Steuermann einen Befehl – den einzigen, der von seinen Irrfahrten überliefert ist –: »Lenke das Schiff mit aller Gewalt aus dem Dampf und der Brandung und halte gerade auf den Felsen zu!« ... Es war der Skylla-Felsen (*Odyssee* 12, 217ff.)! Keineswegs ist völlig auszuschließen, daß dies unmittelbar alten Segelanweisungen für die Passage von Kampanien nach Sizilien entnommen ist.

In *Ulysses Found* hat Ernle Bradford unterstrichen: Südlich des Golfs von Salerno hat die italienische Westküste bedenklich wenig Häfen.[5] Seine Ansicht – sie beruht auf großer Segelerfahrung in kleinen Booten – lautet: Eine Segeljacht, die nach Sizilien will, hält man am besten von der Küste ab und nimmt direkt Südkurs. Wegmarke auf dieser Route ist der Stromboli (926 m), dessen tagsüber rauchumwölkter, nachts flammender Gipfel stets ein klar erkennbares Seezeichen abgab. Von hier nun hat man die Wahl: entweder ein gutes Stück östlich vom Stromboli längs der Küste zur Straße von Messina – Odysseus' Kurs oder westwärts um Sizilien herum. Folgt man dieser Route, bekommt man es mit den Liparen zu tun – es geht zwischen felsigen Vulkaninseln hindurch: ein Risiko eigener Art. Kirkes Abriß mehrerer Strecken läßt wohl die Wahl zwischen einer Passage durch Vulkane oder durch eine Straße mit Gezeiten, und es ist in der Tat verblüffend, daß Schiffe, die von Kampanien herabkommen, vor genau dieser Wahl stehen, je nachdem sie Sizilien im Westen oder Osten umfahren wollen. Hier scheint die *Odyssee* nautisches Wissen zu bewahren, das bis auf mykenische Zeit zurückgeht.

Dies anzunehmen, heißt nicht, daß sich alle Punkte identifizieren lassen, wo Odysseus an Land ging. Selten genug erfahren wir so unverkennbare Details, daß die eine oder andere Identifikation wirklich überzeugt. Dennoch hat dies weder in der Antike noch heute Forscher abgeschreckt, einen umfangreichen Katalog von Landeplätzen innerhalb und außerhalb des Mittelmeerraums vorzuschlagen. So verlegte man in der Antike die Kyklopen nach Sizilien. Euripides' *Kyklops* spielt am

Hang des Ätna, wenn auch einige moderne Autoren für das Gebiet um Trapani und Monte Erice plädiert haben.[6] Homer gibt lediglich an, daß die Kyklopen in bergigem Gelände in Höhlen hausten und es vor ihrer Küste eine unbewohnte Insel gab (*Odyssee* 9, 116-124). Auch Kalypsos Inselheimat Ogygia hat man abwechselnd auf Malta, Ustica, Madeira, bei Ceuta an der Straße von Gibraltar, ja sogar auf Island gesucht.[7] Bei Homer liegt die Insel nur in »der Mitte des wogenden Meeres« und »fern« (*Odyssee* 1, 50; 5, 55-74). Manchmal läßt man die spärlichen Angaben Homers sogar außer acht, so im Fall der Kirke-Insel Aiaia. Nach Homer ist dies nur eine »Insel, die rings das unendliche Meer umgürtet«, und »wo der dämmernden Frühe Wohnung und Tänze sind und Helios' leuchtender Aufgang« (*Odyssee* 10, 195; 12, 3–4). An sich setzt dies eine Lage weit im Osten voraus. Und doch gab es eine Tradition – sie ging bis auf das 6. Jahrhundert zurück –, die Kirke mit Latium in Verbindung brachte und sie hier suchte: nicht auf einer Insel, sondern auf Kap Cicero, das noch immer ihren Namen trägt.

Nur der Ausgangspunkt von Odysseus' Reise läßt sich präzise auf der Landkarte angeben. Nach Verlassen der Troas überfiel er die Kikonen in Ostthrakien und wurde dann von einem Sturm quer über die Ägäis sowie zwischen Kap Maleia und Kythera hindurch aufs offene Meer südlich und östlich von Kreta getrieben (*Odyssee* 9, 39-81). Von hier an ist alles unklar. Kythera bleibt der letzte Punkt vor Odysseus' Rückkehr nach Ithaka, der sich definitiv festlegen läßt. Allerdings gibt es einige Hinweise darauf, daß man sich Odysseus' Abenteuer im Seegebiet westlich von Griechenland vorzustellen hat. So wird Odysseus beispielsweise nach dem Verlassen der Aiolos-Insel neun Tage und neun Nächte von Zephyros getrieben, bis er Ithaka sichtet (*Odyssee* 10, 25 ff.). Dies heißt: Die epische Tradition stellte sich die Aiolos-Insel weit im offenen Meer westlich oder nordwestlich von Ithaka vor. Und wenn Odysseus auf seinem Floß Kalypsos Insel verläßt, hat er den großen Bären stets zur Linken. Seine siebzehntägige Fahrt nach Scheria muß ihn also nach Osten geführt haben (*Odyssee* 5, 270-281). Doch dies sind nur spärliche und allgemein gehaltene Angaben. Genaueres enthält Homers Text nicht. Alle Versuche, für Odysseus' Abenteuerfahrt einen bestimmten Kurs festzulegen, sind von vornherein dazu verurteilt, aus Mangel an Beweisen zu scheitern. Die Geschichte seiner Irrfahrten ist kein echtes Reisetagebuch, andererseits aber war sie vielleicht doch von der Wahrheit nicht ganz so weit entfernt. Zugegeben: Es ist viel Volksüberlieferung dabei, viel Märchenhaftes. Einäugige Riesen, Aiolos' Windschlauch, in Tiere verwandelte Menschen – gut: In einer Hinsicht segelte Odysseus durch ein Wunderland, das es nie gab. Dennoch mag die Erzählung auch Spiegelungen echter Erfahrung enthalten. So *war* die nordafrikanische Küste zwischen Kyrene und Karthago Heimat einer Frucht, bei der es sich wohl um Homers ›Lotos‹ handelte (des sogenannten ›Judendorns‹), in Süditalien *hausten* während der Spätbronzezeit Hirten in Höhlen, und so wilde Stämme wie die Laistrygonen gab es bestimmt auf Korsika oder an der Adriaküste. Diese Irrfahrten basieren auf einer vielschichtigen Überlieferung, und gewisse Elemente lassen sich recht gut auf Erfahrungen mykenischer Seefahrer in westlichen Gewässern zurückführen. Auch der Handel zwischen dem ägäischen Raum der Spätbronzezeit sowie Mittel- und Nordeuropa spielte eine Rolle.[8] In den Gräbern von Mykene, aber auch anderswo auf der Peleponnes fand man beträchtliche Mengen Ostsee-Bernstein. Man brachte ihn wohl quer durch Europa zur Adria-Nordspitze, und dort ging es zu Schiff weiter. In einem Kaufmannshaus in Mykene kam eine Form für Schaftlappenbeile norditalischen oder oberen Donau-Typs zum Vorschein.[9] Die Mykener bezogen Kupfer, Zinn und Gold, und umgekehrt lieferten sie Schmuck, Waffen und vielleicht auch Wein. Den Einfluß mykenischer Bewaffnung zeigen klar ein Bronzeharnisch aus Čaka (Slowakei), ein glokkenförmiger Helm aus Beitzsch (Norddeutschland) und ein Schwert mit geflanschtem Griff aus Øskovedehus (Jütland). Eine Analyse des Schwertmetalls hat gezeigt, daß es nicht im ägäischen Raum hergestellt wurde. Doch die Form der Griffzunge sowie die Anzahl der Plazierung der Nietlöcher erinnert sehr stark an den um 1400 in der Ägäis üblichen Schwerttyp. Fast sicher ist es ein lokales Erzeugnis, doch wir müssen einfach folgern, daß hier ein typisches Produkt mykenischer Waffenindustrie im 14. Jahrhundert v. Chr. auf Jütland kopiert wurde.

Möglich, daß einige ganz vage geographische Angaben über Nordeuropa über die Handelswege durchsikkerten und die griechischen Vorstellungen von den Randgebieten der Erde mitprägten. Eine Passage in Hesiods *Theogonie* (Vers 729–745) enthält vielleicht ein schwaches Ahnen nordischer Einöden. In Homers Laistrygonenland liegen »die Triften der Nacht und des Tages« nahe beieinander, »und ein Mann ohne Schlaf erfreute sich doppelten Lohnes« (*Odyssee* 10, 84 ff.). Diese unklare Wendung muß in Beziehung zu der mythischen Pforte stehen, die Hesiod (*Theogonie* 748 ff.) beschreibt: Tag und Nacht treffen sich hier und grüßten einander an der großen bronzenen Schwelle. Für eine solche Beziehung spricht auch der Name der Laistrygonen-Zitadelle Telepylos (»fernes Tor«) bei Homer. Beide Dichter scheinen aus der gleichen Quelle über die »Enden der Erde« geschöpft zu haben. Krates von Pergamon faßte die Homerstelle als Anspielung auf die kurzen Sommernächte Nordeuropas auf, und viele heutige Kommentatoren stimmen ihm hierin zu. Jedenfalls paßt hier keine Deutung, die von Verhältnissen im Mittelmeerraum ausgeht, und man denkt in der Tat an die frühe Dämmerung und das mitternächtliche Zwielicht nördlicher Breiten. Irgendeine Kunde davon könnte eher in mykenischer Zeit, als es ausgedehnten Handel gab, nach Griechenland gedrungen sein, als später im ›dunklen Zeitalter‹.

Im allgemeinen aber scheint sich genaueres geographisches Wissen in mykenischer Zeit auf das Verbreitungsgebiet der mykenischen Kultur beschränkt zu haben, und was die Mykener darüber hinaus über Länder und Völker wußten, läßt sich auf mykenische Handelsexpeditionen zurückführen. Neueren Entdeckungen zufolge drangen die Mykener in Nordwestgriechenland weiter vor, als bisher angenommen. Vor 15 Jahren kannte man keine mykenische Siedlung nördlich von Ithaka, obwohl Keramikfunde auch auf Leukas auf mykenische Präsenz hindeuteten. Doch inzwischen hat das Gebiet am Acheron-Unterlauf in Thesprotien bedeutendes Beweismaterial für mykenische Besiedlung erbracht. Spuren einer Kyklopenmauer auf dem Hügel von Xyloskastro stammen von einer kleinen Zitadelle, und hier wurden mykenische Scherben geborgen. Einige Kilometer nördlich davon, bei Parga, fand man ein Kuppelgrab. Noch weiter im Norden, bei Mazaraki, kamen 1970 in einem III-B-Grab mykenische Töpferware und Waffen zum Vorschein.[10] Doch die bedeutendsten Entdeckungen machte man in Mesopotamon: Hier kann auf einer steilen Klippe über dem Zusammenfluß von Acheron und Kokytos eine eindrucksvolle Folge von Bauwerken ans Licht.[11] Sie bildeten ein Orakelheiligtum, wo man die Toten befragte, und stammen aus dem 3. Jahrhundert v. Chr., das Orakel aber hat eine viel längere, ältere Geschichte. So fand man Votivgaben aus dem 6. Jahrhundert, ja: mykenische Scherben und ein mykenisches Grab innerhalb des heiligen Bezirks sprechen sehr dafür, daß das Orakel seit der Spätbronzezeit hier bestand.

Diese archäologische Stätte verdient Aufmerksamkeit im Zusammenhang mit Homers Beschreibung des Besuchs, den Odysseus der Unterwelt abstattet (*Odysseus*, Buch 11). Odysseus soll zum Haus des Hades reisen, um dort den Geist des thebanischen Sehers Teiresias zu befragen. Kirke erklärt ihm, er müsse zu Schiff den Okeanos überqueren. Und dann fährt die Göttin fort:

»Aber bist du ... an dem niedern Gestad und den Hainen Persephoneiens voll unfruchtbarer Weiden und hoher Erlen und Pappeln: Lande dort mit dem Schiff an des Ozeans tiefem Gestrudel und dann gehe du selber zu Hades' dumpfer Behausung. Wo in den Acheron sich der Pyriphlegthon stürzet und der Strom Kokytos, ein Arm der stygischen Wasser, an dem Fels, wo die zwei lautbrausenden Ströme sich mischen ...«
(*Odyssee*, 10, 509-515)

Hier soll Odysseus eine Grube graben und nach Opfer und Trankopfer mit den Geistern der Toten reden. Die Schilderung ist plastisch: der abgelegene Strand, die Haine mit ihren Bäumen und die Felsklippe über dem Zusammenfluß der drei Flüsse: Acheron, Kokytos und

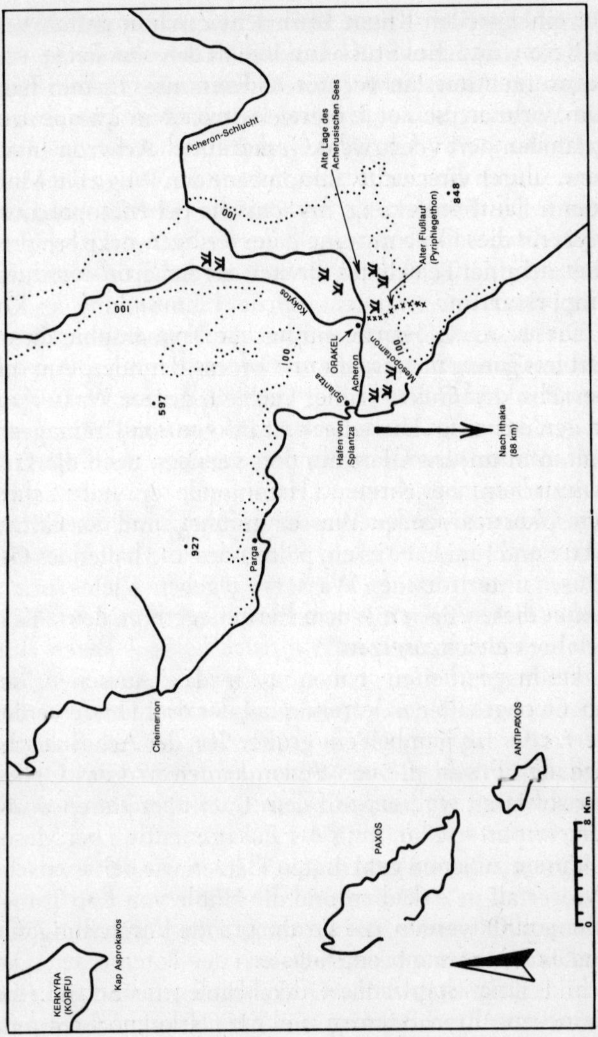

Karte Thesprotiens im antiken Epeiros

Pyriphlegethon – man könnte hier schon annehmen, daß ein wirkliches Stück Landschaft dahintersteckt, und schon im Altertum vermutete Pausanias, Homer habe die Vorbilder seiner Unterweltsströme in Thesprotien gefunden, wo der weidenumsäumte Acheron noch heute durch eine weite Sumpfebene den Weg zum Meer sucht. Die Entdeckung des Orakels bei Mesopotamon bestärkt diese Vermutung, denn die Bauwerke erhoben sich auf einer Felsklippe, die steil am Acheron-Nordufer emporragt, und zwar genau an der Einmündung des Kokytos. N. G. L. Hammond hat die Topographie dieses Gebiets genau untersucht und herausgefunden: Am selben Punkt mündete früher auch ein dritter Wasserlauf in den Acheron. Diese Bach ist infolge von Drainagearbeiten in unserem Jahrhundert versiegt, doch die Einheimischen berichteten Hammond, er habe stark phosphoreszierendes Wasser geführt, und »zwischen März und Juni habe es ein polterndes und hallendes Geräusch unterirdischen Wassers« gegeben. Vieles spricht dafür, diesen Bach mit dem Pyriphlegethon, dem »Feuerloher« gleichzusetzen.[12]

Drainagearbeiten haben auch das Aussehen der Ebene oberhalb der Vereinigung der drei Flüsse verändert. Hier lag nämlich ein großer See, der Acherusische See, den Pilger, die von Süden kamen und das Orakel konsultieren wollten, mit dem Boot überqueren mußten. Wie es scheint, muß der Zusammenfluß bei Mesopotamon zu jenen geheiligten Plätzen wie der stygische Wasserfall in Arkadien und die Höhle von Kap Tainaron gezählt werden, die zusammen die Vorstellung von Hades' Wohnung beeinflußten.

S. I. Dakaris grub die Orakelstätte aus und gab eine detaillierte Beschreibung seiner Haustierknochenfunde (Schafe, Rinder und Schweine) in kleinen Gruben; außerdem fand er Getreide, Libationsschalen und Urnen, die einst Honig enthielten (vgl. oben Anm. 11). Er vergleicht das Ritual, dessen Odysseus sich bediente, um die Geister anzurufen: das Ausheben einer Grube »von einer Ell' ins Gevierte«, die Trankopfer von Milch und Honig sowie Wein und Wasser, das Ausstreuen von Gerstenmehl und das Durchschneiden der Gurgel bei den Opfertieren, so daß das Blut in die Grube strömte (*Odyssee* 11, 23-37) mit seinen Funden. Die Übereinstimmung ist in der Tat groß. Man könnte anführen: Die hellenistischen Priester kannten ihren Homer und gestalteten ihr Ritual nach dem Vorbild der *Odyssee*. Doch dies wäre wohl zu skeptisch. Das Heiligtum hatte eine lange Geschichte, und im Hinblick auf die Zeremonien der Nekromantik walteten hier wohl starke Traditionen. Homer kann ein Ritual beschrieben haben, das Pilgern seiner eigenen Zeit vertraut war. Aber die Beschreibung könnte ebensogut von Anfang an Teil der Odysseus-Legende gewesen sein. Wir wissen, daß es auch in Thesprotien nicht ganz an mykenischen Siedlungsspuren fehlt, und in der antiken Überlieferung war Odysseus eng mit Thesprotien verbunden: Einmal wird Thesprotien mehrmals in der *Odyssee* erwähnt, und in der dem Eugammon von Kyrene zugeschriebenen *Telegonie* kommandiert Odysseus die Thesprotier in einem Krieg gegen die Brygier. Dieser Feldzug soll nach Odysseus' Rückkehr aus Troja stattgefunden haben. In klassischer Zeit behaupteten die Könige Thesprotiens, von Odysseus abzustammen.

Die Möglichkeit, daß noch eine weitere Beziehung zwischen dem Hades-Besuch und Thesprotien bestand, ergibt sich aus der Erzählung des eigentlichen Abenteuers selbst, nicht aus Kirkes Ratschlägen zuvor. Odysseus will einen vollen Tag mit Rückenwind gesegelt sein, bis er »des tiefen Ozeans Ende« erreichte (*Odyssee* 11, 11 ff.): »Allda liegt das Land und die Stadt der kimmerischen Männer« (*ebenda* 12). Es sind Lebende, keine Geister, doch nie scheint die Sonne in ihrem stets von Nebel und Wolken umdunkelten Land. Die Identifikation dieser Kimmerier war für antike Kritiker ebenso ein Problem wie für heutige, ja man stritt sich sogar um Lesart und Bedeutung des Volksnamens. Neben einer Reihe von Varianten enthält die handschriftliche Überlieferung die Form »Cheimerier«, und diese Schreibweise deutet auf eine Lösungsmöglichkeit hin, denn nach *Thulkydides* (1, 46) hießen ein Hafen und eine Landzunge nördlich der Acheronmündung *Cheimerion*. Vielleicht war dies ein Distriktsname, abgeleitet von einem Volksstamm. Trifft dies zu, dann wäre dies eine weitere Bestätigung, daß die Region am Acheron-Unterlauf den Rahmen für das Abenteuer im Totenlande abgab.[13]

Nach etwa 1250 ging der mykenische Handel mit dem zentralen Mittelmeerraum zurück. Damals wurden die älteren Kulturen Siziliens und der Liparen durch eine Reihe von Invasionen aus Italien zerschlagen. Ebenso wie im ägäischen Raum nach dem Fall Trojas breitete sich Unsicherheit aus und löste – wenn wir den griechischen Überlieferungen glauben dürfen – eine westwärts gerichtete Wanderungswelle aus. So sollen pylische Gefährten Nestors Metapont gegründet haben, und Thukydides berichtet von einer Schar Phoker, die auf der Heimfahrt aus Troja vom Sturm nach Libyen verschlagen wurden und sich dann auf Sizilien unweit der Elymer ansiedelten. Bei den Elymern wiederum soll es sich um vertriebene Trojaner gehandelt haben: Dies alles gab den Hintergrund ab, vor dem sich die Legende von Aeneas' (Aineias') Wanderungen herausbildete.

Möglicherweise liegt auch diesen Sagen eine gewisse historische Wahrheit zugrunde. So enthält der Bericht über die Phoker ebenso wie die *Odyssee* das Motiv eines Sturmes, der Schiffe aus griechischen Gewässern in die Libysche See treibt. In der zerborstenen, in Stücke gegangenen mykenischen Welt des 12. Jahrhunderts müssen das Ägäische und das Ionische Meer voll von Piraten gewesen sein, die sich vom Winde treiben ließen, bereit, Mord und Plünderungen hinzutragen, wo immer sie landeten. Nur zu bereitwillig nehmen Inselleute in unsicheren Zeiten Zuflucht bei der Seeräuberei. Im Mittelalter war das damals byzantinische Ithaka ein gefürchtetes Räubernest, und am Ende der Bronzezeit mag es nicht anders gewesen sein. Die Erzählungen von Odysseus' Abstecher an die thrakische Küste (*Odyssee* 9, 36-61) hat etwas durchaus Wahrscheinliches: Odysseus' Plündererbande gewinnt durch ihren Überraschungsangriff einen anfänglichen Vorteil, doch dann sammeln die überfallenen Kikonen ihre Kräfte und vertreiben die Freibeuter unter empfindlichen Verlusten. Es klingt wie ein Stück einer Seeräubersaga aus jener Zeit der Piraterie und der Völkerwanderungen, die die oben erwähnten Legenden hervorbrachte.

Die Untaten der Städteplünderer gingen in die Heldentradition ein. Einige ihrer Raubzüge folgten wohl der alten Handelsroute nach Westen, die zu Ansiedlungen verstreuter Bevölkerungsgruppen an der italienischen und sizilischen Küste führte. Doch diese West-Bewegung hielt nicht lange an, und man errichtete keine dauerhaften Siedlungen von einiger Bedeutung. Dennoch bildete sie wohl eine Art Vorspiel zur großen Kolonisationsbewegung des 8. und 7. Jahrhunderts, wenn sie dieser auch an Bedeutung und Schwung nicht gleichkam.

An der Spitze standen im 8. Jahrhundert die Euboier, und die jüngsten Entdeckungen G. Buchners auf Ischia deuten an: Die dortige euboiische Kolonie wurde schon vor 750 gegründet.[14] In der 2. Hälfte des 8. Jahrhunderts wuchs sie zu einer volkreichen und blühenden Siedlung an. Sie hatte eine Eisengießerei, und ihre Töpfer produzierten eine charakteristische Spielart spätgeometrischer Tonware. Ein Fragment eines bemalten Mischkrugs trägt die Inschrift: ... ΙΝΟΣ ΜΕΠΟΙΕΣΕ (»... inos schuf mich«). Schade, daß man den Namen des Töpfers nicht mehr vollständig lesen kann, denn diese Schrift gilt als die älteste erhaltene Töpfersignatur. Dieser Fund bestätigt die kulturelle Lebenskraft dieser Kolonie, von der unter anderem auch eine mit Hexametern beschriftete Schale (um 725-700) und eine Vase mit einer ungewöhnlichen Schiffbruch-Szene zeugen. Man vermutet, es handle sich um eine Illustration zur *Odyssee*. Unsicher ist, ob die Etrusker ihre Kenntnis der Odysseus-Sage frühen Kontakte mit einer euboiischen Kolonie verdanken. Jedenfalls zogen die Euboier wohl die ostgriechische Namensform *Odysseus* gegenüber der Variante *Olysseus* (›Ulysses‹) vor, woraus im Etruskischen *Utuse* wurde.

Wenn man vor 750 auf Ischia siedelte, gab es sicherlich schon um 800 Erkundungsfahrten zur Küste Italiens. Informationen darüber machten wohl damals in ägäischen Hafenstädten die Runde. Und gewiß kam auch Homer solches Seemannsgarn zu Ohren, besonders wenn er sich auf Ithaka aufhielt. Daß es tatsächlich so war, würde zur Erklärung der gelegentlichen, aber recht klaren Anspielungen der *Odyssee* auf Süditalien und Sizilien beitragen. Meist beziehen sie sich auf den Sklavenhandel zwischen Ithaka und dem Sikuler-Gebiet (entweder Italien oder Sizilien). Laertes hatte eine sikulische Sklavin (*Odyssee* 24, 211, 366 und 389), und die Freier wollen unerwünschte Besucher zu den Sikulern abschieben (*Odyssee* 20, 383). In der letzten seiner ›Lügengeschichten‹ behauptet Odysseus gegenüber Laertes, er sei ein gewisser Eperitos aus Alybas (der alte Name für Metapont) und habe zu Schiff nach Sikania (der präkoloniale Name Siziliens) gehen wollen, sei jedoch vom Kurs abgekommen (*Odyssee* 24, 304 ff.). Insgesamt scheinen diese Erwähnungen vorauszusetzen: Homer war über den Handel im Ionischen Meer gut informiert und besaß geographische Kenntnisse, die erst seit dem euboiischen Vordringen in den westlichen Mittelmeerraum zugänglich waren. Das würde auch die seltsame Anspielung auf Eubonia in der Phaiaken-Episode erklären. An seiner Stelle sagt Alkinoos: Der fernste Platz, den seine Seeleute besucht hätten, sei Euboia (*Odyssee* 7, 321 ff.). Diese Bemerkung erhielt sehr viel Gewicht, wenn man sie als etwas umwundene (eben in Verse gekleidete) Anspielung auf den fernen euboiischen Außenposten im Tyrrhenischen Meer betrachtete.

Homers Beschreibung der unbewohnten Insel vor der Kyklopenküste hat sie geradezu als Muster eines idealen Landungsplatzes für Kolonisten charakterisiert.[15]

»Gegenüber der Bucht des Kyklopenlandes erstreckt sich, weder nahe noch fern, ein kleines, bewachsenes Eiland, welches unzählige Scharen von wilden Ziegen durchstreifen, denn kein menschlicher Fuß durchdringt die verwachsene Wildnis ... nicht karg ist das Land, und es schmückte jegliche Jahreszeit. Längs des grauen Meeres Gestade winden sich Wiesen, reich an Quellen und Klee. Dort ranken die edelsten Reben. Und leicht

pflügte der Pflug, und dicke Saatengefilde reiften jährlich der Ernte, denn fett ist unten der Boden. Und der Hafen so sicher! Kein Schiff bedarf da der Fessel, weder geworfener Anker, noch angebundener Seile . . .« (*Odyssee* 9, 116-139)

Zwar gibt es keinen Anlaß, die Insel mit Ischia gleichzusetzen, doch sei an die alte Überlieferung erinnert, die Kolonie auf Ischia verdanke ihr Aufblühen der Fruchtbarkeit des Bodens. Und tatsächlich vermittelt uns die ausführliche Beschreibung etwas vom Enthusiasmus der Kolonisationsbewegung des 8. Jahrhunderts, als die Hörer eines Barden wohl nicht genug von ›Entwicklungsländern‹ im Westen hören konnten . . .

Eine weitere Anspielung auf die frühgriechische Kolonisation erblickte man oft in Homers Erzählung von der Vorgeschichte der Phaiaken.[16] Als Nausithoos sein Volk vor den Angriffen der Kyklopen in Sicherheit brachte und auf Scheria ansiedelte, »umringte« er »mit Mauern die Stadt und richtete Häuser, baute Tempel der Götter und teilte dem Volke die Äcker« (*Odyssee* 6, 4–10).

Wenn die *Odyssee* – und dies ist wohl wahrscheinlich – nicht lange vor 700 Gestalt annahm, kannten sie die Kolonisten des frühen 8. Jahrhunderts noch nicht. Doch sie waren wohl mit älteren Versionen der Legende vertraut, die die Irrfahrten in die Gewässer des Westens verlegten. Wegen dieser und anderer Überlieferungen nahmen sie bereitwillig an, daß ihre heroischen Vorfahren schon vor ihnen Italien und Sizilien aufgesucht hatten. Die Fülle der Odysseus-Legenden in Italien macht deutlich: Die Kolonisten glaubten, in Gegenden zurückzukehren, wo schon ihre Ahnen gereist waren.[17]

Schiffbruchszene vom Hals eines Weinkruges der geometrischen Periode. Ein Mann (Odysseus?) sitzt rittlings auf dem Kiel eines gekenterten Bootes. Rings um ihn herum treiben seine ertrunkenen Gefährten in der Flut.

Diese Annahme führte auch zum frühen Ortsansatz ›odysseischer‹ Plätze und Völkerschaften wie der Kyklopen oder Laistrygonen auf Sizilien. Die älteste Griechenkolonie auf dem italienischen Festland war Cumae, unweit der aktiven Vulkangebiete am Golf von Neapel. Hier liegt der Avernersee, später als Eingang zur Unterwelt betrachtet, und es ist nicht undenkbar, daß die Grotte der Cumaeischen Sibylle bereits Totenorakeln diente, als die Kolonisten eintrafen. Traf dies zu, so lag es nur nahe, eher dieses Gebiet als Thesprotien als Szene der Geisterbefragung durch Odysseus am Rand des Totenlandes zu betrachten. Diese Gleichsetzung erforderte, daß man Kirke nicht weit nach Norden hin verlegte, denn Odysseus segelte nur einen Tag lang von ihrer Insel nach Süden, bis er das Haus des Hades erreichte (*Odyssee* 10, 507 und 11, 11). Hierauf könnte es zurückzuführen sein, daß man Kirke mit jenem Vorgebirge der italienischen Westküste in Verbindung brachte, das noch heute ihren Namen trägt. Wie oben bemerkt: Diese Namensgebung geht nicht zwangsläufig aus Homers Text hervor, aber echten Lokalpatriotismus stört dies nicht, und nicht viel anders stand es wohl um die Gleichsetzung Siziliens mit Thrinakia, jeder homerischen Insel, wo die Herden des Sonnengottes weideten (*Odyssee* 11, 107 und 12, 127 ff. und 260 ff.).*

* Vielleicht kam es aber auch nur zu der Gleichsetzung Thrinakia = Sizilien, weil man *Thrinakia* als *Trinakria* (etwa: »Dreispitzinsel«) umdeutete, eine Namensform, die schon bei *Thukydides* 6, 2, 2 belegt ist *(Anmerkung des Übersetzers)*.

NACHWORT: DIE HOMERISCHE ÜBERLIEFERUNG

Ehe er die vor Troja versammelten griechischen Streitkräfte aufzählte, gibt Homer einen seiner seltenen persönlichen Kommentare: »Nie vermöcht' ich das Volk zu verkündigen oder zu nennen, wären mir auch zehn Kehlen zugleich, zehn redende Zungen, wär unzerbrechlicher Laut und ein ehernes Herz mir gewähret, wenn die olympischen Musen mir nicht, des Aigiserschüttrers Töchter, die Zahl ansagten, wieviel vor Ilios kamen« (*Ilias* 2, 488–492). Ohne Zweifel hat er sich darüber den Kopf zerbrochen, wie schwierig es ist, eine weit zurückliegende Vergangenheit zu beschwören. Urkunden gab es nicht. Und weder Homer noch seine Zeitgenossen kannten den Trojanischen Krieg anders als vom Hörensagen. Man mußte schon die Unsterblichen anrufen, die alles wußten und kannten. So ruft er die Musen zu Hilfe, die Töchter des Zeus und der *Mnemosyne* (= ›Gedächtnis‹). Zweierlei hebt der Dichter in der ihm eigenen Sprache hervor: 1. Was man über die Vergangenheit weiß und von ihr glaubt, ist bruchstückhaft und trügerisch; 2. die ehrwürdige Tradition des erzählenden Gesanges ist dank ihrer Inspiration über den flüchtigen Augenblick erhaben und überspannt Jahrhunderte. Dadurch ermutigt, beginnt Homer mit der Aufzählung der Schiffsführer und -zahlen.

Die epische Dichtung schildert die Heroenzeit als ein Zeitalter übermenschlicher Leistungen, basierend auf überlegener Kühnheit und Körperkraft. Eines der homerischen Klischees ist es, daß zwei Männer »so wie heute« die Rollsteine nicht einmal anheben konnten, die die Helden einander zuwarfen (*Ilias* 5, 303; 20, 286; vgl. 12, 383 und 449). In der Tat beweisen die Kyklopenmauern von Mykene und Tiryns: Die Menschen waren damals durchaus in der Lage, gewaltige Steinmassen zu bewältigen. Natürlich war sich Homer über die Tendenz der Menschen im klaren, Vergangenes zu verklären, und er spielt dies geradezu aus, um Nestor bei seinem ersten Auftreten in der *Ilias* zu charakterisieren (*Ilias* 1, 245 ff.). Nachdem er die Kämpen seiner Jugendzeit gefeiert hat, versichert Nestor: »jene vermöchte keiner, so viele nun leben des Menschengeschlechts, zu bekämpfen« (*Ilias* 1, 271 f.), doch die Ehrung ist gleichsam Homers Nachruf auf das Heroenzeitalter. Homer war überzeugt: In alten Zeiten gab man sich ganz andere Mühe, und man war auch den Göttern näher.

Um Datierung der Vergangenheit ging es Homer nicht. Selbst wenn er gewollt hätte, hätte er dennoch die Lücke zwischen dem Heroenzeitalter und seiner eigenen Zeit nicht zu bestimmen vermocht. Die Vergangenheit gestaltete er wie ein Dramatiker, kaum wie ein Chronist, bemerkt Aristoteles (*Poetik* Kap. 23). Den Stoff und die Charaktere lieferten die Legenden. Er brauchte nur auszuwählen und Akzente zu setzen, um die Tragik ihrer Verstrickungen sichtbar zu machen. In seinem Sonett *Epics* hebt Patrick Kavanagh hervor: Selbst bei einer so trivialen Sache wie einem Bauerngezänk um einen Zaun kann intensives, leidenschaftliches Engagement im Spiel sein.

I heard the Duffys shouting ›Damn your soul‹;
And old McCabe stripped to the waist, seen
Step the plot defying blue-cast steel:

›Here is the march along these iron stones‹.

Und er fährt fort: Durch seine Kunst habe Homer selbst Ereignisse von untergeordneter Bedeutung Größe verliehen:

Homer's ghost came whispering to my mind.
He said: I made the Iliad from such
A local row.
Gods make their own importance.

Eine reizende Vorstellung, und viele Homerkritiker im letzten Jahrhundert hegten sie allen Ernstes. Auch Thukydides erwog sie, jedoch nur, um sie als nicht tragfähig zu verwerfen. Die Dichter, dies räumt er zwar ein, glorifizierten den Feldzug mehr, als er verdiente (1, 11), aber immerhin war er kein Dorfgezänk. Alle Griechen nahmen daran teil (1, 3), und allein auf griechischer Seite kämpften wohl mehr als 100000 Mann (1, 10). Interessant ist, wie Thukydides seine Schätzung auf Homers Katalog (1186 Schiffe mit durchschnittlich 85 Mann an Bord) aufbaut. Im Gegensatz zu den meisten heutigen Historikern hält er die Gesamtzahl nicht für übertrieben, obwohl ihm Mykene »klein« und die mykenische Welt nicht reich an Hilfsquellen zu sein scheinen. Dank dem Fortschritt der Archäologie kennen wir heute die Größe und den Reichtum der mykenischen Zentren besser als Thukydides. Nur wenige würden heute das Aufeinanderprallen von Achäern und Trojanern zu einem bloßen Grenzzwischenfall degradieren. Doch welcher Platz kommt den homerischen Gedichten in unseren Bemühungen zu, die Geschichte der Spätbronzezeit zu rekonstruieren?

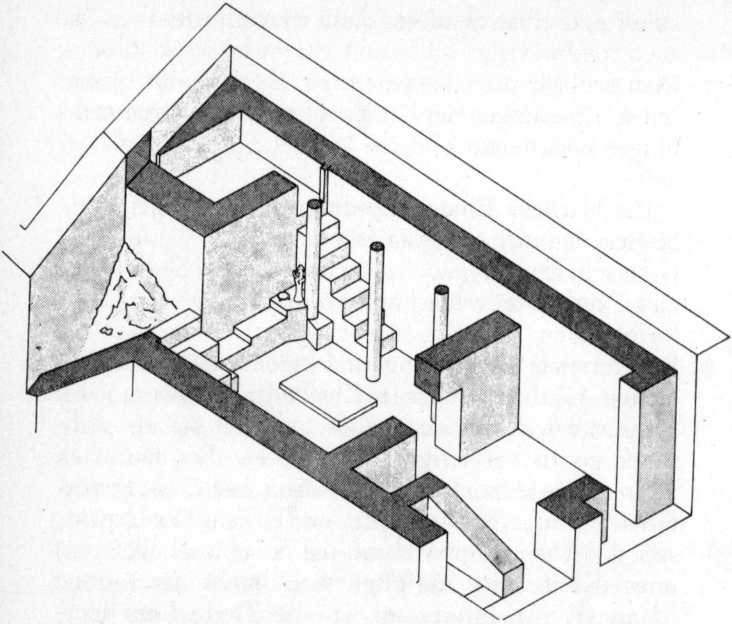

Isometrische (räumlich-perspektivische) Rekonstruktion des Kultschreins der Zitadelle von Mykene. Man beachte die noch in ihrer ursprünglichen Position stehende Kultstatue (bei der Treppe).

In den letzten Jahren war man hierüber sehr verschiedener Ansicht. So äußerte etwa P. Vidal-Nacquet, der archäologische Fortschritt habe die Kluft zwischen Homer und der mykenischen Welt weiter aufgerissen. Nach D. Gray indessen bestätigten gerade die jüngsten Grabungsergebnisse: Homers Gedichte sind fast ganz und gar mykenisch«.[1] Die wiederum möchte ich ganz gewiß nicht unterschreiben. Sie haben mit Ereignissen zu tun, die wirklich im spätbronzezeitlichen Griechenland stattfanden, und sie bewahren manche Einzelheit außerordentlich akkurat. Andererseits enthalten sie aber fraglos vieles ganz und gar nicht Mykenisches. Dennoch: Meiner Überzeugung nach haben die größeren Ausgrabungen der letzten 40 Jahre Homers Erzählungen über die mykenische Welt eher bestätigt als widerlegt.

Die britische Ithaka-Expedition der dreißiger Jahre bewies, daß die Insel während der SH-III-B- und -III-C-Periode von Mykenern bewohnt wurde. Die Cincinnati-Expedition erbrachte in Hissarlik wichtige Informationen über die Zerstörung von Troia VIIa. Zunehmende Kenntnis hethitischer Urkunden warf ein Licht auf die Verhältnisse in Kleinasien ab etwa 1400 bis zum Ende der Bronzezeit. Heute zeichnet sich ein plausibler politischer Hintergrund für den Trojanischen Krieg ab – dies dank zeitgenössischer Dokumente. Einen wichtigen Beitrag zum Verständnis der Organisation mykenischer Königreiche leistete die Ausgrabung des Palastes von Englianos, die gleichzeitig die homerische Tradition über Pylos bestätigte. Der Helmfund von Knossos (1951) und der Fund einer Rüstung in Dendra (1960) haben Homers Bild der bei den Achäern üblichen Bewaffnung als richtig erwiesen, und Funde mykenischer Keramik in Süditalien, auf Sizilien und den Liparischen Inseln vergrößern die Möglichkeit, daß die Erzählung von Odysseus' Irrfahrten etwas mit Reisen mykenischer Seefahrer zu tun hat.

Alle diese Entdeckungen haben wir in den Kapiteln zuvor besprochen. Zusätzlich sei erwähnt, daß 1961 auf der Insel Kea (Keos) ein mehr als 18 m langer und etwa 6 m breiter mykenischer Tempel mit lebensgroßen Kultstatuen zum Vorschein kam.[2] Es war das erste Bauwerk dieser Art auf griechischem, einschließlich kretischem Boden. 1968 stieß man dann auf einen ähnlichen, doch kleineren Tempel aus dem 13. Jahrhundert mit bis zu knapp 60 cm hohen Kultbildern aus der Zitadelle von Mykene.[3] Zuvor sprach Rhys Carpenter nur die allgemeine Auffassung aus, wenn er äußerte, seiner Überzeugung nach habe es in der bronzezeitlichen Ägäis keine eigenen, überdachten Tempelbauten gegeben, und wenn Homer von solchen spräche, dann sei dies ein nachmykenischer Zug.[4] Insbesondere Homers Bild des Athenentempels in Troja mit seiner sitzenden Kultstatue (*Ilias* 6, 297 ff.) galt lange als Anachronismus und als Spiegelung der Bräuche spätgeometrischer Zeit. All diese Auffassungen wird man im Licht der neuesten Funde noch einmal zu überdenken haben.

Nach Page ist das vom historischen Gesichtspunkt aus bedeutendste Element in der *Ilias* das Vorherrschen der Namensendung »-eus«.[5] Den Täfelchen nach war diese Namensendung bei den Mykenern allgemein verbreitet, dies hörte aber vor der historischen Zeit auf. Nach Page wären spätere Dichter oder Erzähler gar nicht auf Namen wie Achilleus oder Odysseus (aber auch viele andere wie: Atres, Neleus, Peleus, Perseus, Theseus usw.) gekommen. Schon früh müssen diese archaischen Namen mit bestimmten Legenden verknüpft gewesen sein, und dies bestätigt auf seine Art: Namen und Legenden haben vielleicht durchaus einen historischen Hintergrund und sind nicht nur reine Erfindung.

Die Heldengesänge des mittelalterlichen Europas hat man anhand schriftlicher Chroniken überprüft, und stets kam unter all den Übertreibungen, Verzerrungen und dichterischen Ausschmückungen ein harter historischer Kern zum Vorschein.[6] Es *gab* einen Roland. Er war Graf der Bretonischen Mark und fiel 778 n. Chr. bei Roncesvalles (Ronceveaux) – nur im Kampf gegen christliche Basken, nicht gegen Sarazenen. Die schwieg man einfach tot, als man ihn zum Erz-Kreuzritter machte. Im *Nibelungenlied* treten historische Gestalten auf – wenn auch verzerrt und zusammen mit reinen Phantasiegestalten wie Siegfried und Brünhilde. Die Herrscherdynastien und -genealogien der Gauten und Dänen im *Beowulf* stimmen gut mit schriftlichen Quellen aus Skandinavien überein. Unabhängig bezeugt sind Beowulfs Onkel Hygelac und dessen Ende bei einem Beutezug gegen das Rheinmündungsgebiet. Balladen aus dem Kiewer Rußland (*bylini* = »was gewesen ist«) hielten sich – oft weit von Kiew entfernt – noch in der Sowjetunion. Sie besingen historische Ereignisse und Personen aus dem 12. und 13. Jahrhundert und spielen klar erkennbar in Südrußland. Der älteste Liederzyklus der jugoslawischen Heldensage ist fest mit dem Türkeneinbruch und der Niederlage der Serben unter Fürst Lazar auf dem ›Amselfeld‹ (*Kossovo Polje* 1389) verknüpft. Der Schlachtausgang wird korrekt wiedergegeben, und Einzelheiten wie die Tötung Sultan Murads I. durch Miloš Obilič werden von zeitgenössischen Quellen bestätigt. Die schlimmsten Verdrehungen mußten sich Marko Kraljević und Vuk Branković gefallen lassen. Beide lebten wirklich, doch Marko war alles andere als ein Held (er kämpfte nicht einmal auf dem ›Amselfeld‹), und Vuk war kein Verräter, sondern er trat erst Jahre später auf die türkische Seite über.

Ganz ähnlich dürften auch die Hauptpersonen und -ereignisse der homerischen Dichtungen eine gewisse historische Grundlage haben. Wir müssen argwöhnen, daß es einige chronologische Verzerrungen gab – Nestor nimmt sich wie ein Einsprengsel aus einer älteren Kriegergeneration aus –, doch leider gibt es keine zeitgenössischen griechischen Geschichtsdokumente, die einen Vergleich gestatten. So kann man niemanden widerlegen, der behauptet, der Trojanische Krieg habe überhaupt nicht stattgefunden, Helena sei nie in Troja gewesen und Troja VIIa sei Raub irgendwelcher Barbaren aus dem Norden geworden. Doch auch diese Skeptiker haben keinen echten Beweis, der ihrem, wie Palmer es nannte, »platten und sterilen Agnostizismus« recht gibt. Wer dagegen eher geneigt ist, der Tradition Glauben zu schenken, kann sich immerhin auf archäologische Informationen berufen, die in den letzten 100 Jahren Schritt für Schritt Homers Historizität bestätigt haben.

Ich rede keineswegs einem absoluten, unbedingten Glauben an jede Behauptung Homers das Wort, andererseits aber lehne ich seine Gedichte auch nicht als Quelle für die Vorgeschichte Griechenlands in Bausch und Bogen ab. Ganz ohne Zweifel war die homerische Tradition durchaus nicht immun gegen Übertreibung, Verdrehung und Verfälschung, aber es gab auch, glaube ich, eine Reihe von Sicherheitsgarantien, die in anderen, ähnlichen Fällen nicht wirksam waren. Das Fundament war gut und fest. Die ersten Troja-Balladen wurden wohl schon in mykenischen Palästen von Barden gesungen, die in einer fest etablierten Tradition höfischen und kriegerischen Gesangs heimisch waren.[7] Geübt in den Techniken und Gewohnheiten poetischen Ausdrucks, sahen sie es als ihre Aufgabe an, durch den Preis der »Ruhmestaten großer Männer« *(klea andrõn)* das Herrscherhaus zu feiern. Kunst- und maßvolle Ausschmückung ließ man dabei durchgehen, nicht aber platte Fälschung. Auch die Götter beschwor man als dekorativen Rahmen zur größeren Ehre des lebenden Monarchen oder eines toten Kämpen, doch im Zentrum sah man den Menschen.[8] Nach dem Niedergang und Fall des mykenischen Welt wurden die Genealogien,

Preislieder und Kataloge heldischer Qualitäten *(aristai)* kostbare Erbstücke von Flüchtlingen. Alles andere ging den aristokratischen Familien verloren, aber am Andenken ihrer großen Vergangenheit hielten sie und ihre Parteigänger noch fest. In der Geworfenheit des ›dunklen Zeitalters‹ waren die Barden in erster Linie Sprachrohre einer Tradition, an der sich Aristokraten ebenso erbauten wie Nichtaristokraten, wenn man vielleicht in der Schmiede oder in einer Taverne, vielleicht auch am Herd irgendeiner verräucherten Halle mit Stampflehmboden zusammenkam. Keine schriftlichen Aufzeichnungen brachten den Sänger aus seinem Konzept. Einige Jahrhunderte lang verbreiteten sich die Lieder nicht sehr weit – ganz anders als das *Rolands-* oder das *Nibelungenlied,* die unter Völker mit ganz verschiedenem *background* und ganz unterschiedlicher Folklore verbreitet waren.[9] Zwischen etwa 1000 und 700 v. Chr. bildeten die aiolischen und ionischen Kolonien in Kleinasien eine kleine, in sich geschlossene Welt, unberührt von Fremden und immun gegen Einflüsse von außerhalb.

Als Milieu für die Verbreitung von Heldenliedern ähneln die Täler und Weiler Serbiens, Bosniens und Montenegros in etwa dem alten Ionien. Noch Jahrhunderte nach der türkischen Okkupation blieben sie politisch isoliert und weitgehend unberührt von der Kultur entwickelter Gemeinwesen. Studien Parrys und Lords geben uns einen Eindruck davon, was für die Südslawen ihre überlieferte Dichtung bedeutete. So berichtet Parry, wie ihm ein alter Mann aus Gatsko seine Lebensgeschichte diktierte und ihm, als er von den Kämpfen seiner Jugend gegen die Türken berichtete, einfach die Wendung einfloß: »Zwei Paschas, die kämpften und siegten« – eine stereotype Formel der ›Amselfeld-Balladen‹.[10] Parry bemerkt: »Für das Volk insgesamt, das die Verse schuf und bewahrte, ging es um ein Ideal; für den Mann bedeutete es ein Stück Ruhm . . . der gesamten aus der Vergangenheit überlieferten Dichtung verdankten diese Männer aus Gatsko, die stets für ihren Gesang berühmt waren, ihr Lebensideal. So sang man im heroischen Zeitalter der Griechen die *klea andrõn*, die ›großen Taten der Männer‹«. Diese Vergleich überzeugt. Wir dürfen annehmen: Die Heldensage, das Künden von Heroen, war ebenso tief im Leben der frühen ionischen Siedlungen verwurzelt, deren Lebenswillen es durch die Muster der Treue und Tapferkeit bestärkte, die der Sänger zu rühmen wußte. C. R. Beye hat auf die Bedeutung derartiger Dichtungen in einer schriftlosen Kultur hingewiesen[11]: »Diese Dichtung drückt nicht nur die gegenwärtige Kulturstufe aus, sondern, wichtiger noch, eine vergangene. Damit leiht sie der Kultur Stabilität und Kontinuität. Mündlich überlieferte Dichtung ist daher für eine solche Kultur ebenso Geschichte und Schule wie Kunst . . .«. Die mündliche Dichtung der Griechen blühte in Ionien und nahm dabei neue Elemente auf, denn es war eine lebendige Kunstform, wenn sie auch die Konturen dessen, was wirklich geschehen war, getreulich bewahrte. Als ›Diener der Allgemeinheit‹ hatte der Sänger keineswegs die Freiheit, willkürlich zu ändern, was sich nach jedermanns Überzeugung einst zugetragen hatte. Als Diener der Musen hatte er vielmehr alles in seinen Kräften Liegende zu tun, um die Erinnerung an vergangene Großtaten wachzuhalten. Man könnte meinen: Homers Wahrheitsliebe bildete keine Ausnahme, sondern in ihr gipfelt lediglich eine Auffassung, die schon für eine lange Reihe seiner Vorläufer auf dem Gebiet der mündlich überlieferten erzählenden Dichtung der Griechen zwischen 1500 und 1800 n. Chr. findet man einen ausgesprochenen »Hang zur Wahrheit und Genauigkeit ... was Zeitereignisse angeht«.[12] Es wäre nicht überraschend, wenn auch ionische Barden ein ebensolches Geschichtsbewußtsein entwickelt hätten.

Doch während er die Vergangenheit neu erstehen ließ, blieb Homer auch im Kontakt mit seiner Hörerschaft, die in der Gegenwart lebte. Bis zu einem gewissen Grade modernisierte er daher sein Material, wie es schon seine Vorgänger im Hinblick aus Eisenarbeiten, Brandbestattung und den Gebrauch von Wurfspeeren getan hatten. Nach W. G. Forrests Ansicht ist in seiner Dichtung »wenig ... vom 8. Jahrhundert außer Homers eigenem Genius, wenig außer dem blanken Skelett einer Handlung aus dem 13. Jahrhundert«. Träfe dies zu, dann freilich wäre Homers Welt überwiegend die des 10. und 9. Jahrhunderts. Allerdings bin ich der Auffassung: Die Jahrhunderte *vor* und *nach* dieser relativ ›dunklen‹ Phase trugen *mehr* zu Homers Bild bei.[13] Ich hoffe, die Kapitel zuvor haben gezeigt: Bei Homer lebt noch viel vom Empfinden und der Staffage der mykenischen Welt fort. Doch auch dies ergab sich: Der phönikische Seehandel des 8. Jahrhunderts, die Herausbildung der *polis* und die große Kolonisationsbewegung der Zeit Homers – auch sie haben Homers Epen in so manch wichtiger Hinsicht Farbe verliehen. Wie aber stand es nun um Homers eigenen Genius? Die mündliche Überlieferung verlangte vom Sänger, daß er unbekannt in den Strom der Tradition eintauchte. So bleibt schwer erfaßbar, was Homer an Eigenem einbrachte. Vielleicht erkennen wir seine ›Handschrift‹ am ehesten in einigen der Gleichnisse, die die Erzählung ausschmücken.[14] So fühlten sich wohl die ärmeren unter seinen Zuhörern sofort durch das Bild des gestrandeten

Odysseus angesprochen, der sich in sein Lager aus trokkenen Blättern schmiegt:

»*Also verbirgt den Brand in grauer Asche der Landmann auf entlegenem Feld, von keinem Nachbarn umwohnet, hegt er den Samen des Feuers, um nicht in der Ferne zu zünden.*«
(*Odyssee* 5, 448 ff.)

Die wohlhabenderen Adligen dagegen wußten wohl die Anspielungen auf vierspännige Rennwagen zu schätzen (*Odyssee* 13, 81 ff.; *Ilias* 11, 699 ff.) – eine Neuerung des 8. Jahrhunderts. Und dann, so scheint mir, brachte Homer ganz und gar sich selbst ein, wenn er von Hera sagt, sie sei vom Ida zum Olymp geeilt

»*wie der Gedanke des Mannes umherfliegt, der schon viele Länder geseh'n und besucht und doch in wissendem Herzen ›Dort wär's noch gut‹ sich sagt ›und dort auch‹, und manches verlockt ihn.*«
(*Ilias* 15, 80 ff.)

Ja – mir scheint, wir können ihm sogar ein wenig auf seinen Reisen folgen, denn einige Gleichnisse sind mit Eigennamen verknüpft, und dies steht im seltsamen Widerspruch zur sonst eher allgemeinen Ausdrucksweise epischer Vergleiche. So wird die Versammlung der Achäer bewegt

»*wie schwellende Wogen des Meeres auf der ikarischen Flut*« – d. h.: der Ägäis südlich von Samos (*Ilias* 2, 144 f.).

Und das Heer ist zur Schlacht angetreten

»wie die Vögel am Himmel, geflügelte, zahlreiche Scharen, Gänse und Kraniche und die Schwärme langhalsiger Schwäne. Asiens Auen sich nahten am Strand des Stromes Kaystros, also in der Nähe von Ephesos.« (Ilias 2, 459 ff.).

Nausikaa ist so groß und reizvoll wie ein

»Sprößling der Palme ... am Altar Phoibos Apollons auf Delos« (Odyssee 6, 162 f.).

Und als ein Pfeil Menelaos verwundet, färbt Blut ihn

»wie sie Elfenbein mit Purpur färben, die Frauen aus dem karischen oder maionischen Land, damit es den Rossen diene zur Wangenzier« (*Ilias* 4, 141 f.).

Homer erbte eine poetische Sprache, die ebenso wie das inhaltliche Erbe eine artifizielle Mischung von Formen und Phrasen aus den einzeln aufeinanderfolgenden Entwicklungsphasen der griechischen Dialekte war. Die Entzifferung der Linear-B-Schrift bestätigte die frühere Vermutung der Philologen, die epische Sprache wurzle tief im Mykenischen. Sie bewahrt archaische, ja ›altfränkische‹ ›achäische‹ Wörter und Flexionen Seite an Seite neben jüngsten Entwicklungen des Ionischen. Hunderte von Jahren haben Sängergenerationen ein Repertoire stilisierter Ausdrucksformen geschaffen, einen regelrechten Formelbestand, der zwangsläufig die Sprachmuster aller Perioden seit mykenischer Zeit spiegelt. Daß dies zutrifft, läßt sich nur anhand von Inschriften aus der Anfangs- und der Endphase des Prozesses überprüfen. Was in protogeometrischer und geometrischer Zeit geschah, bleibt Schlußfolgerungen überlassen. Kirk hat besonders die Bedeutung des ›dunklen Zeitalters‹ für die Ausprägung des Formelschatzes hervorgehoben[15], und ich stimme zu, daß der Periode zwischen etwa 1050 und 800 große Bedeutung im Hinblick auf die Entwicklung epischer Ausdrucksweise zukommt. Diese Periode versah Homer ebenso mit Ausdrucksmöglichkeiten, wie vorentwickelte Formen und Harmonien Beethovens Musik durchdringen. Wie Beethoven wirkte und schuf auch Homer innerhalb einer längstbestehenden Tradition, aber es gelang ihm, sie zu transzendieren. Hieran hat man seinen Genius zu messen. Er verwendete den Vertretern seiner Kunst vertraute Phrasen und Wortmuster, aber er wob daraus Kompositionen voller Majestät und Harmonie, Visionen von Göttern und Menschen – gültig für Hellenen, gültig für alle Menschen aller Zeiten.

Schon bald klangen Homers Lieder überall in der griechischsprechenden Welt. Zwischen 750 und 700 läßt sich ein Wiederaufleben des Heroenkultes in den jüngst entdeckten Heiligtümern des Agamemnon in der Nähe von Mykene und des Menelaos in Therapne bei Sparta feststellen.[16] Man kann nicht mehr sagen, ob dies auf die Verbreitung der *Ilias* zurückzuführen ist, oder ob es nur zeigt: Der Zeitpunkt für Homers Beschwörungen der Vergangenheit war einfach gekommen. Gleichviel – Homers Dichtungen verhalfen den Hellenen beim Innewerden ihrer Zusammengehörigkeit als ein Volk. Homer schilderte das Pantheon des Olymp, und durch ihn wurde die Troja-Sage zum Mythos, mit dem Dorier wie Ionier leben konnten. *Ilias* und *Odyssee* trugen zur Ausformung griechischer Kultur bei – sie wurden zur ›Bibel der Griechen‹. Viele von ihnen kannten ihren Homer auswendig, und bis heute liegen ›geflügelte Worte‹ auf Zungen und Lippen vieler Philhellenen.

In seiner Verteidigungsrede erinnert Sokrates des Todesmutes der Heroen (*Apologie* 28 b–d). Er stellt sich vor, man griffe ihn an, weil er sich selbst in Todesgefahr gebracht habe. Seine Antwort:

»Elende wären ja dann die vor Troja gefallenen Heroen, vor allem Thetis' Sohn, der ... obwohl seine Mutter ... ihn ... warnte: »Sohn, wenn du den Tod deines Freundes Patroklos rächst und Hektor tötest, wirst auch du sterben!‹, dennoch die Todesgefahr geringachtete und sich weit mehr vor einem ehrlosen Leben fürchtete, wenn es ihm nicht gelänge, den Freund zu rächen.«

Sokrates bewies eine aufgeklärtere Form des Heldentums – den unbezwingbaren Mut des unbeugsamen, nonkonformistischen Gewissens –, doch instinktiv griff auch er auf Homers Achill zurück, als er nach einem Beispiel mutigen Einsatzes suchte. Der Vergleich muß ihn tief bewegt haben, denn kurz vor seiner Hinrichtung träumte er, sein Tod sei eine Heimkehr »zur scholligen Phthia« – jener elysischen Sphäre, die Achill nie erreichte (*Kriton* 44 B).

Alexander der Große trug, so heißt es, auf all seinen Feldzügen ein *Ilias*-Manuskript bei sich. Nach Ausweis der vorhandenen Fragmente literarischer Papyri muß im hellenistischen Ägypten die *Ilias* außerordentlich beliebt gewesen sein. Die *Odyssee* stand demgegenüber etwas zurück, dafür war sie das erste große Werk der griechischen Literatur, das in Rom für den Schulgebrauch übersetzt wurde. Als der Ältere Cato den Senat beschwor, die nach Rom ›vorgeladenen‹ Achäer freizulassen, hielt Polybios die Zeit reif für eine weitere Wiederherstellung von Privilegien. Er sprach darüber mit Cato. Dieser aber verglich ihn lächelnd mit Odysseus, der noch einmal in die Höhle der Kyklopen zurück wolle, weil er dort Mütze und Gürtel vergessen habe. Fünf Jahre später stand Polybios neben Scipio vor dem brennenden Karthago. Mit seltsamer Vorahnung, daß auch Rom eines Tages so zugrunde gehen werde, wandte sich Scipio ihm zu und zitierte die *Ilias* (6, 448): »Einst wird kommen der Tag, da die heilige Ilios hinsinkt.«

Cicero zitiert Homer in seinen Briefen vierundvierzigmal, weit mehr als jeder andere. Mit 22 Jahren erhielt Julian von Konstantinus den Purpur und wurde zum Caesar des Westens erhoben. Als er in seinem Wagen von der Investiturzeremonie zurückkehrte, flüsterte auch er einen sehr geläufigen, unheilschwangeren Homervers (*Ilias* 5, 83 und anderswo):

»Purpurne Todesnacht und unerbittlich Verhängnis«.

Zum Schluß ein Beispiel aus dem England des 18. Jahrhunderts – es zeigt Homers Kraft gerade in kritischen Lebensphasen. Kurz vor dem Tode des Earl of Granville trat Robert Wood wegen irgendwelcher Staatsgeschäfte an ihn heran. Der Earl war so offenkundig ein todkranker Mann, daß Wood die Angelegenheit hinausschieben wollte, doch der Kranke bestand darauf, ihn anzuhören und meinte, er werde auch dann nicht länger leben, wenn er seine Pflicht vernachlässigte. Dann wiederholte er die Schlußverse der Mahnworte Sarpedons an Glaukos (*Ilias* 12, 322 ff.):

»Mein Lieber! Wär's an dem, und dürften wir, wenn wir den Kampf hier meiden, unsterblich sein, ohn' Alter all unsre Tage, stünde ganz sicher auch ich nicht hier vorn in der vordersten Reihe und würde auch dich nicht

ermuntern, dich ruhmreich mit Männern zu schlagen. Nun aber stehen stets um den Menschen die Geister des Todes – tausende, denen keiner auf Erden entflieht, sie betröge. Wohlan denn, versuchen wir's doch, ob uns oder andern der Ruhm winkt!«

Wie Wood berichtet, wiederholte der Todgeweihte »mit ruhiger entschlossener Resignation« mehrmals die Worte »Wohlan denn«.[17]

Worin besteht das Geheimnis dieser unsterblichen Anziehungskraft Homers? Zunächst nimmt er uns wohl durch die Schönheit und Treffsicherheit seiner Sprache für sich ein. In seinem ersten Beitrag zur Homerkritik schrieb Millman Parry: »Der erste Eindruck, den dieser Gebrauch schmückender Wörter und Beiwörter beim Leser hinterläßt, ist ein ganz außergewöhnlicher Reiz. Es ist ein unaufhörliches Strömen durch allen Wechsel der Stimmungen dieser Dichtung, in der sie zwanglos aufgehen, obwohl sie in ihrer Unabhängigkeit von der Erzählung ein stets gleiches Gefühl herber Schönheit vermitteln.« Zweitens zeigt Homer uns, »wie der menschliche Charakter sein kann, welcher Größe er fähig ist. Leben bedeutet mehr, es ist lebenswerter, wenn man Homer im Herzen trägt«.[18] Drittens scheinen mir Zauber und Adel dieser Dichtung noch durch »der Wahrheit süße Zier« verstärkt. Homers Gesänge sind lebensnah. In ihrer Konzeption des heroischen Zeitalters filtern sie gleichsam heraus, was für die Nation an ihrer Vergangenheit »wahr« ist. Das von Homer übernommene Erbe war im Innersten lebensfähig. Es barg die wertvolle Erinnerung an eine große Zeit des Wohlstands, der Lebenskultur und der Kühnheit, als die schöngelockten Achäer in die Ferne reisten und »viele Leiden erduldeten«, um Zeus' Willen zu erfüllen . . .

ANMERKUNGEN

Abkürzungsverzeichnis

AH G. L. Huxley, *Achaeans and Hittites* (Oxford 1960).
AJA *American Journal of Archaeology* (Princeton, seit 1885–).
AM *Mitteilungen des Deutschen Archäologischen Instituts. Athenische Abteilung.*
AR *Archaeological Reports.* Supplement zum *Journal of Hellenic Studies* (London).
Armour A. M. Snodgrass, *Early Greek Armour and Weapons* (Edinburgh 1964).
BICS *Bulletin of the Institute of Classical Studies of the University of London.*
BSA *Annual of the British School at Athens* (London).
CAH(3) *The Cambridge Ancient History.* 3., rev. Aufl. (Cambridge, seit 1970–1975)
CJ *The Classical Journal* (Ohio).
CR *Classical Review.*
DAG A. M. Snodgrass, *The Dark Age of Greece* (Edinburgh 1971).
Documents M. Ventris und J. Chadwick, *Documents in Mycenaean Greek* (Cambridge 1956).
EGW P. A. L. Greenhalgh, *Early Greek Warfare: Horsemen and Chariots in the Homeric and Archaic Ages* (Cambridge 1973).
Essay R. Wood, *An essay on the original genius and writings of Homer* (London 1775).
FFS Rhys Carpenter, *Folk-Tale, Fiction and Saga in the Homeric Epics* (Berkeley und Los Angeles 1958).
GGP J. N. Coldstream, *Greek Geometric Pottery* (London 1968).
GR *Greece and Rome.*
GRBS *Greek Roman and Byzantine Studies.*
HC J. L. Myres, *Homer and his Critics,* hrsg. von D. Gray (London 1958).
HHI D. L. Page, *History and the Homeric Iliad,* Neudruck (London und Berkeley 1963).

HM H. L. Lorimer, *Homer and the Monuments* (London 1950).
Hom-Myc M. P. Nilsson, *Homer and Mycenae* (London 1933).
JHS *Journal of Hellenic Studies* (London).
JRS *Journal of Roman Studies* (London).
MH T. B. L. Webster, *From Mycenae to Homer* (London 1958).
MHV Milman Parry, *The Making of Homeric Verse,* hrsg. von A. Parry (Oxford 1971).
Mycenae G. E. Mylonas, *Mycenae and the Mycenaean Age* (Princeton 1966).
PN C. Blegen und M. Rawson, *The Palace of Nestor at Pylos in Western Messenia,* 3 Bde. (Princeton 1966 –).
Problèmes J.-P. Vernant (Hrsg.): *Problèmes de la guerre en Grèce ancienne* (Paris 1968).
REG *Revue des Études Grecques* (Paris).
SH G. S. Kirk, *The Songs of Homer* (Cambridge 1962).
TAPA *Transactions and Proceedings of the American Philological Association* (Ithaca [New York] und Oxford).
Totenkult Manolis Andronikos, *Totenkult,* in: Friedrich Matz (Hrsg.) und Hans-Günter Buchholz (Hrsg.): *Archaeologia Homerica. Die Denkmäler und das frühgriechische Epos,* Bd. 3 (Göttingen 1968).
Troad J. M. Cook, *The Troad* (Oxford 1973).
Troy C. W. Blegen, J. L. Caskey (und andere): *Troy,* 4 Bde. (Princeton 1950–1956).
UMME W. A. McDonald und G. A. Rapp Jr. (Hrsg.): *The University of Minnesota Messenia Expedition* (Minneapolis 1972).

Einführung

1 Page HHI 137
2 »Der Name *Homeros* erscheint auf griechischen Inschriften aus Gebieten, die in historischer Zeit äolisch waren, und zwar bisher nur dort« (Myres-Gray HC 17).

1. Homer und die Archäologen

1 *Näheres bei W. B. Stanford, The Ulysses Theme* (2., rev. Aufl., Oxford 1963), Kap. 12.

2 *Myres-Gray HC*, Kap. 6, bes. S. 105 u. 112 f.

3 Schliemann verfaßte unter anderem:
a) eine Autobiographie in mehreren Versionen (H. Schliemann, *Selbstbiographie, bis zu seinem Tode vervollständigt*, hrsg. von Sophie Schliemann. 10. Aufl., neubearb. u. hrsg. von Ernst Meyer [Wiesbaden 1968]);
b) 18 Tagebücher und c) etwa 60 000 Briefe.
Kritisch hierzu: W. M. Calder, *Schliemann on Schliemann*, in: *GRBS* 13 (1972) 335–353. Calder warnt: »Schliemann schuf sich in seinen Tagebüchern und Briefen eine Phantasiewelt. Seine Autobiographie enthält nicht die historische Wahrheit.« An diesen Behauptungen scheint etwas Wahres zu sein, wenn Calder wohl auch etwas zu dick aufträgt. Bibliographien vor allem bei: R. Payne, *The Gold of Troy* (London und New York 1959); Lynn und Gray Poole, *One Passion, Two Loves: The Schliemanns of Troy* (London 1967) und Ernst Mayer, *Heinrich Schliemann, Kaufmann und Forscher* (Göttingen 1969). Das Buch der beiden Pooles enthält Familienpapiere, die General Mélas, ein Enkel Schliemanns, zugänglich machte. Dieses Material – 750 Briefe und Andenken – fand sich 1965 in einem verschlossenen Koffer in Athen und lag zuvor keinem anderen Biographen vor. Eine gute Bewertung von Schliemanns Werk neueren Datums liefert M. Sieber, *Troia – Homer – Schliemann*, Mainz 1990.

4 Anhang B der Poolesschen Schliemann-Biographie enthält Angaben über den weiteren Verbleib der Schliemannschen Sammlung. Man vergleiche hierzu auch Nicholas Adams: *Treasure they buried again* (›Ein Schatz, den man wieder vergrub‹), in: *The Observer*, Magazine Section, vom 12. November 1972. Die Sammlung wurde 1881 unter der Bedingung in Deutschland ausgestellt, daß sie für alle Zeiten der Öffentlichkeit zugänglich sein sollte. Nach Ausbruch des Zweiten Weltkrieges löste man sie jedoch auf und versteckte sie an verschiedenen Plätzen in Deutschland und im heutigen Polen. Dank der Initiative von Dr. Gertrud Dorka, Berlin, wurden 400 Kisten voll Keramik, Marmoridole usw. in Schloß Lebus an der Oder sichergestellt und 1946 nach Ost-Berlin gebracht. Das Depot in Schönebeck wurde dagegen zerstört, und alles, was dort lagerte, ging verloren. Auch aus Schloß Peru-

schen (Polen) konnte nichts mehr geborgen werden. Die in drei Kisten verpackten Gold- und Silberobjekte aus dem ›Schatz des Priamos‹ lagerte man in dem (inzwischen längst gesprengten) ›Zoobunker‹ (heute West-Berlin) bombensicher ein, doch nach Auskunft sowjetischer Stellen war von diesen Kostbarkeiten nichts mehr zu finden, als am 3. Mai 1945 sowjetische Soldaten in diesen Bunker unweit vom Bahnhof Zoo eindrangen. Was mit dem Schatz geschah, darüber gibt es verschiedene Ansichten. Jedenfalls blieb er seitdem verschwunden, und man befürchtet stark, daß er gestohlen und eingeschmolzen wurde. Nicholas Adams allerdings hat die Hoffnung nicht ganz verloren, er werde eines Tages in »vollem Glanz« wieder auftauchen. Einige weniger wertvolle Stücke der Sammlung wurden in verschiedenen Museen der ehemaligen DDR ausgestellt. Anfang 1994 gab das russische Kultusministerium zu, daß sich der Schatz im Moskauer Puschkin-Museum für Schöne Künste befindet. Am 24. Oktober 1994 empfing der Museumsdirektor ein deutsches Expertenteam und gestattete ihm, den Schatz Stück für Stück in Augenschein zu nehmen.

5 In: Wace-Stubbings, *Companion*, 385. Vgl. CAH (3), 1, 2, 411.

5a S. Nachtrag 2 zu Kap. 6.

6 Eine skeptische Ansicht vertritt M. I. Finley, *The Trojan War*, in: *JHS* 84 (1964) 1 ff. (ebenda mit Erwiderungen von J. L. Caskey, G. S. Kirk und D. L. Page).

7 M. P. Nilsson, *The Mycenaean Origin of Greek Mythology* (New York 1932).

8 Eine sehr lesbare Geschichte der Entzifferung: J. Chadwick, *The Decipherment of Linear B* (Cambridge 1958).

9 Die Täfelchen stammen aus der Zeit des Untergangs des Knossos-Palastes, denn die Hitze des niederbrennenden Baus brannte sie, so daß sie erhalten blieben. L. R. Palmer rief 1960 eine bittere Kontroverse hervor, als er Evans Zeitansatz um 1400 in Frage stellte und eher an die Zeitmarke 1200 herangehen wollte. Noch immer zieht die Mehrheit der Gelehrten ein Datum um 1400 vor. Näheres über die Auseinandersetzung: L. R. Palmer und J. Boardmann, *On the Knossos Tablets* (Oxford 1963). Weitere Erörterungen bei: S. Hood, *›Last Palace‹ and ›Reoccupation‹ at Knossos*, in: *Kadmos* 4 (1965), 16–44; M. R. Popham, *The Destruction of the Palace of Knossos and its Pottery*, in: *Antiquity* 40 (1966) 24–28.

10 *AJA* 65 (1961) 221–260; 68 (1964) 229–245; 73 (1969) 123–177; *UMME*, Kap. 8.

11 Detaillierte Berichte über die Ausgrabungen auf Ithaka in: *BSA* 33

(1933); 35 (1934/35); 39 (1942); 43 (1948); 44 (1949); 47 (1952); 48 (1953); 50 (1955). Weiteres bei S. Benton, *Antiquities of Thiaki*, in: *BSA* 29 (1927/1928) sowie bei Lord Rennell of Rodd, *The Ithaca of Odysseus*, in: *BSA* 33 (1933).

2. *Von Mykene bis Homer*

1 Den Aufstieg, die Ausbreitung und den Niedergang der mykenischen Kultur schildert – mit ausführlicher Bibliographie – die *CAH* (³), 2, 1, Kap. 14 (F. H. Stubbings); 2, 2, Kap. 22 (a) und 27 F. H. Stubbings; 2, 2, Kap. 34 V. R. d'A Desborough und N. G. L. Hammond. Vgl. auch Emily H. Vermeule, *Greece in the Bronze Age* (Chikago 1964); J. T. Hooker, *Mycenaean Greece*, (London 1976).

2 H. W. Catling, E. E. Richards, A. E. Blin-Stoyle, *Correlations between composition and provenance of Mycenaean and Minoan pottery*, in: *BSA* 58 (1963) 94–115. Man hat die Methode in Zweifel gezogen (vgl. Millett-Catling, *Archaeometry* 8 [1965] und 11 [1969] mit ausführlicher Bibliographie), doch anscheinend wurde sie durch G. Harbottles Neutronenaktivierungsanalyse bestätigt (vgl. *Archaeometry* 12 [1970] 23 f.).

3 Zu mykenischen Straßen, insbesondere in Messenien: W. A. McDonald in: *Mycenaean Studies* (hrsg. von E. L. Bennett [Madison 1964]) 217–240. Für Phokis: *AJA* 77 (1973) 74–77.

4 Zur Einführung in die Archäologie Mykenes ziehe man folgende Werke heran: A. J. B. Wące, *Mycenae* (Princeton 1949); S. Marinatos und M. Hirmer, *Kreta, Thera und das mykenische Hellas* (2. überarb. u. erw. Aufl. [München 1973]); W. D. Taylour, *The Mycenaeans* (London 1964); G. E. Mylonas, *Mycenae and the Mycenaean Age* (Princeton 1966).

5 *Tumulus-burial in Albania, the Grave Circle of Mycenae, and the Indo-Europeans*, in: *BSA* 62 (1967). Über Tumulus-Bestattungen in Messenien: *UMME* 135 f.

6 Über den Zerstörungshorizont und das Ende des 13. Jh.s: V. R. d'A. Desborough, *The Last Mycenaeans and their Successors* (Oxford 1964) *passim*; desgl. *The Greek Dark Ages* (London 1972), Kap. 1.

7 V. R. d'A. Desborough, *The Greek Dark Ages* 19–20. Über Messenien und Triphylien: *UMME* 142 f.

8 Einige neuere Erörterungen in *CAH (³)* 2, 2, Kap. 36, Seiten 660–663; Mylonas, *Mycenae* 224–229; A. M. Snodgrass, *The Dark Age of Greece* (Edinburgh 1971), 304 bis 313; Desborough, *The Greek Dark Ages* 21 ff.; R. J. Buck, *The Mycenaean time of troubles*, in: *Historia* 18 (1960) 276–298.

9 *Discontinuity in Greek Civilisation* (Cambridge 1966). Carpenters These wird kritisiert von H. H. Lamb, in: *Antiquity* 41 (1967) 233 f., desgl. von H. E. Wright Jr., *Antiquity* 42 (1968), 123 ff.

10 N. K. Sandars, *The Last Mycenaeans and the European Late Bronze Age*, in: *Antiquity* 38 (1964) 258–262.

10a Pausanias (8, 5, 2) erinnert an die anschließende Überlieferung bezüglich Agapenors, der bei Homer (*Ilias* 2, 609) erwähnt wird als Anführer des arkadischen Heers in Troja: »Nach der Eroberung Trojas trieb der Sturm, der die Griechen auf der Heimreise überraschte, Agapenor und die arkadische Flotte nach Zypern, und so wurde Agapenor der Begründer von Paphos und errichtete der Aphrodite das Heiligtum von Palaepaphos.«

Die Überlieferung hat in den letzten zwanzig Jahren durch die Ausgrabungen von Dr. Karageorghis auf Maa-Palaeokastro, einer ins Meer ragenden Stätte an der Westküste Zyperns, eine wichtige Bestätigung erfahren, ebenso wie durch die Arbeit des deutsch-schweizerischen Teams unter Leitung von Dr. Maier in Palaepaphos (Skales) im Osten von Nea Paphos.

Wir wissen inzwischen, daß um 1200 v. Chr. ein monumentaler mykenischer Tempel in Palaepaphos erbaut wurde, was Homers Bezug auf den »heiligen Bezirk und nach Weihrauch duftendem Altar« der dortigen Gottheit (Odyssee 8, 363) etwas Bronzezeitalterliches verleiht. Karageorghis konnte auch bestätigen, daß der ungastliche Ort Maa-Palaeokastro zum ersten Mal 1230 v. Chr. von einer Schar von Abenteurern bewohnt war, »zu denen wohl auch Menschen aus der Ägäis und aus Anatolien gehörten« (AR, 1986-7, 71). Sie sicherten die Meerenge der felsigen Halbinsel mit einer gigantischen Mauer und blieben etwa eine Generation lang, bis ihre Siedlung »1200 v. Chr. durch ein gewaltiges Feuer zerstört wurde und sich hier Siedler vom Peloponnes und/oder Dodekanes niederließen«. Die zweite Siedlungsperiode dauerte an die 25 Jahre; danach blieb der Ort verlassen.

Angesichts der oben genannten Fakten scheint die Schlußfolgerung angebracht, daß Maa-Palaeokastro den achäischen Griechen bei der Eroberung von Zypern als wichtiger Brückenkopf diente, der später in sicheren und wohlhabenderen Städten wie Palaepaphos und Enkomi-Salamis ausgebaut wurde.

Einhundert Jahre später nach mykenischem Vorbild errichtetes Grab auf dem reichen Friedhof des alten Paphos enthält die, wie behauptet wird, älteste griechische Inschrift auf Zypern. Das Wort OPHELTAOU (d. i. der Name des Besitzers im Genitiv einer dem arcadischen Dialekt eigenen Form – eine eindrucksvolle Bestätigung von Pausanias Bericht) ist in einem bronzenen Brat- oder Fleischspieß eingraviert. Dieser bemerkenswerte Gegenstand ist im Zusammenhang mit der epischen Tradition zu sehen, insofern, als bei Homer OPHELTIOS als Name eines Kriegers erscheint, der einmal auf trojanischer (*Ilias* 6, 20) und einmal auf griechischer Seite kämpft (*Ilias* 11, 302).

11 Auch in der epischen Tradition scheint sich die Entvölkerung zu spiegeln. So beginnen die *Kyprien* mit einer Anspielung auf einen Plan Zeus', die Erdbevölkerung durch den Trojanischen Krieg zu dezimieren.

12 J. M. Cook in: *CAH*(3) 2, 2, Kap. 38; G. L. Huxley, *The early Ionians* (London 1966), 23–39.

13 Desborough, *The Greek Dark Age* 83.

14 Snodgrass, *DAG* 375.

15 L. H. Jeffrey, *The local scripts of Archaic Greece* (Oxford 1961) 1–21; J. N. Colstream, *Geometric Greese*, (London 1977) 295–302.

16 G. S. Kirk *SH* 59.

17 Die Sammlung ist in der *Widener Library* der Harvard-Universität untergebracht. Erste Publikation des Materials: A. B. Lord (Hrsg. u. Übers.), *Serbo-Croatian Heroic Songs*, Bd. 1 (Cambridge, Mass. 1953). Einige überzeugende Kommentare Parrys enthalten die Auszüge aus seiner sonst unveröffentlichten Untersuchung *Cor Huso: A Study of Southslavic Song*, in: *MHV* 437 ff.

18 *SH* 57.

19 *Homer* (London 1972) 80 ff.

20 Eine erschöpfende Analyse von Text und Struktur der Homerischen Dichtung kann sich auf zwei ausführliche englische Kommentare neueren Datums stützen: (1) The Iliad: *A Commentary* in 6 volumes (General Editor, G. S. Kirk), Cambridge 1985–93, (2) *A Commentary on Homer's Odyssey* in 3 volumes (edited by A. Heubeck), Oxford 1986–92.

3. Schichten homerischer Dichtung

1a s. Nachtrag zu diesem Kapitel, S. 92.

1 Einige neue Erörterungen ›homerischer‹ Architektur: H. L. Lorimer, *HM*, Kap. 7; Wace-Stubbings, *Companion* 489–497; D. H. F. Gray, *House in the Odyssey*, *CQ*, N. S. 5 (1955) 1 ff.; H. Drerup, *Griechische Baukunst in Geometrischer Zeit*, in: *Archaeologia Homerica* 2, 0 (Göttingen 1969); M. O. Knox, *Megarons and Megara: Homer and Archaeology*, in: *CQ* N. S. 23 (1973) 1–21. Details des Palastes von Pylos in: *PN*. Drerup behauptet, alle Bauwerksbeschreibungen Homers ließen sich mit der griechischen Architektur des 8. Jahrhunderts in Einklang bringen und in den Epen gebe es nichts, was an bronzezeitliche Paläste erinnere. Seine Theorie ist meiner Meinung nach von H. Plommer, »Shadow Megara«, JHS 97 (1977), 75–83, überzeugend widerlegt worden.

2 Vgl. Knox in: CQ N. S. 23 (1973) 10–11.

3 *Mycenae's last century of greatness* (Sydney 1968).

3a Einen brillanten Einblick in diese Welt vermittelt N. K. Sanders, The Sea Peoples: Warriors of the Ancient Mediterranean, 1250–1150 B. C. (London 1978).

4 R. D. Barnett, in: *CAH* (3) 2, 2, Kap. 28 (Fasz. 68) mit Bibliographie.

5 Die absolute Datierung der Pharaonen der 18. und 19. Dynastie ist z. T. noch immer umstritten, doch geht es nur um Differenzen von 10–20 Jahren. Die Regierungszeit 1290–1224 v. Chr. für Ramses II. steht aufgrund astronomischer Datierung fest (J. v. Beckerath, *Abriß der Geschichte des alten Ägypten* [München, Wien 1971] 66; Walther Wolf, *Das alte Ägypten* [1971] 244). Gleiches gilt für Merenptah, dessen 5. Regierungsjahr demzufolge 1220 v. Chr. ist.

6 Einen nützlichen Überblick über die Auseinandersetzungen gibt Page (*HHI* 21). Der Streit ist noch längst nicht beigelegt. In doppelter Hinsicht unterscheiden sich die *Aqaiwaša* von den anderen Bundesgenossen der Libyer aus dem Norden: 1. Sie kommen von einem »fremden Land jenseits des Meeres«; 2. Sie waren (fast sicher) beschnitten. Das erste setzt voraus, daß zwischen ihrer Heimat und Ägypten ein bedeutendes Stück offenen Meeres liegt. Man denkt daher an Kreta, eine der Inseln der Ägäis, ja vielleicht sogar an das griechische Festland. Punkt zwei bereitet uns vielleicht deshalb so viele Schwierigkeiten, weil wir gewöhnt sind,

daß sich der Gegensatz ›Juden-Heiden‹ im Gegensatz ›beschnitten-unbeschnitten‹ ausdrückt. Es ist durchaus nicht vorstellbar, daß einige Träger der griechisch-mykenischen Kultur Beschneidung praktizierten. Für die Altägypter war Beschneidung Indiz kulturellen Hochstandes. In der Merenptah-Inschrift unterscheiden sich die Aqaiwaša in dieser Hinsicht von anderen Leuten aus dem Norden. Man beachte auch, daß unter der Beute, die den Ägyptern in die Hände fiel, für die Länder der mykenischen Kultur typische Wagen mit vierspeichigen Rädern waren. Alles in allem scheint mir doch die Gleichung *Aqauwaša = Achäer* einiges für sich zu haben.

7 Schon Mitte des 14. Jahrhunderts v. Chr. beklagte sich der König von Alašija (Zypern) über räuberische Lukka, die jährlich seine Städte überfallen (*Tell-el-Amarna*-Tafeln 1, Seite 203, Nr. 39 Mercer).

8 Kürzlich fand man in Asdod, das aus der Bibel als bedeutendere Philisterstadt wohlbekannt ist, Keramik des mykenischen III-C-Typs. Dies ist ein weiterer Hinweis auf Zusammenhänge zwischen der mykenischen Welt und den Seevölkern.

9 Page (*HHI* 15 ff.) spricht sich für einen Zusammenhang zwischen den *Aḫḫijawā* hethitischer Urkunden mit Rhodos aus. Huxley *(AH)* erörtert die *Aḫḫijawā*-Frage in ihrer gesamten Vielschichtigkeit und Breite. Nach seiner Darlegung können die Dokumente an und für sich allein nicht darüber Auskunft geben, wo der *Aḫḫijawā*-Herrscher seinen Sitz hatte. Doch wenn man ihre Angaben mit Aufschlüssen kombiniert, die wir der archäologischen Überlieferung verdanken, kommen wir mit ziemlicher Gewißheit auf Mykene.

10 *SH,* Kap. 6.

11 Dieser Abschnitt beruht weitgehend auf D. H. F. Gray. *Metalworking in Homer,* in: *JHS* 74 (1954) 1–15. Manches relevante Material auch bei Lorimer *HM,* Kap. 3, 2; desgl. bei Snodgrass *DAG* Kap. 5.

12 Lorimer *HM* 111 Nr. 2.

13 Ventris-Chadwick *Documents* Nr. 290.

14 *Ebenda* Seite 330.

15 Snodgrass *DAG* 248.

16 *Odyssee*-Ausgabe von W. B. Stanford (London 1947) zur betr. Stelle; Gray *JHS* 74 (1954) 4.

17 Für diesen Abschnitt habe ich hauptsächlich herangezogen: Nilson, *Hom-Myc* Kap. 3, Abschn. 2; Lorimer *HM* Kap. 2, 1; T. J.

Dunbabin, *The Greeks and their eastern neighbours, JHS* Suppl. Nr. 8 (1957) 35–43; Coldstream *GGP* 380f.; 386–390.

18 Stanford (*Odyssee*-Ausg.) zur betr. Stelle.

19 Ein schöner phönikischer Bronzenapf des 8.–7. Jh.s v. Chr. aus Olympia: Dunbabin a.a.O., Taf. VI–VII.

20 Siehe vor allem AR 1976/77 und AF 1980/81, 16–19. Die kurze Abhandlung in AR 1973/74, 14–16, 1974/75, 12–15. 1975/76, 13–15. 1977/78, 31, 1978/79, 19–20, 1985/86, 29–30 liefert weitere Details. Siehe auch die Zusammenfassung in Neue Forschungen in griechischen Heiligtümern (Tübingen 1976), 77–90.

21 H. W. und E. A. Catling, Barbarian pottery from the Mycenaean settlement at the Menelaion, Sparta, BSA 76, (1981), 71–82.

22 The Catalogue of The Ships in Homer's Iliad (Oxford, 1970), 74–76.

4. Bild und Darstellung

1 M. I. Finley, *The World of Odysseus,* rev. Aufl. (London 1956) 86. Ein (in der 1. Aufl. noch nicht enthaltener) Nachtrag begründet Finleys Überzeugung, daß die Täfelchen »eine der homerischen ganz und gar unähnliche Welt« enthüllen »und ... wenig zu unserem Verständnis der Welt des Odysseus« beitragen.

2 *CAH* (³) 2, 2, Kap. 39 b, 842.

3 *HHI* 186.

4 Vgl. den Appell Tuthalijas IV. an seine Edlen (*HHI* 109), insbesondere die Passage: »Befehlshaber, die meine Truppen, Wagenkämpfer und Festungen kommandieren, stehen in Treue bereit. Wie ihr eure eigenen Frauen, Kinder und Häuser liebt, so liebt auch die Befehle eures Königs und führt sie gut aus.«

5 Den Fortschritt auf diesem Gebiet ersehe man aus *AR* 1959 bis 1960, 27ff.; 1964-1965, 32ff. (bes. S. 44); 1970–1971, 33ff. Das Beweismaterial für Mykener in West-Kleinasien findet sich bei Mellink, in: *AJA* 75 (1971) 168f.

6 Die grundlegende Publikation ist Ventris-Chadwick, *Documents.* In *CAH* (³) 2, 1, Kap. 13, haben J. Chadwick und S. Dow kürzlich einen Überblick über den Fortschritt der Linear-B-Studien gegeben (dazu ausführl. Bibliographie). Gegensätzl.

Positionen hinsichtlich der Bewertung der Schrifttafeln im Hinblick auf ihre Bedeutung für unser Verständnis Homers vertreten: T. B. L. Webster, *Companion* 452-462 (positiv) und M. I. Finley, *Homer and Mycenae: Property and Tenure*, in: *Historia* 6 (1957) 133-159 (skeptisch).

7 Vgl. *Documents* 108. Eine berühmt gewordene Schrifttafel (*ebenda* Nr. 53) beginnt: *e-re-ta pe-re-u-ro-na-de i-jo-te* (»Ruderer, für [bzw. ›nach‹] Pleuron bestimmt«). In homerischem Griechisch ergäben diese Wörter die 2. Hälfte eines Hexameters.

8 Eine Auswahl der bedeutendsten Täfelchen: *Documents* Nr. 56-60. Ausführliche Erörterung dieses Tafel-Typs durch M. Lejeune in: J.-P. Vernant (Hrsg.), *Problèmes de la guerre en Grèce ancienne* (Paris 1968).

9 Z. B. wendet die *Odyssee* beide auf Odysseus an (*Odyssee* 20, 194). Vgl. *Odyssee* 7, 23: Hier *(w)anassei* Alkinoos (er »herrscht« also als *[w]anax*) doch ebenda Vers 55 ist er gleichzeitig *basileus*.

10 M. Lejeune, *Le DAMOS dans la société myceénienne*, in: *REG* 78 (1965) 3, bemerkt, *(w)anax* sei dem Herrscher von Pylos und verschiedenen homerischen Göttern vorbehalten.

11 C. G. Thomas: *The roots of Homeric kingship*, in: *Historia* 15 (1966) 393.

12 Hektor wird der Besitz eines *temenos* nicht nachgesagt, doch einer seiner maionischen Verbündeten, Iphition, besitzt einen (*Ilias* 20, 391). Vgl. auch Achills sarkastische Frage an Aineias, ob die Trojaner ihm einen *temenos* versprochen hätten, wenn er den Kampf gewänne (*Ilias* 20, 184 ff.). In der *Odyssee* besitzt Laertes ein Gut, das er vielleicht als Lohn für militärische Erfolge gewonnen hat (*Odyssee* 24, 205 ff. u. 24, 376 ff.).

13 *Ilias* 18, 550; *Documents* Nr. 152. Homer benutzt *temenos* auch im jüngeren Wortsinne (so z. B. *Ilias* 8, 48: Zeus' heiliger Bezirk in Gargaros im Ida-Gebirge).

14 Vgl. 14. Vgl. z. B. die Auseinandersetzung zwischen M. I. Finley, in: *Historia* 6 (1957) 133–159 und L. R. Palmer, *The Mycenaen tablets and economic history*, in: *Economic History Review* 11 (1958–1959), 87–96.

15 *CAH* (3), 2, 1, 620.

16 W. Ridgeway, *The Homeric Land System*, in: *JHS* 6 (1885) 319-339.

17 *CAH* (3) 2, 1, Kap, 22 a, 180: Vgl. Finley in: *Economic History Review* 10 (1957), 139: »Wir müssen uns eine Situation vorstellen, wo Beamte, Soldaten, Handwerker, Hirten und Bauern alle Land hatten (oder bearbeiteten) – und dies unter der Bedingung, daß sie entweder bestimmte Dienste oder Sachgaben leisten mußten«; Nilsson *Hom-Myc* 238: »Eine Art von lockerem Feudalismus«.

18 Webster, *Companion* 456, weist auf Parallelen mit der Knossos-Schrifttafel As 821 hin; vgl. *Documents* 168 f. über *themis* und *opa* als Lehnspflichten.

19 Hierzu: *Documents* 123.

20 *CAH* (3) 2, 1, 619.

21 *Documents* 92–105, bes. 103 ff.; *MH* 114–128; Gray, *Mycenaean namens in Homer*, in: *JHS* 78 (1958), 43–48.

22 *MH* 116.

23 Agelaos: *Ilias* 8, 257; 302. Deukalion: *Ilias* 13, 451; 20, 478. Laodokos schließlich *Ilias* 4, 87; 17, 699.

24 Detaillierte Erörterungen des griechischen und trojanischen Kataloges im Licht der archäologischen Entdeckungen der Nachkriegszeit finden wir bei Page *HHI* 118 ff.; Huxley *BICS* 3 (1956) 19–30; R. Hope Simpson und J. F. Lazenby, *The Catalogue of Ships in Homer's Iliad* (Oxford 1970). Vgl. auch Kirk *CAH* (3) 2, 2 Kap. 39 b. 837. G. Jachmann, *Der Homerische Schiffskatalog und die Ilias* (Köln 1958), ist sehr skeptisch, was die Historizität des Schiffskatalogs angeht.

25 M. Bowra *Homer* 90f. weist darauf hin, daß »die Könige von Uganda ... offizielle Sänger« beschäftigten, »die ihren Stammbaum 30 Generationen zurückverfolgen konnten; die Maori erinnern sich bis hinein in Einzelheiten an die Fahrten, die sie zwischen 825 und 1350 n. Chr. von Tahiti nach Neuseeland brachten.«

26 Die Boioter haben 50 Schiffe; jedes trägt 120 Mann (*Ilias* 2, 509 f.).

27 Page *HHI* 10-17 u. 147 ff.

28 *The Mycenaean Documents* in: *UMME* 100 ff., bes. 109 (*aipu*) und 113 f.

29 Selbst wenn wir einräumen, daß *Thryon* hiermit indirekt bestätigt wird, so vergesse man doch nicht: Homers *Thryon* beherrschte eine Furt des Alpheios (*Ilias* 2, 592; vgl. 11, 711) und lag daher nach Ansicht Chadwicks ein gutes Stück außerhalb der durch die Täfelchen bezeugten Grenzen des Reichs von Pylos (vgl. *UMME* 109 u. Abb. 7-1).

30 Die »diesseitige Provinz« – wohl das Gebiet zwischen Meer und Aigaleon-Massiv.

31 Die »jenseitige Provinz« mit dem Pamisos-Tal südlich vom Aigaleon als Zentrum.

32 Vgl. Hope Simpson und Lazenby, *The Catalogue of Ships in Homer's Iliad*, 86–87.

33 Die Verse 853–855 sind fast sicher ein späterer Einschub und scheiden daher hier bei der Aufzählung der Ortsnamen aus.

34 Diesem Abschnitt liegen insbesondere zugrunde: Lorimer *HM* 103-110; Mylonas *Companion* 478-488; Andronikos *Totenkult;* Snodgrass *DAG* 140–197. D. C. Kurtz und J. Boardman, *Greek Burial Customs* (London und Ithaca, New York, 1971).

35 Zeilen 334–335 beziehen sich darauf, daß die Gebeine des verbrannten Toten nach Kriegsende zu ihren Familien heimgebracht werden. Der antike Homerkritiker und Grammatiker Aristarch von Samothrake verwarf diese Verse daher mit der Begründung, man kenne sonst keinen Versuch, Überreste von Toten mit nach Hause zu bringen. Allgemein hält man sie für einen in Athen vorgenommenen Einschub, der unter dem Einfluß attischer Sitten und Gepflogenheiten zustande gekommen ist (so F. J. Jacoby, in: *JHS* 64 [1944] 37 ff.).

36 Z. B. wurde Eetion, Andromaches Vater, in seiner Waffenrüstung verbrannt (*Ilias* 6, 416 ff.). Elpenors Geist tritt für ähnliche Riten ein, desgleichen auch für die Errichtung eines Hügels am Meeresufer mit einem Riemen (= ›Ruder‹) darin, und seine Forderungen werden auch erfüllt (*Odyssee* 11, 74–78; 12, 11 bis 15).

37 In Anbetracht der Tatsache, daß der Leichnam so lange auf der Bahre lag, praktizierte man wohl eine einfachere Art des Einbalsamierens (so Mylonas *Companion* 479).

38 S. d. Karte (Abb. 68) bei Snodgrass *DAG*.

38a Diese Aussage ist inzwischen überholt. S. Nachtrag 1 zu Kapitel 6, S. 202. Die Frage der Feuerbestattung oder Beerdigung bei Homer bedarf im Hinblick auf den Friedhof in der Bucht von Besik einer gänzlich neuen Beurteilung, nicht zu vergessen die Entdeckung eines Grabhügels aus dem 12. Jahrhundert v. Chr. in Chania bei Mykene (AR 1984-5, 21) mit Brandbestattungen.

39 Homer spricht nirgendwo ausdrücklich von Erdbestattungen. Gewissen Wendungen wie »unter die Erde gehen« und »die Erde wird halten« setzen aber, so meinte man, Erdbestattungen und die Kenntnis davon *voraus*. Allerdings ergibt sich diese Folgerung keineswegs zwangsläufig, denn die betreffenden Phrasen können

sich auch auf die Bestattung der Urne beziehen, die die Asche enthält.

40 Zu diesem und anderen Beispielen: Andronikos *Totenkult* 104 f.

41 *Dendra* 1, 73 ff., 108 ff.

42 Detaillierte, reich und gut illustrierte Darstellung: Vassos Karageorghis, *Salamis. Die zyprische Metropole des Altertums (Salamis in Cyprus* [deutsch]. Übers. u. Bearb. d. dtsch. Ausgabe: Joachim Rehork) (Bergisch Gladbach:) Gustav Lübbe Verlag (1970) (in der Reihe: *Neue Entdeckungen der Archäologie [= New Aspects of Antiquity,* deutsch]). Die maßgebliche Ausgabe ist Karageorghis, *Excavation in the Necropolis of Salamis* (3 Vols. Nicosia; Department of Antiquities, Cyprus, 1973-4).

43 J. N. Coldstream, *Cypro-Aegean exchanges in the 9th and 8th centuries BC, Acta of the 1st International Cyprological Congress* (Nikosia 1972) 21.

44 Zu »Heldenbestattungen« s. N. Coldstream, *Geometric Greece* (London 1977), 349–52.

5. Waffen und Kriegstechnik

1 Das grundlegende Werk in englischer Sprache ist: Lorimer *HM.* Vgl. auch Stubbings in: *Companion* 504–522; Snodgrass *Early Greek Armour and Weapons* (Edinburgh 1964), *Arms and Armour of the Greeks* (London und Ithaca, New York 1967). Einen wichtigen Beitrag von G. S. Kirk über *War and the warrior in the Homeric poems* enthält J.-P. Vernant (Hrsg.): *Problèmes de la guerre en Grèce ancienne* (Paris 1968). Weitere Untersuchungen in diesem Werk: M. Lejeune, *La civilisation myceénienne et la guerre;* P. Courbin (archäologische Belege über die Kriegführung in mykenischer und geometrischer Zeit) sowie M. Detienne (Geschichte des Streitwagens).

2 J. A. Charles, *The first Sheffield Plate,* in: *Antiquity* 42 (1968) 278-284.

3 *phasganon* war das mykenische Wort für ›Schwert‹. Auf Tafeln, die Listen von Schwertern enthalten, erscheint die Pluralform *pa-ka-na.*

4 *Euknemides Achaioi,* in: *Mnemosyne* 14 (1961) 97-119.

5 Gelegentlich erwähnt das Epos Beinschienen aus Zinn, so z. B. *Ilias* 18, 613; 21, 592.

6 Aus der Zeit zwischen etwa 1150 und 700 v. Chr. sind in Griechenland keine Beinschienen zum Vorschein gekommen. Einzige Ausnahme: ein Schienenpaar aus Bronze aus einem Athener Grab des 9. Jh.s. Vorab-Publikation: *Archaiologikon Deltion* 21, 2 (1966). Snodgrass *DAG* 333 betrachtet es als Einfuhr aus dem nichtgriechischen Europa.

7 In der 2. Aufl. seines Werks: *Homerische Waffen* (Wien 1901) 102 ff.

8 *PN* Bd. 2, 44 f. u. Taf. 16, 17, a, M. Ein Exemplar aus dem 12. Jh.: Vgl. *AM* 75 (1960) 44, Beilage 31, 4. Neuere, ausführliche Erörterung mit Verzeichnis der vorhandenen Reste und Darstellungen: J. Borchardt, *Homerische Helme* (Mainz 1972) 18-36 und 78-81.

9 Nach Ansicht mancher Kritiker bildete Buch 10, die *Dolonie*, ursprünglich keinen Bestandteil der *Ilias*, sondern wurde dieser erst nachträglich eingefügt. Dies berührt allerdings unsere Argumentation nicht.

10 Ich verdanke dieses Beispiel der Arbeit *Oral Traditions* von J. Vansina (engl. Übers. von H. M. Wright, Harmondsworth 1973) 45.

11 Nach Gray – in: *JHS* 78 (1958) 47 – stellt »die Periphetes-Episode . . . ein in sich geschlossenes Stück Überlieferung aus dem 14. (oder sogar 15.) Jh.« dar. Nach Ausweis der Täfelchen ist der Name seines Vaters Kopreus mykenisch.

12 N. M. Verdelis, *Neue Funde von Dendra*, in: *AM* 82 (1967) 1–53.

13 *gyalon* bedeutet buchstäblich und wörtlich: »hohl(er Gegenstand)«. In Anbetracht der *Ilias*-Stelle (*Ilias* 15, 529–533), die vom »Stammbaum« eines Harnischs mit *gyala* spricht, läßt sich der Terminus wohl nicht nur auf die beiden Haupt-›Schalen‹ eines Panzers beziehen, sondern bezog sich wohl auf sämtliche schalenartigen Teile, die eine Panzerung des in Dendra gefundenen Typs überhaupt aufwies. Waffen, die *gyala* durchdringen, verursachen sowohl Bauch- als auch Schulterwunden (*Ilias* 5, 98 f. u. 13, 506 f.).

14 Auf den Pylos-Täfelchen erscheint das Wort *to-ra-ke (thorakes)* mit entsprechendem Ideogramm. Die Ideogramme auf den Tafeln aus Knossos weichen von denen aus Pylos etwas ab, eines ähnelt besonders stark der Ausrüstung, die man in Dendra fand. Ventris und Chadwick behaupten (*Documents* Seite 376), »ein solcher Panzerkörper war vielleicht fast ausschließlich Wagenkämpfern vorbehalten, für die er, da kein Schild sie schützte, eine Notwendigkeit darstellte«. A. Severyns, *Homère et l'histoire*, in: *Antiquité*

Classique 33 (1964) 336, vermutet, die *teuchea*, die »rasseln«, wenn ein Held zu Boden stürzt, waren vielleicht lockere, abnehmbare Teile einer Rüstung des Dendra-Typs (vgl. *Ilias* 4, 420).

15 Ausdrückliche Erwähnung z. B. *Ilias* 13, 372 und 398. Anspielungen bestehen in Bezeichnungen wie »sehr kunstvoll gearbeitet« *(polydaidalos)*, »schimmernd« *(panaiolos)*, »strahlend« *(phaeinos)*, und »frisch poliert« *(neosmektos)*. Außerdem können Waffen an einem Harnisch zerbrechen (*Ilias* 17, 606 f.) oder er ist mit »Platten« *(gyala)* versehen (*Ilias* 5, 99; 13, 507).

16 Eine mit Platten oder Gelenken zusammengefügte Rüstung hatte 3 Besitzer (*Ilias* 15, 530 ff.) und somit ihre eigene Geschichte. Vgl. den Stammbaum des Eberzahnhelms (Seite 163)!

17 H. L. Lorimer, die vor der Entdeckung des Panzers von Dendra schrieb, fand weder für *mitra* noch für *zoster* befriedigende Erklärungen (*HM* 245–250).

18 Paris (*Ilias* 3, 328–338); Agamemnon (*Ilias* 11, 15-46); Patroklos (*Ilias* 16, 130-144); Achilleus (*Ilias* 19, 369–391).

19 Kirk *SH* 190 f.; vgl. auch Webster *MH* 167 f.

20 W. E. McLeod, *An unpublished Egyptian composite bow in the Brooklyn Museum*, in: *AJA* 62 (1958) 397 ff.

21 Gewisse Mengen von *agrimi*-Horn, wohl Rohmaterial für zusammengesetzte Bogen, verzeichnet eine Reihe von Schrifttafeln aus dem Arsenalgebäude in Knossos (*Documents* S. 301 f.). Diese Art von Eintragungen fand man auf den Tafeln aus Pylos nicht, dafür verzeichnet hier ein Täfelchen wiederum Bogenhersteller neben anderen Geschäftsleuten (*Documents* Nr. 52).

22 Lorimer *HM* 276 f.

23 Dies ist Stubbings' Ansicht (*Companion* 520).

24 Snodgrass *Armour* 142 f.

25 Leider ist die Reihe der Pylos-Tafeln, die mit Wagen zu tun haben, unvollständig. Eine Gruppe verzeichnet Räder, doch die Hauptliste hat man noch nicht gefunden. Die Pylos-Tafeln En 421 und 809 erwähnen den Wagenbauer des *Lawegates*.

26 *The Decipherment of Linear B* 108 mit Abb. 14. Auf einer Tafel findet sich das homerische Wort für ›Wagenlenker‹ *(heniochos)* – es meint wohl den Fahrer, nicht den Krieger auf dem Wagen.

27 Homer, *Ilias* 9, 383 f., schreibt den Ägyptern bedeutende Wagenstreitkräfte zu.

28 O. R. Gurney, *The Hittites* (Harmondsworth 1952) 49. Lorimer *HM* 323.

29 *Greece in the Bronze Age* 261. Vgl. auch M. A. Littauer, *The military use of the chariot in the Aegean in the Late Bronze Age*, in: *AJA* 76 (1972) 145–157.

30 Zu den mykenischen Scherben: Vgl. Lorimer *HM* Taf. II, 3; desgl. Snodgrass, *Armour*, Taf. 20. H. Catling, *A Mycenaean puzzle from Lefkandi in Euboea*, in *AJA* 72 (1968), ist der Ansicht, daß beide mykenischen Fragmente vielleicht von einer und derselben Vase stammen. Die Männer auf dem Wagen sind voll bewaffnet und scheinen in die Schlacht zu galoppieren. Sie tragen den gleichen Helm wie die Fußkämpfer auf der Kriegervase.

31 *Armour* 159 ff., 433. P. A. L. Greenhalgh, *EGW*, gibt eine typologische Analyse der Wagendarstellungen in der griechischen Kunst des 8./7. Jh.s, die Snodgrass' Ansicht zu widerlegen scheint.

32 Z. B. 2, 466; 8, 59; 11, 47 f.; 15, 258; 20, 157. Am häufigsten finden sich Wagen in der Schlachtschilderung des 11. Gesangs erwähnt, und zwar kommen in etwa 500 Versen fünfzehnmal einzelne Wagen vor, und außerdem ist noch weitere viermal allgemein von Wagen die Rede. Im Gegensatz dazu hat der 13. Gesang (mehr als 800 Verse) nur ganze zwei Wagen-Erwähnungen aufzuweisen.

33 Aias wegen seines riesigen Schildes, und Odysseus, weil Ithaka sich schlecht für Pferde eignete.

34 Vgl. auch 5, 835 ff. Interessant ist, daß hier überall Diomedes' Wagen mit von der Partie ist, der dann im 23. Gesang das Rennen gewinnt.

35 Glaukos tötet einen Griechen, als dieser seinen Wagen besteigt (*Ilias* 7, 13 ff.), und Hektor tötet gar zwei Griechen in ihrem Wagen (5, 608).

36 *FFS* 33. Vgl. Snodgrass *Armour* 160: »Es scheint seltsam, sich vorzustellen, daß jemals auf diese Art Krieg geführt wurde.« Kirk, in: *Problèmes* 111 Anm. 49: »Nichts von dem, was Anderson« – s. Anm. 38! – »äußert, täuscht uns darüber hinweg, daß vieles schlechterdings unmöglich ist, was Homer in der *Ilias* über Pferde sagt.«

37 *Diodorus Siculus* 5, 21, 5 (Loeb-Ausgabe Bd. 3, 155). Vgl. ebenda 5, 29, 1 über den Einsatz von Wagen bei den Galliern (Kelten). Gallische (keltische) Wagen treiben 295 v. Chr. in der Schlacht bei Sentinum die römische Reiterei in die Flucht (*Livius* 10, 28).

38 *Homeric, British and Cyrenaic Chariots*, in: *AJA* 69 (1965), 349-352.

39 *PN*, Taf. 123. G. Rodenwaldt, *Der Fries des Megarons von Myke-*

nai (Halle 1921) rekonstruierte eines der mykenischen Fresken, das einen vom Wagen abgestiegenen Bogenschützen darstellte, der im Begriff war, seinen Pfeil abzuschießen. Der zugehörige Wagen steht abgewandt von der Kampfszene.

40 Im Gegensatz der *Ilias* (Vers 748) wird ihm die Eroberung von 50 Wagen zugeschrieben. Im 23. Gesang (306 ff.) gibt er seinem Sohn detaillierte Anweisungen über die Technik des Wagenrennens.

42 Abgebildet bei Lorimer *HM* Abb. 47.

43 Mit Aufnahmen veröffentlicht von G. Buchner und C. F. Russo, *Accademia dei Lincei: Rendiconti* 10 (1955) 215 ff.; neueste Literaturübersicht: R. Meiggs und D. Lewis (Hrsg.): *A Selection of Greek Historial Inscriptions* (Oxford 1969) Nr. 1. Ich folge der Lesung und Deutung D. L. Pages in: *CR* 6 (1956) 95 ff. Kirk schreibt (*SH* 283 f.): »Das Zitat von Ischia muß sich entweder auf die *Ilias* beziehen oder auf ein separates pylisches Gedicht, das der Haupt-Kompilator der *Ilias* vielleicht benutzte.« Eine skeptischere Interpretation gibt Stubbings in *Companion* 536. Er äußert die interessante Vermutung, *depas*, das in der *Ilias* gebrauchte Wort für Nestors ›Becher‹, könne ›Mischgefäß, Mischschüssel‹ bedeuten, was tatsächlich besser in den gesamten Kontext paßt.

44 Greenhalgh (EGW *passim*) behauptet: 1.) Im 8. Jh. habe man in Griechenland Wagen für Rennen und Grabprozessionen benutzt, 2.) für kriegerische Zwecke habe man sie damals nicht eingesetzt; 3.) die ›Ritter‹ der Prä-Hoplitenzeit waren keine wirklichen Reiter, ritten aber, von ihrerseits berittenen Knappen begleitet, in die Schlacht, doch nur, um im entscheidenden Moment abzusteigen und zu Fuß zu kämpfen; 4.) ebenso habe man es noch im 7. und 6. Jh. gehalten, obwohl es nun daneben bereits längst Hopliten-Fußvolk und echte Reiterei gab; 5.) die homerische Sprache für Wagenkampf im allgemeinen und die Schilderung einiger Begebenheiten in Homers Dichtungen im besonderen mache deutlich: a) Die Barden des 8. Jh.s hatten keinerlei persönliche Erfahrung, was den Einsatz von Wagen im Kampf anging, b) die Barden gaben ihren Schlachtszenen, an denen sie Wagen teilnehmen ließen, absichtlich einen archaischen Anstrich, wußten aber lediglich, daß Wagen – ebenso wie Bronzewaffen – zu den Standard-Gegebenheiten spätbronzezeitlicher Kriegführung gehört hatten, c) die ›Kriegswagenszenen‹ der Dichtungen spiegelten nichts anderes als die Erfahrungen von

Reiterkämpfen geometrischer Zeit, die ›Wagen‹ seien nichts anderes als verkappte Reiterei.
Ich möchte den Behauptungen 1, 3 und 4 zustimmen und bin auch der Ansicht, daß an 5b etwas Richtiges ist. Als in sich unwahrscheinlich würde ich demgegenüber 2, 5a und 5c zurückweisen.

45 Strabon 448 über die Weihgeschenke des Artemistempels in Amaranthos auf Euboia.

46 Es gibt im Grunde keine Erwähnung einer Reiterei in Homers Gedichten. So oft auch von Pferden und vom »Kampf zu Pferde« die Rede ist – immer sind in Wirklichkeit Pferd und Wagen gemeint: Vgl. E. Delebecque, *Le cheval dans l'Iliade* (Paris 1951). Bisweilen versteht man *Ilias* 11, 150 f.: »Fußvolk mordete nun Fußvolk ... Reiter den Reiter« als Hinweis auf echten Reiterkampf, aber es gibt keinen Grund, warum man das Wort für ›Reiter‹ *(hippeus)* hier nicht in seinem sonstigen homerischen Sinne verstehen sollte, als »einer, der im Pferdewagen fährt bzw. vom Pferdewagen aus kämpft«. Gleiches gilt für *hippeus* in dem Wangenschmuck-Gleichnis (*Ilias* 4, 142). Gelegentlich freilich wird auch vom Reiten gesprochen (aber nur in Gleichnissen), so z. B. *Ilias* 15, 679-684; *Odyssee* 5, 371.

47 John Hackett, *Reflections upon Epic Warfare*, in: *Proceedings of the Classical Association* 68 (1972).

6. Troja und der Trojanische Krieg

1 Coldstream äußert (in GGP 376): »die ältesten datierbaren Vasen ... sind Vogel-Kotylen rhodischen Typs um 720-700; allerdings sind einige Scherben mit halbkreisförmiger Dekorationen vielleicht älter«. W. D. F. Coulson wertet die P. G. Keramik neu in *BSA* 86 (1991), 43–64.

2 W. Leaf, *Troy: A Study in Homeric Geography* (London 1912) 24. Noch zieht man dieses Buch sowie Leafs *Strabo on the Troad* (London 1923) mit Nutzen zu Rate, um sich über die Topographie Trojas und der Troas zu informieren.

3 *Odyssee* 14, 474 spricht von einem Sumpf nahe bei den Mauern Trojas. Achills Kampf mit dem Flußgott ist ein gutes Beispiel dafür, wie Fiktion auf Tatsachen fußen kann (*Ilias* 21, 200 ff.). Zur Regenzeit kann es in der Ebene am Skamandros-

Unterlauf zu schweren Überschwemmungen kommen. Augustus' Tochter Julia ertrank beinahe, als sie den Fluß überqueren wollte.

4 Vielleicht war die Anhöhe bei Sigeion jener von Herakles errichtete Damm, von dem aus die Götter auf seiten der Achäer dem Kampf zuschauten. Südlich und östlich von Rhoiteion erhebt sich der Hügel *Kara Tepe* – vielleicht Homers Kallikolonē, bei Homer der »Feldherrnhügel« für die Götter auf seiten der Trojaner (*Ilias* 20, 144–152). Ausführliche Erörterungen der Topographie vgl. J. M. Cook, *The Troad; an archaeological and topographical study* (Oxford 1973) 110–113 u. 150–188.

5 Das ist inzwischen widerlegt. S. Nachtrag 1 zu diesem Kapitel.

6 Cook (*Troad* 186 ff.) baut hierauf die bestmögliche Konstruktion auf. Man könnte meinen, daß sie manche Probleme der homerischen Schilderung löst, aber der Verlegung Trojas nach hier steht eine entscheidende Tatsache im Wege: Es gibt hier keinerlei Überreste von auch nur geringer Bedeutung, während Hissarlik eine der bedeutendsten bronzezeitlichen Fund- und Grabungsstätten des ägäischen Raumes ist.

7 In: *Fair Greece! Sad Relic: Literary Philhellenism from Shakespeare to Byron* (London 1954). Ausführliche Darstellung der Geschichte dieser Kontroverse mit Hinweisen auf sämtliche bedeutenderen Reisenden und ihre Schiffe bei Cook, *Troad* 14–51.

8 Detaillierte Schilderung der Quellen bei Cook, *Troad* 140 ff., der sie als »vielleicht die berühmteste aller Sehenswürdigkeiten der Troas« beschreibt.

9 MacLaren besuchte die Troas 1847. Seine Beschreibung (*The Plain of Troy described*) entstand erst 1863.

10 Würdigung seiner archäologischen Arbeit bei Cook, *Troad* 35 f.

11 Die *Ilias*-Ausgabe von D. B. Monro äußert sich, Virchow folgend, weit entschiedener zu der Stelle, als die Tatsachen es erlauben. Vgl. Cook, *Troad* 291–293.

12 Leaf, *Troy* 50. Er äußert sich über die beiden Quellen und den Ursprung des Skamandros mit gebührender Vorsicht.

13 Leaf, *Troy* 166, und Schliemann, *Troja* 64.

14 *Homeric epithets for Troy*, in: *JHS* 80 (1960) 18.

15 Leaf, *Troy* 157.

15a S. Nachtrag 2 zu diesem Kapitel.

16 *HHI*, 101 ff. Vgl. Huxley, *AH* 32 ff. Diese Rekonstruktionen beruhen zu einem sehr großen Teil auf dem seinerzeit allgemein angenommenen Zeitansatz der entscheidenden Urkunden Tuthali-

jas (der ›Annalen Tuthalijas‹) und Arnuwandas in der 2. Hälfte des 13. Jahrhunderts. In neuerer Zeit hat man allerdings eine solche Datierung in Frage gestellt und einen viel früheren Zeitpunkt vorgeschlagen. Vgl. H. Otten, *Sprachliche Stellung und Datierung des Maduwatta-Textes,* in: *Studien zu den Bogazköy-Texten* 11 (1969); O. R. Gurney, in: *CAH (³)* 2,1, 678; Ph. H. J. Houwinkten Cate bei R. A. Crossland und Ann Birchall (Hrsg.): *Bronze Age Migrations in the Aegean* (London 1973) 147–153. Diese Hinaufdatierung wurde allerdings keineswegs allgemein akzeptiert; vgl. z. B. A. J. Mellink, in: *AJA 75 (1971) 168f.*

16a Diese Vorhersage hat sich mittlerweile als richtig herausgestellt. Der Maduwatta-Text, nach dem Page den »Bund von Assuwa« ins späte 13. Jahrhundert datiert, gilt nun als zeitlicher Beleg für die Regentschaft Tuthalijas in früheren Jahren (1425 v. Chr.). Für die Homer-Forscher bleibt er jedoch ein wichtiges Zeugnis, allein schon wegen der Hinweise auf eine frühere mykenische Intervention im westlichen Anatolien. Wir lesen, wie Atarrisyas der Achäer Maduwattas mit Streitwagen ins Landesinnere verfolgte, mit den Hethitern eine Schlacht ausfocht, die unentschieden blieb, und einen Überfall auf Zypern unternahm.

Für das entscheidende 13. Jahrhundert liegt uns ein zwischen dem Hethiterkönig Mutawallis und Alaksandu von Wilusa (Alexandros von Ilios?) schriftlich geschlossener Vertrag aus dem Jahr 1280 v. Chr. vor. Er endet mit einer Anrufung der Götter von Wilusa, unter denen auch der Name Appaliunas (Apollo?!) vorkommt. In ägyptischen Urkunden wird ein Kontingent von Dardanern genannt, die in der Schlacht von Kadesch (1275 v. Chr.) auf seiten der Hethiter gekämpft haben. Wenn man diese – was möglich scheint – mit denjenigen Trojanern gleichsetzen kann, die Homer als »Dardanier« bezeichnet, dann wird ihre Teilnahme im Krieg wohl eine direkte Folge des Vertrags gewesen sein.

Für die zweite Jahrhunderthälfte verfügen wir über Zeugnisse wie die Tawakalawas-Briefe und die Milawata-Briefe, die Althistoriker zu faszinierenden Rekonstruktionen der politischen Situation im Westen des Hethiterreiches veranlassen können. Singer (Anatolian Studies 32, (1983), 205–17) datiert die Tawakalawas-Briefe zwischen 1255 und 1230. Sie berichten, daß Wilusa zum Zankapfel zwischen den Herrschern des Hethiter- und des Aḫḫijawān-Reiches geworden waren, daß sich die beiden aber später miteinander aussöhnten. Tawakalawas, vermutlich ein Bruder des »Großkönigs« von Aḫḫijawā, ist sicherlich die hethitische Version des bronzezeitlichen griechischen Namens Eteokles (EteFokleFes), der in der Sage »Sieben gegen Theben« hervorsticht.

Milawata, jetzt allgemein mit Miletus bezeichnet, scheint zwischen der hethitischen und der mykenischen Welt ein Unruhe- und Spannungsherd gewesen zu sein. Man geht davon aus, daß die Mykener in Milawata mittels Intrigen daran arbeiteten, ihren Einfluß in Westanatolien auszudehnen, und daß ein entferntes und absinkendes Hethiterreich erbittert darum kämpfte, seine Autorität mit Hilfe von Vasallenkönigtümern aufrechtzuerhalten. Zu diesen Vasallenkönigtümern gehört Wilusa, das der hervorragende Hethiterkenner Güterbock nun in der Troas lokalisiert. Wilusa wird manchmal mit dem Ortsnamen Taruisas in Verbindung gebracht, und wenn es sich dabei, wie viele Experten vermuten, um die hethitische Übersetzung von Troja handelt, steht die Gleichsetzung von Wilusa mit dem homerischen Ilios fast außer Zweifel.

Ein neues Teilstück hat einen Ausschnitt des Milawata-Briefes erhellt. Er liest sich nun so: »Mein Sohn (d. h. Vasall), schick Walmus zu mir. Ich werde ich dann wieder im Königreich Wilusa einsetzen.« Walmus ist ein bisher unbekannter König von Wilusa. Gibt es irgendeinen Hinweis auf einen solchen Namen bei Homer? Wenn man die kurze Übersicht der trojanischen Krieger in der Ilias 13, 790-2 aufschlägt, stößt man auf einen Palmus, einen Namen, der etymologisch kaum von Walmus zu unterscheiden ist.

Mir scheint, daß nun die Vorteile gegenüber allen linguistischen Gleichmachereien, die sich als trügerische Zufälle herausstellen, überwiegen. Alle Zeugnisse zusammen ermöglichen unschätzbare Einblicke in die Diplomatie der Ägäis und Anatoliens im ausgehenden Bronzezeitalter. Die Wissenschaft scheint sich der Meinung Forrers anzunähern, der 1924 darauf hinwies, daß die Dokumente Bezüge auf Homers Troja und Homers achäische Welt in Mykene enthielten. Wie dem auch sei, auf alle Fälle ermöglichen sie uns zumindest einen teilweise dokumentierten Einblick in eine Zeit, in die der Trojanische Krieg der griechischen Überlieferung datiert werden muß.

Lesern, die sich einen kurzen und kritischen Überblick über die neueren Forschungsergebnisse zu dem Problem Mykener in hethitischen Zeugnissen verschaffen wollen, empfehle ich die Artikel von T. R. Bryce in Historia 38 (1989), 1–20 und Oxford Journal of Archaeology 8 (1989), 297–308.

17 *Mycenae* 217.
18 Z. B. Hammond, in: *CAH* (³) 2, 2, Kap. 36; Stubbings, in: *CAH* (³) 1, 1, 246 f.; Mylonas, *Priam's Troy and the date of its fall,* in: *Hesperia* 33 (1964) 352–380. Eine gute Übersicht über die Kontroverse bei J. Wiseman, in: *Arion* 4 (1965) 700 ff.
19 *Troy* 4, 12 (um 1200); *CAH* (³) 2, 2, Kap. 21 (um 1250); *The Mycenaean Age* (Cincinnati 1962) 15 und 27 f. (um 1270–1260).
20 Nach C. Nylander, *The fall of Troy,* in: *Antiquity* 36 (1963) 7, nimmt A. Furumark an, daß einige der Scherben aus Troja VIIa zum III-C-Typen gehören. Hierin unterscheidet er sich von den Ausgräbern.
21 N. K. Sandars, *From Bronze Age to Iron Age: a Sequel to a Sequel,* in: *The European Community in Later Prehistory* (Festschrift C. Hawkes, hrsg. von J. Boardman, M. A. Brown und T. G. E. Powell [London 1971]) 6–9 und 17–18.
22 P. B. S. Andrews, *The fall of Troy in Greek tradition,* in: *GR* 12 (1965) 28–37.
23 Homer, *Ilias* 21, 441 ff., führt Poseidons Zorn auf diese Begebenheit zurück.
24 Die Argumente für eine enge Verwandtschaft zwischen Griechen und Trojanern sind zusammengestellt bei C. H. Whitman, *Homer and the Heroic Tradition* (Cambridge Mass., 1958) 27 bis 30.
25 Page *HHI* 66–70.
26 F. Schachermeyr, *Poseidon und die Entstehung des griechischen Götterglaubens* (München 1950) 189 ff., plädierte für Troja VI als »Priamos' Troja«.
27 Leaf, *Troy,* Anhang D, zählt 13 Stellen aus der *Ilias* auf, die auf das anspielen, was er als »großen Raubzug« bezeichnet, und er rekonstruiert den Weg der Plünderer (242–252).
28 Eine gute Auseinandersetzung mit Vergils Schilderung gibt R. G. Austin in: *JRS* 49 (1959) 16–25.
29 J. K. Anderson, *The Trojan Horse again;* in: *CJ* 66 (1970) 22 bis 25.
30 J. W. Jones Jr., *The Trojan Horse: Timeo Danaos et dona ferentes,* in: *CJ* 65 (1970) 241–247, erklärt die Erzählung der Einnahme einer Stadt durch angebliche Geschenke für einen traditionellen *topos,* nicht traditionell war einzig und allein das Pferd. Der Erfinder der Geschichte sei aber vielleicht auf ein Pferd gekommen, weil die Trojaner wohl Pferde verehrt hätten. Nilsson *Hom-Myc* 256 führt die Joppa-Parallele an.
31 *Odyssee*-Ausgabe zu 8, 492.

32 Das Terrain von der Landzunge bis zum Tumulus ist detailliert dargestellt bei Cook, *Troad*, Bildtafel 18 b.

33 Seine vorläufigen Berichte erschienen im *Archäologischen Anzeiger* 1984, 1985, 1988 und 1989. Der Bericht von 1984 beginnt mit einer wichtigen Zusammenfassung der geographischen und historischen Fakten zum Hafen in der Bucht von Besik, den er als den Hafen von Troja bezeichnet.

34 Dieser Abschnitt, *Ilias*, 7, 333-5, wurde als späterer, in Athen vorgenommener Einschub verworfen (s. S. 290, Anm. 35), ein Urteil, das nun noch einmal überprüft werden muß. Vgl. auch dazu meinen Kommentar zum Brauch des Kenotaphs bei Homer, S. 143, wozu vielleicht auch der von Nestor angeregte Gedächtnishügel (ib. 336) gezählt werden müßte.

35 J. C. Kraft, I. Kayan, O. Erol, *Science*, 209 (1980), 776-82. Ein ausführlicher Bericht, herausgegeben von G. Rapp und J. A. Gifford, erschien 1982 als *Supplementary Monograph* 4 zu C. Blegens *Troy* mit dem Titel *Troy: the Archaeological Geology*.

36 Diese Sichtweise ist nur insoweit ›neu‹, als sie nun als wissenschaftlich erwiesen gelten kann. Die Existenz einer tiefen Einbuchtung im Skamandros-Tal zur Zeit des Trojanischen Krieges wurde bereits zur hellenistischen Zeit von Hestiaea von Alexandrien Troas, einer gebildeten Dame, postuliert. Hestiaea schrieb eine Abhandlung über die Problematik der Topographie der Ilias, auf die sich Strabo (13, 1, 599 c) berief, doch ihre Lösung – den Sitz des alten Troja weiter landeinwärts zu verlegen – ist unhaltbar.

37 Veröffentlicht in *Archäologischer Anzeiger*, 1912, S. 616 ff; s. auch *ib.*, 1925, S. 229 ff.

38 S. Mey: *Das Schlachtfeld vor Troja*, 1926.

39 In den dreißiger Jahren des 20. Jahrhunderts wurde die Hypothese gegen die Besik-Bucht vehement und nach Cooks Ansicht überzeugend von dem gelehrten französischen Wissenschaftler Charles Vellay fundiert auf der Basis aller homerischen Angaben vertreten.

40 S. *Oxford Journal of Archaeology* 3 (1984), 31–43.

41 Im Laufe der Ausgrabungen dieses Friedhofs an der Bucht von Besik gelang es Korfmann, den Verlauf der früheren Küstenlinie festzulegen, woraus sich ergibt, daß der Meeresspiegel zur damaligen Zeit um 1,10 Meter höher lag als heute. Das ist ein wichtiger zusätzlicher Hinweis in Zusammenhang mit den übrigen geophysikalischen Erkenntnissen.

42 Homer erwähnt die Landzungen an keiner Stelle. Ihre spätere

Identifizierung mit Kap Sigeion und Kap Rhoiteion scheint das Ergebnis hellenistischer Spekulationen hinsichtlich der Lokalisierung des Lagers zu sein. Zur damaligen Zeit könnte der Meeresarm von Lisgar bereits ausgetrocknet gewesen sein.

43 Homer denkt an die Legende, wie Herakles Troja vor der Verwüstung durch das zu Laomedons Strafe von Poseidon ausgesandte Ungeheuer bewahrte, als der König Poseidon und Apollo um den für die Errichtung der Stadtmauern ausbedungenen Lohn betrogen hatte. Die Legende umfaßt auch die Geschichte von der Aussetzung der Königstochter Hesione als Sühneopfer und ihrer Rettung durch den Helden. Für die generelle Assoziierung des Hügelzugs von Sigeion mit Herakles s. Cook, *Trad*, 166-7, 169. Leaf (*Troy*, 1912, 43) setzt die Festung des Herakles gleich mit Besik-(Sivri-)tepe, aber er irrt sich, wenn er meint, der Tumulus befinde sich an der höchsten Stelle der Klippen. Kesiktepe befin det sich auf gleicher Höhe und bietet einen noch besseren Aussichtspunkt.

44 Hier fehlt es an Platz, um das Problem des Textes und des Exegese in Zusammenhang mit *Thuc.* i, 10 und vielen Passagen der *Ilias* zu diskutieren.

45 Die Ergebnisse werden in einer neuen Zeitschrift veröffentlicht, *Studia Troica* (Philipp von Zabern Verlag, Mainz), von der 1991, 1992 und 1994 drei Bände erschienen sind. Auch Video-Jahresberichte sind erhältlich. Bis zum jetzigen Zeitpunkt sind weitere Berichte in *Antike Welt* veröffentlicht.

46 Für eine aktuelle Wertung dieser Fragen s. G. S. Kirk, Excursus 4, ›History and Fiction in the Ilias‹ in Bd. 2 seines *The Iliad: A Commentary* (Cambridge 1990, 40-2).

7. Ithaka

1 Vollständiges Verzeichnis der Grabungsberichte: Anm. 11. Schon im Altertum war die Topographie des homerischen Ithaka umstritten, und die Kontroverse fand ihren Niederschlag in Strabos *Geographie* sowie in Porphyrios' Schrift *Über die Nymphengrotte.* In der Neuzeit schuf Sir William Gell eine gute Grundlage in seinem Werk: *The Geography and Antiquities of Ithaca* (London 1807). Einen sehr großen Einfluß übte R. Herchers unangebrachter Skeptizismus hinsichtlich der Ithaka-Realien aus (*Her-*

mes 1, 1866). Nach einer Tageswanderung im Gebiet von Vathy war er überzeugt, jede Identifikation bestimmter homerischer Schauplätze sei eine »antiquarische Halluzination«. Zu einem erbitterten Streit führte Dörpfelds Anfang dieses Jahrhunderts vorgetragene Anschauung, Leukas sei das antike Ithaka. Am entschiedensten vertritt er diese Auffassung in *Alt-Ithaka* (München 1927). Nicht weniger als 35 Einwände dagegen verzeichnete A. Shewan in seinem schwungvollen Artikel *Beati Possidentes Ithakistae*, in: *Classical Philology* 12 (1917) 132-142. Mit einer Fülle von Informationen aus erster Hand über Ithaka vertreten die traditionalistische Position: V. Bérard, *Les Navigations d'Ulyssee* 1 (Paris 1927) u. Lord Rennell of Rodd: *Homer's Ithaca: A Vindication of Tradition* (London 1927). Vgl. auch Pavlatos: ›Homers wahres Ithaka‹ (neugriech.), Patras 1901, und Thomopoulus: ›Homerisches Ithaka‹ (neugriech., mit deutscher Zusammenfassung), Athen 1908. Eine glänzende Übersicht der kontroversen Hauptpunkte gibt Stubbings in: *Companion* 398-421.

2 Vgl. S. Benton; *The Ionian Islands*, in: *BSA* 32 (1931–1932), 213–246.

3 *The Homeric Catalogue of Ships* (Oxford 1921) 87.

3a Für eine weiterführende topographische Studie des »Doppelhafens« s. auch meinen Artikel im JHS 96 (1976), 157-9.

4 *HM* 497 f.

5 Z. B. D. T. Ansted, *The Ionian islands in the year* 1863 (London 1863) 233; Thomopoulos a.a.O., 235 f.; Lekatsas (der aus *Itháki* stammt): *Itháke̅* (griech. [Athen 1933]) 63.

6 *HM* 436 f.

7 W. D. F. Coulson wertet die P. G. Keramik neu in: *BSA* 86 (1991), 43–64

8. An der Peripherie der Welt Homers

1 An einer Diskussion über dieses Problem nahm Wood 1742 an Bord der *Chatham* teil (Essay 40 f.).

2 Ein Marmorgefäß mit dem inschriftlichen Namen des Userkâf-Sonnentempels (Userkâf: um 2450–2442, bzw. um 2480–2472 v. Chr. [v. Beckerath]): *CAH (3)* 1, 2, 180. Zur Schätzung des Alters der ältesten minoischen Kolonie: S. J. N. Coldstream u. G. L. Huxley (Hrsg.): *Kythera* (London 1972) 276.

3 *Kythera* 33.
4 Vgl. W. D. Taylour, *Mycenaean Pottery in Italy and adjacent areas* (Cambridge 1958); T. J. Dunbabin, *The Western Greeks* (Oxford 1948).
5 *Ulysses Found* (London 1963) 120.
6 Vgl. z. B. L. G. Pocock, *The Sicilian Origin of the Odyssey* (Wellington 1957).
7 Malta: Bradford, *Ulysses Found*, Kap. 26 f.; Ustika: Breusing, *Die Lösung des Trierenrätsels* (Bremen 1889); Ceuta: Bérard, *Les Navigations d'Ulysse*, Bd. 3, 220 ff.; Teneriffa: Hennig, *Geographie des Homerischen Epos* (Leipzig 1934); Island: Pillot, *Le Code secret de l'Odyssée* (Paris 1969).
8 Zusammenfassung des Belegmaterials in meinem Kapitel *Ancient Explorers*, in: *The Quest for America* (London 1971), bes. 74 ff.
9 F. H. Stubbings, in: *BSA* 49 (1954) 297 f.
10 *AR* 1970–1971, 18.
11 S. I. Dakaris, *The Dark Palace of Hades*, in: *Archaeology* 15 (1962) 85-93.
12 *Epirus* (Oxford 1967) 63–69.
13 G. L. Huxley, *Odysseus and the Thesprotian Oracle of the Dead*, in: *La parola del passato* 13 (1958) 245–248; N. G. L. Hammond, *Studies in Greek History* (Oxford 1973) 452–456.
14 *Recent work at Pithekoussai (Ischia)*, 1965–71, in: *AR* 1970–1971, 63–67.
15 G. S. Kirk, *Myth* (London 1970) 165.
16 S. z. B.: J. M. Cook in *BSA* 53–54 (1958–1959) 12 ff. u. 20 f. zur Parallele zwischen Scheria und Alt-Smyrna.
17 E. D. Phillips, *Ulysses in Italy:* in: *JHS* 73 (1953) 53-67; J. Bérard, *La Colonisation grecque de l'Italie méridionale et de la Sicilie dans l'Antiquité* (2. Aufl. Paris 1957).

Nachwort

1 P. Vidal-Nacquet, *Homére et le monde Mycénien*, in *Annales* 18 (1963) 703–719. D. H. F. Gray, *Fifty years (and twelve) of classical scholarship* (Oxford 1968) 46.
2 Details in: *Hesperia* 33 (1964) 326–335.
3 Einzelheiten in: *Antiquity* 43 (1969) 91–97; 44 (1970) 270–279.

4 *FFS* 27 f.
5 *HHI* 196–197.
6 Außerdem C. M. Bowra, *Heroic Poetry* (London 1961) Kap. 14; Rhys Carpenter, *FFS* 38–44; M. I. Finley, in: *JHS* 84 (1964) 1–9.
7 T. B. L. Webster, *MH* 129–135.
8 Was den ›Götterapparat‹ angeht, s. G. M. Calhoun, *Homer's Gods: Prolegomena*, in: *Tapa* 68 (1937) 11–25.
9 Betrachtungen hierüber: Kirk, in: *JHS* 84 (1964) 12 f.
10 *MHV* 389–390.
11 *The Iliad, the Odyssey, and the Epic Tradition* (London 1968) 203.
12 Bowra, *Heroic Poetry* 511–512.
13 W. G. Forrest, *The Emergence of Greek Democracy* (New York 1966) 62. Die Alternative findet sich bei Snodgrass *DAG* 389, ausführlicher behandelt in seinem bedeutenden Artikel »An Historical Homeric society?«, *JHS* 94 (1974), 114–25.
14 Über den bezeichnend hohen Anteil sprachgeschichtlich junger Elemente äußert sich G. P. Shipp, *Studies in the Language of Homer* (2. Aufl., Cambridge 1972) 208–222.
15 *SH* 133 ff.
16 J. M. Cook, *The cult of Agamemnon at Mycenae*, in: *Festschrift A. Keramopoulos* (Athen 1953) 112–118; *The Agamemnoneion*, in: *BSA* 48 (1953) 28–68.
17 Wood, *Essay*, Seite VII.
18 T. R. Glover, *Springs of Hellas* (Cambridge 1945) 84.

ABBILDUNGSVERZEICHNIS

Seite

Zeittafel 10

Rekonstruktion der Zitadelle von Tiryns. Mächtige Mauern umgeben den Palast. 27

Karte der Argolis mit den wichtigsten Stätten aus der Bronzezeit. 36

Piet de Jongs zeichnerische Rekonstruktion des Gräberrundes A in Mykene, wie dieses im 13. Jh. v. Chr. ausgesehen haben könnte. Die Stadtmauer umfaßt, vom Löwentor ausgehend, das Grabrund mit einer Krümmung. 37

Skizze der Zitadelle von Mykene (Mykenai) 42

Nachzeichnung eines Freskenfragments aus dem Megaron des Palastes von Mykene. Womöglich handelt es sich um den Ausschnitt einer Belagerungsszene mit einem außerhalb der Stadtmauer gefallenen Angreifers mit Beinschienen. 48

Karte Griechenlands, der Ägäis und Westkleinasiens 52

So stellt sich ein Künstler das mauerumgebene Smyrna im 8. Jahrhundert v. Chr. vor. 55

Elfenbeinfurniere von mykenischen Fußschemeln aus Dendra (Länge 30,5 cm) und Mykene (Länge 41,9 cm). Darunter: Linear-B-Ideogramme für ›Fußschemel‹. Einen mit Elfenbein- und Silberspiralen geschmückten Sessel mit Fußschemel im Palast des Odysseus beschreibt die *Odyssee* (19, 55 ff.). 106

Penelope und Telemachos auf einer rot-figurigen Schale. Auf dem Webstuhl im Hintergrund Penelopes unfertige Webarbeit (das Totengewand für Laërtes, das sie Nacht für Nacht wieder auflöste). 120

Linear-B-Ideogramme für Wagen und Räder 125

Isometrische Skizze (Blockdiagramm) des als ›Schatzhaus des Atreus‹ bekannten großen Kuppelgrabes in Mykene 139

Links: Geschnittener Sardonyx aus dem Schachtgrab III in Mykene. Ein Krieger sticht seinen Gegner mit einem Rapier nieder. Beide haben ›Eieruhr‹-Schilde. *Rechts:* Die gleiche Szene, diesmal ›von vorn‹, am Elfenbeinring aus einem hellenistischen Grab (um 300 v. Chr.). 152

Bärtiger Skythe beim Bespannen seines zusammengesetzten Bogens 161

Linear-B-Ideogramme für einen Harnisch des in Dendra gefundenen Typs mit Helm 164
Eines der Täfelchen aus Knossos mit den Ideogrammen für Harnisch, Streitwagen und Pferd 167
Scherbe aus Tiryns (12. Jh. v. Chr.). Sie zeigt zwei Krieger in einem Streitwagen. Einer ist mit Schild und Speer bewaffnet, der andere hält die Zügel. 167
Geschnittene Gemme aus dem Kuppelgrab von Vapheio (um 1450 v. Chr.). Der Krieger hält eine Lanze in der von Nestor empfohlenen ›altfränkischen‹ Art. 169
Kartenskizze der Dardanellenmündung und der Umgebung des antiken Troja 182
Plan der Überreste der Zitadelle von Troja VI und VIIa 192
Kartenskizze der Skamandros-Schwemmebene und des Höhenkamms von Sigeion 203
Kartenskizze der Befestigungen von Troja VI/VII, nach Abb. 4, Studia Troica 3 (1993) 217
Karte von Ithaka; »x« weist auf mykenische Fundstätten hin. 226
Rekonstruktion eines der Dreifußkessel aus der Dreifußhöhle. 237
Karte des zentralen Mittelmeerraums zur Illustration der Wanderungen des Odysseus 240
Karte Thesprotiens im antiken Epeiros 251
Schiffbruchszene vom Hals eines Weinkruges der geometrischen Periode. Ein Mann (Odysseus?) sitzt rittlings auf dem Kiel eines gekenterten Bootes. Rings um ihn herum treiben seine ertrunkenen Gefährten in der Flut. 259
Isometrische (räumlich-perspektivische) Rekonstruktion des Kultschreins der Zitadelle von Mykene. Man beachte die noch in ihrer ursprünglichen Position stehende Kultstatue (bei der Treppe). 264

REGISTER

A

Achäer 53, 69, 71, 97, 103, 105, 118, 124, 129, 149, 176, 190f., 193, 197, 218, 263
Achäerkamp 209f., 213
Acheron 250, 252, 254
Acherusischer See 252
Achill 30, 54, 81, 83f., 112, 116, 118, 122, 129, 137f., 141, 144, 156, 173, 175, 241, 275; Schild 84
Achilleion 204f., 215
Adria 222, 243ff.
Aetos-Berg 94, 220, 231
Agamemnon 24, 40, 53f., 69, 81, 97, 117f., 127, 129ff., 143, 148, 168, 175, 196, 219, 274
Ägäis 31, 34ff., 50, 61, 69, 72, 89, 99, 196, 240, 244, 246, 254f.
Ägypten 35, 38f., 49, 69ff., 81, 89, 143, 149, 160, 165, 241ff., 275
Aiaia 246
Aiakos 195
Aias (Aiax) 30, 122, 153, 173, 177
Aigyptios 100, 116
Aineias (Aenas) 20, 115, 134, 197, 254
Aioler 50f., 54, 198
Aiolos 246f.
Aipu 131ff.
Aischylos 157
Aitolien 105, 221
Akarnanien 221
Akusilaos 222
Alexandria Troas 184
Alkinoos 66, 115, 120, 162, 237, 257
Allen, T.W. 125
Al Mina 56, 91
Alpheios 134
Alybas 257
Alybe 136
Amarna, Tell el- 35
Amnisos 121f.
Amphigeneiea 132f.
Amselfeld s. kosovo polje
Anderson, J.K. 170, 200
Andromache 190
Andronikos 140
Ano Englianos s. Englianos
Anogi-Massiv 220, 228
Antenor 74, 122f., 201
Antikleia 142
Antilochos 129, 212
Antinoos 100, 102
Aphrodite 172, 241
Apoll 195

Araxos, Kap 233
Arene 132 f.
Arethusa-Brunnen 229
Argolis 34 ff., 47, 50, 105, 127, 154
Argonauten 28
Argos 36, 45, 74, 85, 109, 127
Argostolion 221
Arkadier 129, 252
Aristarch 212
Aristophanes 157
Aristoteles 173, 262
Arnuwanda 193
Artemis 121
Asios 134
Assuwa 192 f.
Assyrer 200
Astakos 221
Asteris s. Daskalio
Athen 35, 49 ff., 85, 127, 138, 173, 189
Athene 18, 65, 85 f., 91, 98, 121, 143, 227 f., 233, 266
Athener 18
Ätna 246
Atreus, Schatzhaus des 39
Attika 34, 36, 43, 51, 53, 235
Aulis 30, 128, 198
Avernersee 259

B

Bali Dag 22, 184 f.
Barden 268 f.
Basileus 112 f.
Beinschienen 149
Bellerophon 73, 104, 114 f.
Bennett, E.L. Jr. 28
Benton, Miss S. 236 f.
Beowulfslied 60, 267
Besik-Bucht 96, 202 f., 207, 213
Bestattungsriten 137 ff.
Beye, C.R. 270
Blegen, Carl 24, 26 f., 194
Boiotien 34, 36, 43, 54, 105, 126 f., 129
Bogen, zusammengesetzter 160 ff.
Bowra, Sir Maurice 61, 148, 188
Bradford, Ernie 245
Brandbestattung 137 ff.
Bronze 75 ff.
Bronzehelm 154
Bryant, Jacob 185
Brückner, Alfred 209
Buchner, G. 256
Bunarbaschi 185, 187
Burr, V. 125
Byron, Lord George Gorden 185

C

Caesar, Julius 169
Caka 248
Calvert, Frank 22
Carpenter, Rhys 45, 169, 266
Cathing, H.V. 92, 95
Cato der Ältere 275
Ceuta 246
Chadwick, J.G. 81, 115 ff., 132, 164
Charybdis 243
Cheimerier 254
Cheimerion 254
Chios 14, 46, 180, 239
Chiplak 183
Cicero 276
Circeo, Kap 246, 259 f.
Coldstream, J.N. 89 f., 144
Cook 204, 213
Cumae 259

D

Dakaris, S.I. 252f.
Daskalio 232f.
Dares 18
Dawkins, R.M. 94
Deiphobos 135, 153
Delos 150
Demeter/Kybele-Heiligtum 217f.
Demetrios aus Skepsis 183
Demodokos 60, 199
Dendra 76, 82, 143, 149, 155, 164, 265
Desborough, V.R. d'A. 44, 48, 53
Dexia-Bucht s. auch Phorkys-Bucht 227f., 230, 235
Diktys 18
Dikaios 144
Dion Chrysostomos 18
Diodor 170
Diomedes 74, 83, 109, 127, 130, 149, 158, 168, 175
Dodekanes 74, 90, 127
Dodona 240
Dorier 47, 50ff., 124f., 140
Dorion 126
Dörpfeld, Wilhelm 23, 26, 29, 189, 209, 219, 223ff.
Dulichion 223f.
Dümrek Su 183
Dunkles Zeitalter (v. Griechenland) 31, 47ff., 75, 106ff., 126ff., 151, 153, 166, 221, 241, 269

E

Ebeling 210
Eberzahnhelm 150f., 171
Echnaton 35
Eileithyia 121
Eisen 75ff.
Eisenzeit 75ff., 86, 220
Ekhelawon 115
Elis 221
Elfenbein 64, 175; als Einlegearbeiten 64, 90
Elymer 254
Emporion 46
Englianos 28f., 67, 126, 265
Enispe 126
Enkomi 83, 149, 154
Epeios 199
Epeiros 38, 74
Eperitos 257
Ephesos 124
Eratosthenes 195
Eretreia 85, 173
Erdbestattung 138f., 145
Ereuthalion 78
Erice, Monte 246
Etrurien, Etrusker 243, 256
Euboia, Euboier 35, 46, 50, 56, 129, 145f., 239, 256f.
Eugammon 253
Eumaios 69, 99, 104, 116ff., 228ff., 233
Euripides 245
Eurotas 92
Eurystheus 45
Eutresis 126
Eurytos 162
Exogi-Massiv 231

F

Fegari-Massiv 179
Finleys, M.I. 103, 106f.
Forrest, W.G. 271
Furumark 194

G

Gell, Sir William 185
Geraistos, Kap 239
Gibraltar, Straße von 246
Gla 41
Gladstone, William 19
Glaukos 83, 109, 176, 276
Gold 56, 64, 81 ff.
Grabbeigaben 77
Grabhaus, megaroides 206
Grabrund A s. Schachtgräber
Gray, Miss D. 86, 123, 264
Griechen: Ägyptenkontakte 16, 34, 38 f., 69, 241; Bronzezeit, frühe 15, 32; Bronzezeit, späte 88 s. mykenische Kultur; Handel im 8. Jh. v. Chr. 88 f.; Heroen-Legenden 16, 32, 39, 53 f., 61, 73 f.; Kolonien 16, 53, 219, 254 f.; Urheimat 61; Zivilisation, fortdauernde 16, 31, 61, 110 f.
Grote, Georg 19
Gurnia 147

H

Hades, Haus des 250 f., 259
Hammond, N.G.L. 38, 252
Hegetor 52
Hekataios 136
Hektor 81, 114, 122, 134, 137, 153, 168, 173, 189, 199, 213
Helena 21 f., 81 f., 93, 197, 241 f.
Helenos 135, 159
Hellespont 24, 134, 179, 181 ff., 191, 196, 210 f.
Helos 132
Hephaistos 66, 79, 86
Hera 87, 121, 175
Herakles 45, 112, 162, 196
Herakliden 45
Hermes 121
Herodot 18, 195
Heroisches Zeitalter 17, 60, 261 f., 277
Hesiod 60, 235, 248
Hethiter 72, 109, 140, 165, 191 ff.
Heurtley, W.A. 220, 231
Hippokles 52
Hissarlik 22 ff., 31, 182, 213; als Stätte Trojas 23 ff., 182 ff., 186, 265
Homer: Alphabet, Einführung d. 91; Anrufung d. Unsterblichen 261; Aristophanes Lob 157; Eberzahnhelm 150 f.; »Einnicken« 78; Einstellung zum Eisen 75 ff.; Entwicklung epischer Ausdrucksweise 174; epische Sprache 271 ff.; geographische Kenntnisse 239 f.; Glaubwürdigkeit, attackierte 18 f.; Goldschmiedekunst 82 f.; Historizität 18; Ithaka, Topographie Kap. 7 passim; Kommentar, persönlicher 261; Kolonisationsbewegungen im 8. Jh. 256 ff.; Nestorbecher 171 f.; Odysseus' Palast 67 f.; Publikum, sein 270 f.; Reisender, als 234 f.; sah er Troja (?) 179 f.; Beschreibung der Mauern Trojas 189 ff.; unterirdische Flüsse 250, 252; Seeräuberlegenden 72 ff.; Sklavenarbeit 119 ff.; Streitwagen 173; seine Zeit 91;

Zeitansatz 15; Zweifel an Urheberschaft 57 f.; s. auch Homers Gedichte; »Homer-Archäologie« 28
Homers Gedichte 32; Berufsbezeichnungen 119 ff.; Beschreibung Ithakas 220 ff. (Kap. 7 passim); Bezeichnungen für ›König‘ 112 f.; Bogen 158 ff.; Brandbestattung 137 ff.; Brustpanzer 155; Einfluß, kypriotischer 149; Gastfreundschaft u. Geschenke 109; Gesellschaftsstruktur 105 f.; Griechische Legenden 16 f., 39 f.; Heerführer 114 f.; Historizität 205; Hölzernes Pferd 199 f.; Kenotaph 143; Königlicher Landbesitz (s. auch Temenos) 114 ff.; Landbesitz 114 ff.; Landmarken der Troas 186 ff.; Linear-B-Tafeln 109 ff.; Metalleinlegearbeiten 84 ff.; Mykenische Namen 124, 222 ff., 226; Mykenische Paläste 63 ff.; Mykenische Seefahrer-Sagen 242 f.; Odysseus' Irrfahrten 242 f.; Phöniker 87 ff., 131 ff.; Schlachtszenen 158 ff.; Soziales Leben 97 f.; mündliche Überlieferung 58; geographische Übersicht 239, 249; poetische Übertreibung 82 ff.; Unterwelt-Beschreibung 250 ff.
Homers Helden-Kult 157 f.; mykenischer Hintergrund 29 f.; Namen 124; Rüstung 154 f.
Homerkritik 19, 27, 263
Homerproblem 59
Hope Simson 29, 49, 95, 126
Hopliten 149, 152, 173 f.

I

Iason 54
Ida 181, 187
Idomeneus 153
Ilion 181, 201
Ikarios 100
Ilos-Grab 186
Imbros 179
Ionien, Ionier 52 ff., 135 f., 200
Ionisches Meer 255
Illyrien 38
Iolkos, Palast v. 47
Ischia 56, 91, 172, 243, 256
Island 246; Sagas 61
Istanbul 23
Ithaka 220 ff., 242; Dreifußkessel 236 ff.; Homers möglicher Besuch 14; Mykener auf 34, 220; Paläste 67, 100 ff.; Schliemann 20 ff., 220; strategische Position 220 ff.
Ithaki s. Ithaka

J

Jerrer, Dr. G.L. 20
Jones, J.W. 200
Joppa 200
Jütland 248
Jugoslawien 269

K

Kallithea 154

Kaloriziki 145
Kalypso 246 f.
Kalydonier 114
Kammergrab 76, 143
Kampanien 245
Karageorghis 144
Karatepe 213
Karl d. Gr. 61
Karien 71
Karthago 90, 247
Kastromenos, Sophia s. Schliemann, Sophia
Kavanagh, Patrick 262
Katsamba 150
Kaystrios 192
Kea (Keos) 265
Kephallenia 34, 46, 221 ff., 232 f.
Kerameikos 77, 85, 138, 141
Keramik: ionische 236; korinthische 234; mykenische 39, 236; mykenische Funde in: Ägypten, Nubien, Levante 34 f.; Ithaka 31, 220; Leukas 222, 249; Produktionszentren 35; Stile im 12. Jh. 46; protogeometrische 49 f., 76; submykenische 49
Kerkyra 242
Kesiktepe 210, 213
Kikonen 246
Kilikien 71
Kingslake, William 179
Kirk, G.S. 59, 75, 104, 156
Kirke 243 f., 250, 253, 259
Kition 90
Klazomenai 53
Kleinasien 50, 55, 72, 109, 130 f., 136, 165, 174, 192 f., 239
Knight, W.F.J. 201
Knossos 117, 122, 154, 164; Griechen in 29, 34; Inschriften 242; Zerstörung des Palastes 34; Täfelchen 29, 105 f.
Kodros 51 f.
Kolophon 53, 141
Korfmann, Manfred 204 ff., 209, 215 f.
Körperpanzer 154 ff.
Kokytos 250 ff.
Korinth 41, 43, 118, 124, 222, 235; Golf von 222, 235; Isthmos von 34, 38
Korsika 247
Kos 50, 52, 55
Kosovo polje 267
Krates 249
Kreta 35, 38, 46, 72, 89 f., 105 f., 160, 239; minoische Bevölkerung 16, 105
Kriegervase 149
Küçük Menderes 181
Kuppelgrab 39 f., 150, 249
Kutsilaris 230
Kyanos 66, 120
Kybele-Heiligtum s. Demeter/Kybele-Heiligtum
Kykladen 34, 46, 51 f., 239
»Kyklopenmauern« 25, 245 f., 249
Kyme 50, 54
Kyparissaeis 132
Kyrene 174, 247
Kythera 90, 242, 246

L

Laertes 88, 222, 256 f.
Laistrygonen 247, 259
Lakedaimon 240
Lakkithra 85
Lakonien 43 f., 64, 69, 92 f., 96
Laodokos 123

Laokoon 201
Laomedon 195
Latium 246
Latmos, Bucht von 51
la(w)egetas 114
Lazenby, J.F. 95, 126
Leaf, W. 190, 208
Leeuwen, van 201
Lefkandi 79, 81, 159
Leichenverbrennung 140 ff.
Lemnos 80, 89, 198
Leodes 162
Leokritos 101
Lesbos 50, 54, 180, 239
Leukas 222 f., 229
Levante 34, 86
Levantehandel 34, 241 f.
Libyen, Libyer 69, 71 ff., 89, 254
Libysches Meer 90, 255
Liegeplatz der Achäerschiffe 205, 208 f., 211, 213
Linear-B-Schrift 28, 82 f., 94, 103, 109; Achäische Gesellschaft bei Homer 103 ff.; (w)anax 112 f.; Entzifferung 29; u. Homers Gedichte 103 ff.; Landbesitz 114 ff.; Olympische Götter 121; Personennamen 122 f., 266; Pylos-Täfelchen 103, 132, 149, 222; Streitwagen 164; Zerstörung v. Palästen 41 ff.; Pylos-Zuteilungstäfelchen 110 f.
Liparische Inseln 242 f., 254, 265
Lisger-(Illica-)Sumpf 211
Löwentor (Mykene) 25, 40
Lokris 43, 129
Loizos 236
Lorimer, H.L. 80, 140, 150, 159, 166, 168, 171, 234 f.
Lykien 71, 104, 109, 131, 136, 193

M

MacLaren, Charles 186
Maiandros (vgl. auch Küçük Menderes u. Skamandros) 136
Maleia, Kap 246
Malta 243
Marathia 228 ff., 235
Marmarospilia 227 f., 235
Mazaraki 249
McDonald 29
McMurrough, Dermot (König) 197
Medinet Habu 71
Megara 124
Megiddo 165
Melanthos 51
Meleagros 114 f.
Menderes (vgl. auch Küçük Menderes u. Skamandros) 181, 185
Menelaion 92 ff.
Menelaos 64, 67 ff., 74, 92 ff., 118, 143, 155 f., 173, 241 f., 274
Meriones 150, 162
Meros 135
Merovigli 228
Meryui 71
Mesopotamon 249 ff.
Messenien 43, 51, 53, 126, 242
Messina, Straße von 243 ff.
Metapont 254, 257
Mey, Oskar 209
Milet 34, 47, 51, 135, 193
Mimnermos 53

Minoer 34; Bogenschießen 159; Handel 34; Handwerk 67; Kolonie in Kythera 242; Kultur 34
Molo, Golf von 228
Molosserdynastie 74
Mongolen 61
Motya 90
Mykale-Berg 136
Mykene 30, 147 ff., 164 f., 189, 262; ägypt. Einfluß 39; ägypt. Inschriften 242; Befestigung 39 ff.; Bernstein 248; Bewaffnung 248; »goldreich« 13, 28, 63 f., 210; in Legenden 47; Palast 26 f., 63 f.; Schliemanns Ausgrabungen 25 ff.; strategische Lage 38; Streitwagen 164 f.; Tempel 265 f.; »Reich« 36 f.; Zerstörung 41 ff.
Mykenische Kultur 24 ff., 34; Ausdehnung 34 ff.; Bestattungssitten 140 f.; Brandbestattung 141; Erbstücke 48 f.; Gastfreundschaft 98 ff.; Gold 83; griechisch sprechend 29; Handel: mit Ägypten 241 f., mit Europa 247 ff., mit Troja 197; Einbruch ins Mittelmeer 242 f.; Kenotaph 143; Königtum 105; Körperpanzer aus Metall 154 ff.; Metallmalerei 83 f.; militär. Terminologie 111 f.; Naturalabgaben 121; Paläste 63 ff.; Palast-Barden 65, 266 ff.; Politische Geographie 124 ff.; Seefahrer-Legenden 246 f.; Streitwagen 164 ff.; Thesprotien, Einfall in 249 f.; Thukydides' Einstellung 263
Mykener 34, 53, 76, 125, 136, 247 ff.
Mykonos 52
Mylonas 26, 38 f., 47, 140, 193
Myres, J.L. 85
Myrmidonen 112, 137

N

Naher Osten 16
Nauplia 242
Nausithoos 258
Navarino, Bucht von 29
Neapel, Golf von 56, 259
Neleïden 51, 123
Neleus 51 f., 266
Neoptolemos 74
Neriton-Massiv 228, 235
Nestor 28, 45, 65, 68, 72, 82 f., 97 f., 101, 121, 131, 137, 168, 170, 254, 262, 267; -becher 171; -palast 28
Nibelungenlied 60, 267
Nidri, Nidri-Ebene 225
Nilsson, Martin 28, 90
Niltal 35, 69
Novum Ilium 215, 219
Nuzi 106
Nymphen-Grotte 227 f.; Kult in der Polis-Bucht 238

O

Odysseus 11, 30, 65, 73, 85, 91, 97, 117, 143, 149 f., 159, 161 ff., 173, 220, 228, 235 f., 242 f., 250, 253, 265; Königreich v. 220 f.; ›Lügengeschichten‹ 257;

Palast 79, 220, 238; Unterwelt, Besuch in 250, 252; Welt v. 101 f.
Ogygia 246
Olympische Spiele 19, 167
Oita-Massiv 142
Orchomenos 53, 129
Orestes 74
Orskovedehus 248
Otranto 242
Oxeia 233

P

Page, D.L. 103, 135, 191, 193, 266
Palmer, L.R. 268
Pandaros 134, 159
Paris 22, 135, 158 f., 163, 189
Parry, Milman 58 f., 269 f.
Patroklos 112, 129, 137, 141, 144, 146, 156, 173, 175, 190
Pausanias 252
Peisistratos 57, 63
Pelikata 220, 231, 235
Pelopiden 40, 45
Peloponnes 29, 34 f., 41, 43, 46, 50, 52, 64, 235, 242
Pelops 40
Peloro, Kap 244
Peneios 240
Penelope 100, 102, 230
Pergamon 249
Perati 46
Perseïden 40, 45
Perseus 266
Phäaken 81, 118, 237
Phaistos 155
Phokaia 54
Phoker 124, 254 f.
Phokis 43, 129
Phönikien, Phöniker 69, 90, 241; Alphabet 56, 90 f.; in Homers Gesängen 88 f., 241
Phorkys-Bucht 220, 231
Phrygien 136
Phthiron-Massiv 136
Pindar 74, 195
Piraterie 69 f., 98
Pitane 50
Pithekusa 56
Pithos 206
Plato 18
Polis-Bucht 220 f., 231 f., 234 f.
Polykaste 98
Poseidon 98, 121, 179, 195, 239
Priamos 114, 183; Schatz des 12 f.
Prosymna 147
Pylos: Antenor mit Laodokos 122; Königreich 35 f., 105, 131 f.; Lage 30; Landbesitz 116; Name in Lin.B. 29; Palast, Zerstörung von 41; Palast allgem. 44, 87, 93 f., 97; Telemachos' Reise nach 231 f.; Truppenkontingent im Vergleich zu Mykene 29 f.; Pylos-Täfelchen 44, 110 f., 115 f., 131 ff., 222

Q

Qades 71, 165

R

Rabenfelsen 228 ff.
Ramses II. 69
Ramses III. 71
Rheithron 231
Rhipe 126

Rhodos 34 f., 50, 72, 131
Rhoiteion 182
Rolandslied 60
Rom 276
Rose, Brian 215, 218
Ross, Ludwig 93

S

Salamis 30, 143 f.
Salerno, Golf von 245
Same s. Kephallenia
Samos 51, 221, 239
Samothrake 179, 239
Sardinien 74, 243
Sarpedon 131, 176, 276
Schachtgräber 25, 38, 154 f., 171;
Grabrund A 25, 37 f.;
Grabrund B 38
Scheria 66, 225, 247, 258
Schiffskatalog 74, 117, 124, 127,
131, 135, 221, 239
Schliemann, Heinrich 20 ff., 31,
171, 186, 209, 218, 220
-Sophie 22
Schild 148, 151 f., 177
Schmuck 56, 83 f.
Schwert, silberbeschlagenes 82,
147 f.
Seevölker 71 f.
Sidonia 81, 88, 241
Sigeion 18, 182, 204, 208
Sikuler 256 f.
Sikyon 117
Silber 81 ff.
Simoeis 182
Siviritepe 204, 215
Sizilien 90, 234, 240, 245, 256 f.,
265
Skamandros 22, 182 ff., 191,
208 ff.
Skylla 243 f.; Skylla-Felsen 244
Smyrna 14, 51 f., 124, 180, 239;
Golf von 51 f.
Snodgrass, A.M. 45, 48, 76
Sokrates 275
Sparta 22, 92
Speer 155 f.
Spencer, P.J.B. 184
Stanford, W.B. 85, 201
Stavros 220, 230 f.
Strabo 126, 183, 204
Streitkräfte 111, 165
Streitwagen 164 ff.
Stromboli 245
Stubbings, F.H. 117
Syrien 35, 76, 160

T

Tainaron, Kap 252
Taygetos 240
Tarent 242
Tawagalawas-Brief 165
Telemachos 64, 81, 120, 131,
143, 162, 230 ff.
Telepylos 249
Tell el-Amarna s. Amarna, Tell el-
Temenos 112, 114
Teukros 129, 159, 177
Thebe 198
Theben: Königreich von 36, 105;
Krieg gegen 17, 44 f.;
Zerstörung 60
Thera 50
Therapne 93
Theseus 122, 266
Thesprotien 89, 251 ff.
Thessalien 50
Thorikos 85
Thraker 124, 136
Thryon 132 f.

Thukydides 30, 46, 127, 254, 263
Tiryns 23, 26, 41 ff., 47, 64, 154, 262
Titaressos 240
Tlepolemos 74, 131
Todes-Orakel 250, 252
Totenmaske, goldene 39
Trapani 246
Triphylien 43, 134
Troas 24, 124, 135, 142, 179, 182, 186, 195, 205, 208, 215, 235, 239, 246
Troja 9 ff., 23, 78, 128, 170 f., 219; des Aineias 197; Athenetempel 266; in griechischen Legenden 28, 195 ff.; Hethiter-Rückzug 192 ff.; Homers Epitheta 188; Laomedon 195; Mauern 189 ff.; Priamos 23, 25 f., 32, 197, 219; strategische Lage 215 ff.; Topographie 184 f.; Tore von 188 f., 215 ff.
Troja 24 ff., 128 f., 188 f., 196, 205 ff., 215 ff.; Erdbeben 140, 194, 196; Troja 24 ff., 32, 140, 180, 188 f., 191 f., 194, 208 ff., 265, 268
Troja 181, 194, 197 ff.
Trojaner 19, 122, 149, 168
Trojanischer Krieg 17, 205 f., 209 ff., 268; Trojanischer Katalog 128 ff., 134 f.; Daten 51 ff., 194, 196; historischer Hintergrund 194 f.; Trojan. Krieg als Raubzug 72, als Solarmythos 19
Trojanisches Pferd 199 f.
Türkei 31
Tuthalija 193
Tuthmosis 165
Tumulusgräber 38, 137 ff.
Tyrrhenisches Meer 257

U

Ugarit 106
Ustica 246

V

Vapheio 242
Vathy-Bucht 228
Ventris, Michael 29, 81, 117, 123
Vergil 199
Vermeule, Emily 165
Vimbos, Erzbischof 21

W

Wace 26, 39, 68
(W)anax 108, 112 ff.
Webster, T.B.L. 122
Wood, Robert 184 f., 276 f.

X

Xylokastro 249

Y

Yassitepe 204 f., 214

Z

Zeus 87, 121, 261, 277
Zypern (Zykanthos) 34, 46, 50, 56, 69, 90, 143, 149, 171, 221 ff., 229, 241

Band 64132

Arnold C. Brackman

Sie fanden den goldenen Gott

Das Grab des Tutanchamun und seine Entdeckung

Im November 1922 glückt Howard Carter die sensationellste archäologische Entdeckung des Jahrhunderts: Er findet das einzigartige, unbeschädigte Grab Tutanchamuns, dessen Grabbeigaben später in einer großangelegten Wanderausstellung die ganze Welt in Erstaunen versetzen werden. Eines der spannendsten Kapitel der Archäologiegeschichte wird geschrieben.
Der amerikanische Journalist und Auslandskorrespondent Arnold C. Brackman ist auf den Spuren des glücklichen Entdeckers gereist und stellt in diesem Buch die gesamte Vorgeschichte des Forschungsabenteuers dar: Probleme, Auseinandersetzungen und Intrigen, die Reaktion der Öffentlichkeit und die Bedeutung des Fundes für die Wissenschaft.

BASTEI LÜBBE